Iring Fetscher · Wer hat Dornröschen wachgeküßt?
Das Märchen-Verwirrbuch

Iring Fetscher

Wer hat Dornröschen wachgeküßt?

Das Märchen-Verwirrbuch

und die Reportagen
des Edlen von Goldeck
von den drei Märchendeuter-Kongressen

2000 Lizenzausgabe für Komet Verlag, Frechen

Druck und Bindung: Graphischer Großbetrieb Pößneck

ISBN 3-933366-69-0

Printed in Germany

Inhalt

Dritter Teil

Sexuelle Probleme von Königstöchtern

Vierter Teil

Die Reportagen des Edlen von Goldeck von den drei Märchendeuter-Kongressen

Überblick über die angewandten Verwirr-Methoden:

Methode I
(*philologisch-textkritische* Methode):

Die Geiß und die sieben jungen Wölflein,
Rotschöpfchen und der Wolf,
Das Ur-Schneewittchen,
Aschenputtels Erwachen und
Pech-Marie-Report.

Methode II
(*Psychoanalyse*):

Rotschöpfchen und der Wolf,
Tischchen-deck-dich,
Der Froschkönig und Dornröschen.

Methode III
(*historischer* Materialismus, *Prinzip* Hoffnung):

Hans im Glück und Paul im Geschäft,
Tischchen-deck-dich,
Aschenputtels Erwachen,
Pech-Marie-Report,
Die Bremer Stadtmusikanten,
Hänsel und Gretels Entlarvung,
Das tapfere Schneiderlein und Rumpelstilzchen.

Vorwort

In diesem Band ist der vollständige Text des »Märchenverwirrbuches« um ein weiteres Märchen – das von den Wichtelmännern – ergänzt worden, das erstmals 1982 im Band »Der Nulltarif der Wichtelmänner« (allerdings ohne das Grimmsche Vorbild) erschienen ist. Im Vierten Teil findet der Leser drei (fiktive) Reportagen des (pseudonymen) Edlen von Goldeck über Märchendeuter-Kongresse, die vor vielen Jahren erstmals im Hessischen Rundfunk ausgestrahlt wurden.

Als ich ein Vorwort zur ersten Auflage des »Märchenverwirrbuches« schrieb, bedankte ich mich nicht nur für die Anregung, die mir meine vier Kinder gegeben hatten, denen ich immer wieder Märchen erzählen mußte, sondern wies auch auf die langweiligen Fachbereichsrats-Sitzungen hin, die uns seinerzeit ein hessisches Hochschulgesetz verschafft hatte. Angeblich waren die phantasievollen Deutungen der Grimmschen Märchen dem gelangweilten Teilnehmer an diesen Sitzungen zu verdanken gewesen. Das war natürlich eine leichte Übertreibung zugleich aber auch ein freundlicher Hinweis für Kollegen, wie sie solche Sitzungen sinnvoll nützen könnten.

Einige Reaktionen auf die verwirrten Märchen amüsierten mich durch ihre unfreiwillige Komik. Ein italienischer Kritiker lobte mich für die geistreiche Anwendung psychoanalytischer und marxistischer Interpretationsmethoden, ein todernster deutscher Marxist beschimpfte mich, weil ich mit marxistischen Theorien ein frivoles Spiel getrieben hätte und ein konservativer Germanist sprach von einer »Schändung hohen deutschen Kulturgutes« durch einen leichtsinnigen Soziologen. Lediglich der bekannte schweizerische Märchenforscher Max Lüthi ließ mein Verwirrspiel gelten. Schließlich kamen aber mehr und mehr Übersetzungen zustande – zuletzt sogar eine ins Chinesische – die Mehrheit der Leser versteht offenbar doch Satiren. Was ich zu meiner »Rechtfertigung« ernsthaft sagen kann, habe ich im Nachwort formuliert.

Iring Fetscher,
Frankfurt, im Sommer 2000

Einleitung

Nicht die Kinder bloß speist man mit Märchen ab.
Lessing, Nathan der Weise.

Ohne Poesie läßt sich nichts in der Welt wirken:
Poesie aber ist Märchen.
Goethe zu Kanzler von Müller.

Verwirren können – selbst der Verwirrung entgehen…
H*i* H*i*-H*ao*-D*su* (2500 v. d. Z.).

Der bekannte englische Soziolinguist Basil Bernstein charakterisiert Märchen als »Formen verbaler Botschaften, die sich maximaler Redundanz nähern«[1]. Redundanz ist ein gelehrtes Modewort für Inhaltsleere. Mit anderen Worten: Derjenige, dem man ein Märchen erzählt, erfährt nichts Neues, ja er pflegt sogar großen Wert darauf zu legen, daß die Geschichte genauso wiedererzählt wird, wie er sie schon oft und oft gehört hat. Eine Mutter beginnt eine Geschichte: »Eines Tages ging das kleine Rotkäppchen allein in den Wald« – ritualisierte Pause – »und was glaubst Du, ist dann

---

[1] Wie eng und formal das Sprachverständnis dieser jungen Wissenschaft ist wird deutlich, wenn man mit seiner Charakterisierung des Märchens den etymologischen Sinn von »Märchen« vergleicht. Das Wort kommt nämlich vom indogermanischen Stamm mero, der noch in »mehr« oder auch im altirischen mar und mor (d. h. ansehnlich oder groß für denjenigen, der zufällig des Altirischen nicht kundig sein sollte) enthalten ist. Der ursprüngliche Wortsinn ist noch in den Verbindungen »Waldemar«, »Theudemar« usw. enthalten, was mit berühmt wiedergegeben werden kann. Von da aus muß dann die Bedeutung »Kunde«, große und wichtige Nachricht usw., entstanden sein. Das Wörterbuch von Kluge-Götze, dem diese Angaben entnommen sind, verweist noch auf Luthers »gute neue Mär« in dem bekannten Weihnachtslied. Eine Mär ist also ursprünglich eine fürs Volk hochbedeutsame Kunde, Information, Nachricht. Die Verkleinerungsform »Märlein« oder »Märchen« könnte dem Willen zur Herabsetzung und Verniedlichung derartiger Informationen entsprungen sein und wäre dann der Absicht der noch mächtigen feudalen Reaktion zuzuschreiben, den Ausbau des sozialen Kommunikationsnetzes des einfachen Volkes zu behindern. Ganz ähnlich wie aus den mittelalterlichen Partisanen »Zwerge« gemacht wurden, sollte die wichtige Kunde über ihre Existenz und Tätigkeit zum bloßen »Märchen« verniedlicht werden.

passiert?« – ritualisierte Frage. Wenn diese Mutter ihre persönlichen Erfahrungen oder ihre Einzigartigkeit dem Kinde zu übermitteln wünscht, so ist sie außerstande, das durch Variierung der verbalen Möglichkeiten zu tun. Sie kann es nur dadurch erreichen, daß sie die Botschaften, die sie durch die extraverbalen Kanäle übermittelt, variiert: durch Änderung der Muskelspannung (sofern sie das Kind hält), durch Änderung der Mimik und Gestik oder der Betonung. Andere Möglichkeiten sieht jedenfalls Basil Bernstein nicht. Da ich mich – meiner vier Kinder wegen – ziemlich häufig in der von ihm als so bemitleidenswert geschilderten Lage befand, begann ich auf einen Ausweg zu sinnen. Schließlich fand ich heraus, wie die fixierten Stereotypien der Grimmschen Märchen aufgelöst werden können und auf welchen Wegen jeder Märchenerzähler, der über die zeitgemäße Allgemeinbildung verfügt, mit Hilfe von drei vorzüglich bewährten *Verwirr-Methoden* erfreulich vielfältige Umformulierungen und Entschlüsselungen zustande bringen kann. Damit ist der Bann des sogenannten »reduzierten Codes« gebrochen. Die Märchenerzählerinnen und Märchenerzähler – Basil Bernstein scheint einseitig an das Rollenklischee von der märchenerzählenden Mutter fixiert zu sein – können sich von der tradierten Märchenredundanz lösen und ihre »Einzigartigkeit« künftig auch verbal artikulieren. Als kleine Anleitung zum Do-it-yourself-Märchen-Verwirren gebe ich eine Übersicht über die zur Zeit bekanntesten und erprobtesten Verwirr-Methoden:

Erste Verwirr-Methode: Philologische Textkritik und Exegese

Die älteste, aber immer noch sehr brauchbare Verwirr-Methode ist die philologische. Sie wurde – wie nicht anders zu erwarten – vom aufsteigenden kritischen Bürgertum zur Zeit des Humanismus entwickelt, um hinter den verfälschten (christlich korrigierten) Überlieferungen die antiken Originaltexte wieder erkennbar zu machen. Später wurde diese Methode immer kritischer, und schließlich wandten sie mutige Theologen sogar auf den biblischen Text selbst an. Diese Methode besteht darin, daß man verschiedene Texte zum gleichen Thema miteinander vergleicht, auf eine plausible Art erklärt, welcher Text der älteste ist, und dann an den anderen so lange herumdeutet, bis sie entweder als absolut unauthentisch beiseite geschoben werden können oder aber mit dem erwünschten Grundtext übereinstimmen. Diese Methode eignet sich ausgezeichnet für literarische Kontroversen mit gelehrten Kollegen und wurde jahrhundertelang von jungen Privatdozenten dazu benützt, selbst einträgliche Lehrstühle zu ergattern. Wenn das Studium von Originaltexten zu mühsam oder wegen des Verlustes oder der Unauffindbarkeit der Quellen unmöglich ist, dann kann mit Hilfe einer frei schweifenden Phantasie das Fehlende oft erfolgreich und bequem ersetzt werden. Einige Virtuosen auf dem Gebiet der Textkritik und Exegese haben es fertiggebracht, Hunderte von Seiten über ein falsch gesetztes und damit sinnentstellendes Komma zu schreiben oder auch durch Rückgriff auf den ursprünglichen Wortsinn eines Ausdrucks den Sinn einer Textstelle auf den Kopf (oder – wie sie überzeugt waren – auf die Füße) zu stellen. Kurz, mit Hilfe eines guten Philologen läßt sich leicht aus beliebigen (allerdings möglichst dunklen) Texten fast jeder gewünschte Sinn herauslesen.

Zweite Verwirr-Methode: Psychoanalyse

Erst in diesem Jahrhundert wurde die psychoanalytische Verwirr-Methode von ihrem Begründer Sigmund Freud (1856-1939) mit großem Erfolg auch auf kulturelle Phänomene angewandt.

Sie besteht darin, Aussagen von Individuen als verschlüsselte Botschaften ihres Unbewußten aufzufassen, die mit Hilfe einer erlernbaren Entschlüsselungsmethode dechiffriert werden können. Ihre Kenntnis soll dem Psychiater zu erfolgreicher Hilfestellung beim Prozeß der Selbstheilung seelisch Kranker befähigen. Auf kulturelle Produktionen angewandt, erlaubt die Methode eine Entdeckung der unbewußten Motive von Künstlern, Erzählern, Dichtern, Musikern. Soweit derartige Produktionen als Ausdruck des Unbewußten (Ubw) gedeutet werden können, fällt es dem Psychoanalytiker leicht, je nach dem er z. B. das Ausgesagte als Angsttraum oder Wunscherfüllung begreift, entgegengesetzte Interpretationen anzubieten. Übrigens hat die analytische Verwirr-Methode einen nicht hoch genug zu schätzenden Vorteil: sie ist unwiderlegbar. Jeder Versuch der Widerlegung, ja schon der leise angemeldete Zweifel kann nämlich vom Analytiker leicht als charakteristisches Symptom eines aus dem Unbewußten kommenden *Widerstands* gedeutet werden, der – wider die bewußte Absicht des Zweiflers – als klarer Beweis für die Richtigkeit der Deutung erscheint. Gerade weil die Analyse etwas zutage gefördert hat, was das Unbewußte »trifft«, leistet dieses Widerstand, und der vom Bewußtsein gelieferte Grund für den Zweifel ist nur eine nachträglich produzierte, im Dienste der Abwehr des Unbewußten stehende »Rationalisierung«. Der Analytiker kann daher nicht widerlegt und kritisiert werden. Entweder man stimmt ihm freiwillig zu, dann hat er ohnehin recht, oder man widerspricht ihm, dann verrät sich das eigne Unbewußte und gibt durch seinen Widerstand unbeabsichtigt die Wahrheit preis. Natürlich könnten zur Märchen-Verwirrung auch die anderen tiefenpsychologischen »Schulen« – etwa die *Alfred Adlers*, die an die Stelle der Freudschen Libido den Machtwillen zum zentralen Streben des Menschen macht, oder die marxistisch-revolutionär transformierte Analyse *Wilhelm Reichs* – Wesentliches beitragen. Die C. G. *Jungsche Schule* dürfte sich freilich, weil sie selbst allzu verworren ist, zum aktiven Verwirren weniger gut eignen.

Dritte Verwirr-Methode: Historischer Materialismus und Prinzip Hoffnung

Der historische Materialismus eignet sich zum Märchen-Verwirren besonders gut. Da Märchen Volks-Produkte sind, kann man von vornherein annehmen, daß in ihnen auch die ökonomischen Interessen des einfachen Volkes zum Ausdruck kommen. Ernst Bloch hat auf den fundamentalen Unterschied zwischen reaktionären Sagen und emanzipatorischen Märchen hingewiesen. Im Märchen siegt oft die List der Schwachen über die Macht der Mächtigen. In der Sage dominieren dämonische Gewalten, deren Treiben niemand begreift und durchschaut. Im Märchen haben Vernunft und praktische Klugheit ihren Platz. Sie sind entmythologisiert. Das romantische Gemüt der deutschen Märchensammler (*Jacob und Wilhelm Grimm*, 1785-1863 und 1786-1859) hat freilich den rationalen und emanzipatorischen Charakter der Märchen (die sie »Kinder- und Haus-Märchen« nannten) oft wieder ins Sagenhafte verdunkelt, so daß mit Hilfe der philologischen Methode zuweilen erst »Ur-Märchen« erschlossen werden müssen, ehe die geschichtsmaterialistische Methode zum Zuge kommen kann. Bei einer marxistischen Deutung kommt es natürlich vor allem auf die richtige Bestimmung des Klassencharakters und der historischen Entwicklungsstufe an. Klassen sind nicht zu allen Zeiten progressiv oder reaktionär. In den Grimmschen Märchen kommen frühbürgerliche und kleinbürgerlich-frühkapitalistische Strebungen, aber auch schon präfaschistisch-reaktionäre Ereignisse vor. Die Brüder Grimm selbst waren weder eindeutig bürgerlich-revolutionär (Jacob wurde zwar ins Paulskirchen-Parlament gewählt, schloß sich aber dort der »Erbkaiser-Partei« an) noch durch und durch reaktionär (immerhin wurden sie 1837 wegen eines mutigen Protestes gegen die Aufhebung des hannöverschen Staatsgrundgesetzes ihres Amtes als Professoren in Göttingen enthoben). Dementsprechend dürften ihre Märchenbearbeitungen ambivalenten Charakter haben.

Auch darf man in diesem Zusammenhang den rückständigen Charakter des damaligen Deutschland (1818, zweite verbesserte Auflage der Märchen) und die notorische Schwäche des deutschen Bürgertums nicht unbeachtet lassen. Aus den genannten Gründen muß die geschichtsmaterialistische Methode zunächst feststellen, ob ein Märchen unmittelbarer Ausdruck aufsteigender Volksschichten (des »niederen Volkes«, wie man die vorproletarischen Massen des Spätfeudalismus nennen kann) oder bereits – mit oder ohne Verschulden der Überlieferer – konservative Sozialisierungshilfe im Rahmen einer etablierten bürgerlichen Klassengesellschaft ist. Erst dann kann der Märchengehalt selbst zur Sprache gebracht werden. Mehr noch als im Falle der Psychoanalyse (die sich selbstverständlich auch mit der geschichtsmaterialistischen Verwirrung kombinieren läßt), ist hier eine Heranziehung der philologischen Textkritik und die Suche nach Urfassungen notwendig (vergleiche: Ur-Schneewittchen und Pech-Marie-Report).

Eine eigenständige Variante der geschichtsmaterialistischen ist die von Ernst Bloch entwickelte Methode. Sie geht davon aus, daß insbesondere die kollektiven (aber oft auch die individuellen) Kulturprodukte, zu denen ja die Märchen in erster Linie gehören (oder auch Volkslieder usw.), oft genug Antizipationen künftigen Glücks, Utopien einer besseren Welt sind. So träumt sich etwa im »Tapferen Schneiderlein« das aufsteigende Bürgertum seinen künftigen Sieg über den Feudaladel und das Königtum herbei, und in allen Märchen, in denen Zauberer und Teufel überlistet werden, wird der noch immer ausstehende Sieg über den verzaubernden Bann des Kapitalismus und seinen Warenfetischismus erhofft. Nur selten freilich bietet das Märchen auch Strategievorschläge für solche Befreiung an und wenn, dann meist in äsopischer Sprache, die vom Gegner nicht verstanden werden kann.

Selbstverständlich gibt es noch viele andere, von mir hier nicht benutzte und nicht erwähnte Verwirr-Methoden, aber bereits die vorgeschlagenen drei Methoden können – miteinander kombiniert oder einzeln – jeden Märchenerzähler vom beschränkenden Zwang des reduzierten Codes befreien.

Erster Teil

Zur Rehabilitierung der Wölfe

1.
Der Wolf und die sieben jungen Geißlein

(*Grimm*)

Es war einmal eine alte Geiß, die hatte sieben junge Geißlein und hatte sie lieb, wie eine Mutter ihre Kinder liebhat. Eines Tages wollte sie in den Wald gehen und Futter holen, da rief sie alle sieben herbei und sprach. »Liebe Kinder, ich will hinaus in den Wald, seid auf eurer Hut vor dem Wolf. Wenn er hereinkommt, so frißt er euch alle mit Haut und Haar. Der Bösewicht verstellt sich oft, aber an seiner rauhen Stimme und an seinen schwarzen Füßen werdet ihr ihn gleich erkennen.« Die Geißlein sagten: »Liebe Mutter, wir wollen uns schon in acht nehmen, Ihr könnt ohne Sorge fortgehen.« Da meckerte die Alte und machte sich getrost auf den Weg.

Es dauerte nicht lange, so klopfte jemand an die Haustür und rief: »Macht auf, ihr lieben Kinder, eure Mutter ist da und hat jedem von euch etwas mitgebracht.« Aber die Geißerchen hörten an der rauhen Stimme, daß es der Wolf war. »Wir machen nicht auf«, riefen sie, »du bist unsere Mutter nicht, die hat eine feine und liebliche Stimme, aber deine Stimme ist rauh; du bist der Wolf.« Da ging der Wolf fort zu einem Krämer und kaufte sich ein großes Stück Kreide: Die aß er und machte damit seine Stimme fein. Dann kam er zurück, klopfte an die Haustür und rief: »Macht auf, ihr lieben Kinder, eure Mutter ist da und hat jedem von euch etwas mitgebracht.«

Aber der Wolf hatte seine schwarze Pfote in das Fenster gelegt, das sahen die Kinder und riefen: »Wir machen nicht auf, unsere Mutter hat keinen schwarzen Fuß wie du: Du bist der Wolf.« Da lief der Wolf zu einem Bäcker und sprach: »Ich habe mich an den Fuß gestoßen, streich mir Teig darüber.« Und als ihm der Bäcker die Pfote bestrichen hatte, so lief er zum Müller und sprach: »Streu mir weißes Mehl auf meine Pfote.« Der Müller dachte: »Der Wolf will einen betrügen«, und weigerte sich, aber der Wolf sprach: »Wenn du es nicht tust, so fresse ich dich.« Da fürchtete sich der Müller und machte ihm die Pfote weiß. Ja, so sind die Menschen.

Nun ging der Bösewicht zum drittenmal zu der Haustür, klopfte an und sprach: »Macht mir auf, Kinder, euer liebes Mütterchen ist heimgekommen und hat jedem von euch etwas aus dem Walde mitgebracht.« Die Geißerchen riefen: »Zeig uns erst deine Pfote, damit wir wissen, daß du unser liebes Mütterchen bist.« Da legte er die Pfote ins Fenster, und als sie sahen, daß sie weiß war, so glaubten sie, es wäre alles wahr, was er sagte, und machten die Tür auf. Wer aber hereinkam, das war der Wolf. Sie erschraken und wollten sich verstecken. Das eine sprang unter den Tisch, das zweite ins Bett, das dritte in den Ofen, das vierte in die Küche, das fünfte in den Schrank, das sechste unter die Waschschüssel, das siebente in den Kasten der Wanduhr. Aber der Wolf fand sie alle und machte nicht langes Federlesen: Eins nach dem andern schluckte er in seinen Rachen; nur das jüngste in dem Uhrkasten, das fand er nicht. Als der Wolf seine Lust gefrönt hatte, trollte er sich fort, legte sich draußen auf der grünen Wiese unter einen Baum und fing an zu schlafen.

Nicht lange danach kam die alte Geiß aus dem Walde wieder heim. Ach, was mußte sie da erblicken! Die Haustür stand sperrweit auf: Tisch, Stühle und Bänke waren umgeworfen, die Waschschüssel lag in Scherben, Decke und Kissen waren aus dem Bett gezogen. Sie suchte ihre Kinder, aber nirgends waren sie zu finden. Sie rief sie nacheinander bei Namen, aber niemand antwortete. Endlich, als sie an das Jüngste kam, da rief eine feine Stimme: »Liebe Mutter, ich stecke im Uhrkasten.« Sie holte es heraus, und es erzählte ihr, daß der Wolf gekommen wäre und die andern alle gefressen hätte. Da könnt ihr denken, wie sie über ihre armen Kinder geweint hat.

Endlich ging sie in ihrem Jammer hinaus, und das jüngste Geißlein lief mit. Als sie auf die Wiese kam, so lag da der Wolf an dem Baum und schnarchte, daß die Äste zitterten. Sie betrachtete ihn von allen Seiten und sah, daß in seinem angefüllten Bauch sich etwas regte und zappelte. »Ach Gott«, dachte sie, »sollen meine armen Kinder, die er zum Abendbrot hinuntergewürgt hat, noch am Leben sein?« Da mußte das Geißlein nach Haus laufen und Schere, Nadel und Zwirn holen. Dann schnitt sie dem Ungetüm den Wanst auf, und kaum hatte sie einen Schnitt getan, so streckte schon ein Geißlein den Kopf heraus, und als sie weiter schnitt, da sprangen nacheinander alle sechse heraus und waren noch alle am Leben und hatten nicht einmal Schaden gelitten, denn das Ungetüm hatte sie in der Gier ganz hinuntergeschluckt. Das war eine Freude! Da herzten sie ihre liebe Mutter und hüpften wie ein Schneider, der Hochzeit hält. Die Alte aber sagte: »Jetzt geht und sucht Wackersteine, damit wollen wir dem gottlosen Tier den Bauch füllen, solange es noch im Schlafe liegt.« Da schleppten die sieben Geißerchen in aller Eile die Steine herbei und steckten sie ihm in den Bauch, soviel sie hineinbringen konnten. Dann nähte ihn die Alte in aller Geschwindigkeit wieder zu, daß er nichts merkte und sich nicht einmal regte.

Als der Wolf endlich ausgeschlafen hatte, machte er sich auf die Beine, und weil ihm die Steine im Magen so großen Durst erregten, so wollte er zu einem Brunnen gehen und trinken. Als er aber anfing zu gehen und sich hin und her zu bewegen, so stießen die Steine in seinem Bauch aneinander und rappelten. Da rief er:

»*Was rumpelt und pumpelt*
in meinem Bauch herum?
Ich meinte, es wären sechs Geißlein,
so sind's lauter Wackerstein'.«

Und als er an den Brunnen kam und sich über das Wasser bückte und trinken wollte, da zogen ihn die schweren Steine hinein, und er mußte jämmerlich ersaufen. Als die sieben Geißlein das sahen, da kamen sie herbeigelaufen, riefen laut »Der Wolf ist tot! Der Wolf ist tot!« und tanzten mit ihrer Mutter vor Freude um den Brunnen herum.

Die Geiß und die sieben jungen Wölflein

Das Märchen vom »Wolf und den sieben Geißlein« offenbart das Tier als hinterlistig, heimtückisch und böse. Unter Benützung werbewirksamer Verpackung (Verkleidung) und Verstellung täuscht das Tier die arglosen Geißlein über seine böse Absicht. Nicht animalischer Heißhunger charakterisiert diesen Wolf, sondern seine anthropomorphe Hinterlist. Die Vermutung lag nahe, daß es sich bei dem bekannten, von den konservativen Brüdern Grimm überlieferten Märchen um ein Fragment handelt, dessen erster, verlorener (oder unterdrückter?) Teil Auskunft über die Gründe dieser wölfischen Charakterdeformation gegeben haben müßte.

Ausgehend von dieser plausiblen Hypothese ist es nun einem namhaften Volkskundler – offenbar progressiver Orientierung – in der Tat gelungen, aus wenigen verstreuten Details diesen ersten, verloren geglaubten Märchenteil zu rekonstruieren. Die Unterdrückung dieses Teils durch die spätere Überlieferung (die u. E. nicht allein den Brüdern Grimm angelastet werden sollte) dürfte im übrigen kein historischer Zufall sein. Sie soll ganz offensichtlich der indirekten Rechtfertigung des »wölfischen« Verhaltens der Menschen des konkurrenzkapitalistischen Zeitalters dienen, indem sie in der freien Natur lebenden Tieren einen verwandten Charakter unterstellt.

Als Datierung für die ideologisch motivierte Verkürzung der Märchenüberlieferung ergibt sich damit eine Zeit nach der Publikation von Thomas Hobbes' »De Cive« (1641), in dem die Metapher »homo homini lupus« (ein Mensch ist des andren Wolf) erstmals zur Kennzeichnung der menschlichen Gesellschaft benützt wird. Die nachstehende Fassung des ersten, einleitenden Teils des Märchens »der Wolf und die sieben jungen Geißlein« stellt eine literarisch abgerundete Rekonstruktion dar, mit der sich die bundesdeutsche Volkskunde in die internationale Diskussion einschalten und ihr progressives Niveau endlich überzeugend beweisen möchte.

ES WAR EINMAL eine glückliche und zufriedene Wolfsfamilie. Vater Wolf, Mutter Wolf und sieben kleine Wolfskinder, die als Siebenlinge zur Welt gekommen waren und noch nicht allein in den Wald gehen durften.

Eines Tages, als Vater Wolf schon auf Arbeit gegangen war, sagte Mutter Wolf zu ihren Kindern: »Kinder, ich muß heute zum Bettenhaus ›Moos und Flechte‹ gehen, um für euch neue Betten zu kaufen, denn die alten sind ganz durchgelegen und nicht mehr bequem, von anderen Mängeln ganz zu schweigen. Seid schön brav und geht nicht aus der Höhle, während ich weg bin, man weiß nie, wer durch den Wald kommt: Jäger, Polizisten, Soldaten oder andere bewaffnete Leute, die es mit jungen Wölfen nicht gut meinen. Gegen Mittag werde ich wiederkommen und allen, die brav gewesen sind, etwas Schönes mitbringen.«

»Ja, ja, natürlich, natürlich«, antworteten die sieben kleinen Wölflein ungeduldig, denn sie wollten, daß die Mutter endlich gehen sollte, damit sie ungestört toben und Moosschlachten veranstalten konnten. Sobald die Mutter Wolf gegangen war, begannen die kleinen Wölflein ausgelassen zu spielen. Als aber vielleicht eine Stunde vergangen war, scharrte es am Höhleneingang, und eine Stimme rief:

»Kommt heraus, ihr lieben Kinderchen, eure Mama ist wieder da und hat jedem etwas Feines mitgebracht, kommt nur schnell, damit ihr es an der hellen Sonne auch gut sehen könnt.« Aber, während sie dies sagte, klang die Stimme so scheppernd und meckernd, daß die Wölflein laut riefen:

»Nein, wir kommen nicht hinaus, du bist nicht unsere Mama, du bist die alte Meckerziege, unsere Mama hat eine tiefe, schöne Stimme!« Da ärgerte sich die böse Geiß und überlegte, wie sie es anstellen sollte, daß ihre Stimme so tief und wohltönend würde wie die von Mama Wolf.

In ihrer Ratlosigkeit ging sie – wie das viele Tiere im Walde tun – zu einem alten Uhu, der überall als das weiseste Tier bekannt war. »Lieber Uhu«, sagte die Geiß, »wie kann ich es nur anstellen, daß meine Stimme so tief und wohltönend wird wie die einer Wolfsmutter?«

Der alte Uhu legte den Kopf auf die Seite und dachte einen Augenblick nach, dann sagte er: »Am besten wird es sein, wenn du bei mir Gesangsunterricht nimmst, aber ich kann's nicht umsonst machen.«

»Das laß nur meine Sorge sein«, meinte die Geiß, »du kannst von mir einen Liter feinster, vollfetter Ziegenmilch haben, aus der man echten Ziegenkäse machen kann.«

»Ein Liter ist nicht genug«, meinte der alte Uhu, »aber für zwei will ich's wohl machen.«

»Nun gut«, meinte die Geiß, »wenn du dir unbedingt den Magen mit soviel Käse verderben willst, sollen es auch zwei Liter sein«, und sie begannen die Gesangsstunde.

Der alte Uhu aber war ein so guter Lehrer und die Geiß wegen ihres Interesses an der Täuschung der Wolfskinder eine so aufmerksame Schülerin, daß sie in einer halben Stunde eine schöne, tiefe Baßstimme bekam, mit der sie in jedem Kirchenchor hätte auftreten können.

Nachdem sie den Uhu bezahlt hatte, ging sie zurück zu der Höhle der kleinen Wölfe. Abermals rief sie: »Kommt heraus, ihr lieben Kinderchen, eure Mama ist wieder da und hat jedem etwas Feines mitgebracht, kommt nur schnell, damit ihr es an der hellen Sonne auch gut sehen könnt.«

Und diesmal klang die Stimme so tief und schön, daß die kleinen Wölflein vollkommen getäuscht wurden und blinzelnden Auges hinausliefen in die strahlende Vormittagssonne. Kaum aber waren sie draußen, da wurden sie auch schon von der bösen Geiß auf die Hörner genommen und hoch hinauf in einen Tannenbaum geschleudert, an dessen Zweigen sie sich ängstlich festhielten, denn Wölfe können, wie ihr wißt, nicht klettern.

Der Ausgang der Wolfshöhle war so klein, daß immer nur ein Wölflein auf einmal hinauskonnte, und da die anderen nachdrängten, konnten die vordersten auch nicht mehr zurück, als sie erkannt hatten, wer draußen stand. Nur das letzte und schwächste Wölflein, hinter dem niemand mehr drängte, konnte sich noch rechtzeitig in Sicherheit bringen, ehe die Geiß es gesehen hatte. Die Geiß aber, die immer schlecht im Rechnen gewesen war, glaubte schon, alle sieben Wölflein in die Tannenäste hinaufgeschleudert zu haben, und zog tiefbefriedigt ab.

Wenn ihr mich fragen würdet, warum die Geiß überhaupt so böse auf die kleinen Wölfe war, so könnte ich nur sagen, daß sie den Wölfen das freie, ungezwungene Waldleben mißgönnte und – genau wie ihre Besitzer, deren Haltung sie mit der Zeit angenommen hatte – allem, was von der bürgerlichen Lebensweise abwich, mit neidischem Haß begegnete. Genauer genommen war es also gar nicht ihr eigener Haß, sondern der Haß der kleinbürgerlichen Ziegenbesitzer, der sich in ihr äußerte. Man hatte ihr diesen Haß auf alles Freie in jahrelanger Stallzucht eingeprügelt, und nun ließ sie ihn natürlich an den Schwächsten, den Wolfs- und anderen Kindern, aus.

Als Mama Wolf endlich, bepackt mit schönem, tiefen Betten-Moos nach Hause kam, rief sie ihre Kleinen, aber nur ein einziges Wölflein kam aus der Höhle und erzählte ihr, was vorgefallen war. Bald hörte sie auch von den Tannenzweigen über sich das sechsstimmige Weinen der kleinen Wölfe, die schon ganz schwach waren vom langen Festhalten und riefen: »Bitte, bitte, liebe Mama, hol uns herunter!« Aber natürlich konnte Mama Wolf auch nicht klettern, und genausowenig Papa Wolf, der ohnehin nicht vor Abend zurückerwartet wurde.

Da ging Mama Wolf in die Nachbarhöhle, in der ein alter Kletterbär schlief, weckte ihn und bat um Hilfe. Der alte Kletterbär wurde mitten aus seinen schönsten Honigträumen gerissen, aber, da er ein gutmütiger und obendrein vegetarisch lebender Bursche war, machte er sich sofort auf und holte die sechs kleinen Wölfe im Nu vom Baume herunter. War das eine Freude. Vor lauter Aufregung vergaß Mama Wolf sogar, mit ihren Kindern zu schimpfen.

Als aber am Abend Papa Wolf nach Hause kam und von dem Vorfall hörte, wurde er sehr zornig und sagte böse knurrend: »Na warte, der Geiß werde ich's heimzahlen!« Vergeblich suchte Mama Wolf ihn zu beruhigen. Am nächsten Morgen zog Papa Wolf zum Ziegenstall und zahlte Mama Geiß mit gleicher Münze heim. Hier beginnt die Geschichte vom »Wolf und den sieben jungen Geißlein«, die ihr alle kennt.

Moral

(*Zusatz unseres Volkskundlers*, 1971)

Der ganze Schaden aber kam daher, daß die Geiß und Papa Wolf von den Menschen gelernt hatten, wie man Andersartige und Schwache beneidet, haßt und verfolgt und Böses mit Bösem vergilt. Wenn euch aber jemand erzählen will, daß Menschen böse sind, weil schon unsere Vorfahren, die Tiere, es waren, und wenn er sich dabei auf einen gewissen Konrad Lorenz beruft, dann müßt ihr ihm die Geschichte von der Geiß und den sieben Wölflein erzählen, damit er einsieht, daß die Angelegenheit auch ganz anders gedeutet werden kann.

2. Rotkäppchen

(*Grimm*)

Es war einmal ein kleines süßes Mädchen, das hatte jedermann lieb, der es nur ansah, am allerliebsten aber ihre Großmutter. Die wußte gar nicht, was sie alles dem Kinde geben sollte. Einmal schenkte sie ihm ein Käppchen von rotem Sammet, und weil ihm das so wohl stand und es nichts anders mehr tragen wollte, hieß es nur das Rotkäppchen. Eines Tages sprach seine Mutter zu ihm: »Komm, Rotkäppchen, da hast du ein Stück Kuchen und eine Flasche Wein, bring das der Großmutter hinaus; sie ist krank und schwach und wird sich daran laben. Mach dich auf, bevor es heiß wird, und wenn du hinauskommst, so geh hübsch sittsam und lauf nicht vom Weg ab, sonst fällst du und zerbrichst das Glas, und die Großmutter hat nichts. Und wenn du in ihre Stube kommst, so vergiß nicht, guten Morgen zu sagen, und guck nicht erst in alle Ecken herum.« – »Ich will schon alles gut machen«, sagte Rotkäppchen zur Mutter und gab ihr die Hand darauf.

Die Großmutter aber wohnte draußen im Wald, eine halbe Stunde vom Dorf. Wie nun Rotkäppchen in den Wald kam, begegnete ihr der Wolf. Rotkäppchen aber wußte nicht, was das für ein böses Tier war, und fürchtete sich nicht vor ihm. »Guten Tag, Rotkäppchen«, sprach er. – »Schönen Dank, Wolf.« »Wo hinaus so früh, Rotkäppchen?« – »Zur Großmutter.« »Was trägst du unter der Schürze?« – »Kuchen und Wein: Gestern haben wir gebacken, da soll sich die kranke und schwache Großmutter etwas zugut tun und sich damit stärken.« – »Rotkäppchen, wo wohnt deine Großmutter?« – »Noch eine gute Viertelstunde weiter im Wald, unter den drei großen Eichbäumen, da steht ihr Haus, unten sind die Nußhecken, das wirst du ja wissen«, sagte Rotkäppchen. Der Wolf dachte bei sich: »Das junge zarte Ding, das ist ein fetter Bissen, der wird noch besser schmecken als die Alte: Du mußt es listig anfangen, damit du beide erschnappst.« Da ging er ein Weilchen neben Rotkäppchen her, dann sprach er: »Rotkäppchen, sieh einmal die schönen Blumen, die ringsumher stehen, warum guckst du dich nicht um? Ich glaube, du hörst gar nicht, wie die Vöglein so lieblich singen? Du gehst ja für dich hin, als wenn du zur Schule gingst, und es ist so lustig draußen in dem Wald.«

Rotkäppchen schlug die Augen auf, und als es sah, wie die Sonnenstrahlen durch die Bäume hin und her tanzten und alles voll schöner Blumen stand, dachte es: »Wenn ich der Großmutter einen frischen Strauß mitbringe, der wird ihr auch Freude machen; es ist so früh am Tag, daß ich doch zu rechter Zeit ankomme«, lief vom Wege ab in den Wald hinein und suchte Blumen. Und wenn es eine gebrochen hatte, meinte es, weiter hinaus stände eine schönere, und lief darnach und geriet immer tiefer in den Wald hinein. Der Wolf aber ging geradewegs nach dem Haus der Großmutter und klopfte an die Tür. »Wer ist draußen?« – »Rotkäppchen, das bringt Kuchen und Wein, mach auf.« – »Drück nur auf die Klinke«, rief die Großmutter, »ich bin zu schwach und kann nicht aufstehen.« Der Wolf drückte auf die Klinke, die Tür sprang auf, und er ging, ohne ein Wort zu sprechen, gerade zum Bett der Großmutter und verschluckte sie. Dann tat er ihre Kleider an, setzte ihre Haube auf, legte sich in ihr Bett und zog die Vorhänge vor.

Rotkäppchen aber war nach den Blumen herumgelaufen, und als es so viel zusammen hatte, daß es keine mehr tragen konnte, fiel ihm die Großmutter wieder ein, und es machte sich auf den Weg zu ihr. Es wunderte sich, daß die Tür aufstand, und wie es in die Stube trat, so kam es ihm so seltsam darin vor, daß es dachte: »Ei, du mein Gott, wie ängstlich wird mir's heute zumut, und ich bin sonst so gerne bei der Großmutter!« Es rief: »guten Morgen«, bekam aber keine

Antwort. Darauf ging es zum Bett und zog die Vorhänge zurück; da lag die Großmutter und hatte die Haube tief ins Gesicht gesetzt und sah so wunderlich aus. »Ei, Großmutter, was hast du für große Ohren!« – »Daß ich dich besser hören kann.« -»Ei, Großmutter, was hast du für große Augen!« – »Daß ich dich besser sehen kann.« – »Ei, Großmutter, was hast du für große Hände!« – »Daß ich dich besser packen kann.« – »Aber, Großmutter, was hast du für ein entsetzlich großes Maul!« – »Daß ich dich besser fressen kann.« Kaum hatte der Wolf das gesagt, so tat er einen Satz aus dem Bette und verschlang das arme Rotkäppchen.

Wie der Wolf sein Gelüsten gestillt hatte, legte er sich wieder ins Bett, schlief ein und fing an überlaut zu schnarchen. Der Jäger ging eben an dem Haus vorbei und dachte: »Wie die alte Frau schnarcht, du mußt doch sehen, ob ihr etwas fehlt.« Da trat er in die Stube, und wie er vor das Bette kam, so sah er, daß der Wolf darin lag. »Finde ich dich hier, du alter Sünder«, sagte er, »ich habe dich lange gesucht.« Nun wollte er seine Büchse anlegen, da fiel ihm ein, der Wolf könnte die Großmutter gefressen haben und sie wäre noch zu retten: Er schoß nicht, sondern nahm eine Schere und fing an, dem schlafenden Wolf den Bauch aufzuschneiden. Wie er ein paar Schnitte getan hatte, da sah er das rote Käppchen leuchten, und noch ein paar Schnitte, da sprang das Mädchen heraus und rief: »Ach, wie war ich erschrocken, wie war's so dunkel in dem Wolf seinem Leib!« Und dann kam die alte Großmutter auch noch lebendig heraus und konnte kaum atmen. Rotkäppchen aber holte geschwind große Steine, damit füllten sie dem Wolf den Leib, und wie er aufwachte, wollte er fortspringen, aber die Steine waren so schwer, daß er gleich niedersank und sich totfiel.

Da waren alle drei vergnügt; der Jäger zog dem Wolf den Pelz ab und ging damit heim; die Großmutter aß den Kuchen und trank den Wein, die Rotkäppchen gebracht hatte, und erholte sich wieder, Rotkäppchen aber dachte: »Du willst dein Lebtag nicht wieder allein vom Wege ab in den Wald laufen, wenn dir's die Mutter verboten hat.«

Es wird auch erzählt, daß einmal, als Rotkäppchen der alten Großmutter wieder Gebackenes brachte, ein anderer Wolf es angesprochen und vom Wege habe ableiten wollen. Rotkäppchen aber hütete sich und ging gerade fort seines Wegs und sagte der Großmutter, daß es dem Wolf begegnet wäre, der ihm guten Tag gewünscht, aber so bös aus den Augen geguckt hätte: »Wenn's nicht auf offner Straße gewesen wäre, er hätte mich gefressen.« – »Komm«, sagte die Großmutter, »wir wollen die Tür verschließen, daß er nicht herein kann.« Bald darnach klopfte der Wolf an und rief: »Mach auf, Großmutter, ich bin das Rotkäppchen, ich bring' dir Gebackenes.« Sie schwiegen aber still und machten die Tür nicht auf. Da schlich der Graukopf etlichemal um das Haus, sprang endlich aufs Dach und wollte warten, bis Rotkäppchen abends nach Hause ginge, dann wollte er ihm nachschleichen und wollt's in der Dunkelheit fressen. Aber die Großmutter merkte, was er im Sinn hatte. Nun stand vor dem Haus ein großer Steintrog, da sprach sie zu dem Kind: »Nimm den Eimer, Rotkäppchen, gestern hab' ich Würste gekocht, da trag das Wasser, worin sie gekocht sind, in den Trog.« Rotkäppchen trug so lange, bis der große, große Trog ganz voll war. Da stieg der Geruch von den Würsten dem Wolf in die Nase, er schnupperte und guckte hinab, endlich machte er den Hals so lang, daß er sich nicht mehr halten konnte und anfing zu rutschen: So rutschte er vom Dach herab, gerade in den Trog hinein und ertrank. Rotkäppchen aber ging fröhlich nach Haus, und niemand tat ihm etwas zuleid.

Rotschöpfchen und der Wolf

Ähnlich wie im Märchen vom »Wolf und den sieben Geißlein« erscheint auch im »Rotkäppchen« der Wolf als hinterlistig, böse und gemein. Seine verbrecherische Tat – das Verschlingen von Großmutter und Enkelkind – ist weder durch Heißhunger noch anders ausreichend motiviert. Der Erzähler unterstellt eine »radikal böse Natur« des Wolfes, und auch hier wird der Verdacht laut, daß es sich um eine frühe Rechtfertigung sozial bedingter menschlicher Aggressivität durch die Behauptung allgemeiner tierischer Aggressivität handelt. Die Suche fortschrittlicher Volkskundler hat auch in diesem Falle Erfolg gehabt und ein »vergessen geglaubtes Märchenfragment« zutage gefördert, das Licht auf die wahren Motive des Wolfes werfen kann.

ES WAR EINMAL ein kleiner rothaariger Junge, den nannten alle – daheim, im Dorf und in der Schule – das Rotschöpfchen. Weil aber Rothaarige in seinem Dorf sonst nicht vorkamen und die Menschen das Andersartige oft ohne jeden Grund ablehnen und verurteilen, hatte er keine Freunde und fühlte sich ausgestoßen.

Sein Vater, der mit den Schulleistungen des Sohnes unzufrieden war, fand nur harte Worte für ihn und hatte ihn schon mehrfach geschlagen. Zwar hatte die Mutter der jüngeren Schwester von Rotschöpfchen eine rote Kappe geschneidert und es »das Rotkäppchen« genannt, um auf diese Weise ihrem Sohn das Gefühl auffallender Besonderheit zu nehmen, aber das half nur wenig.

Wann immer es konnte, lief Rotschöpfchen allein in den Wald, um mit den Tieren zu spielen und zu träumen. So geschah es auch eines Tages, als es zu spät aufgestanden war und Angst hatte, noch zur Schule zu gehen. Sobald man es vom elterlichen Haus aus nicht mehr sehen konnte, schlich es sich beiseite in den Wald. Es geriet immer tiefer ins Dickicht, bis es an eine Stelle kam, wo es nicht mehr wußte, wie es weitergehen sollte. Dort begegnete ihm ein Wolf, sprach es freundlich an und schlug ihm vor, sie sollten gemeinsam schöne Walderdbeeren pflücken und dann werde er Rotschöpfchen auf den Heimweg führen.

So geschah es denn auch, und gegen Mittag hatten sie drei große Schilfkörbe mit frischen, roten Walderdbeeren gefüllt. »Weißt du was«, sagte der Wolf, »binde doch zwei Körbchen mit einem weichen Weidenzweig zusammen und hänge sie mir über den Rücken, dann brauchst du nur den einen Korb zu tragen, und wir kommen schneller nach Haus.«

Voller Freude machte sich Rotschöpfchen zusammen mit dem Wolf auf den Weg. Inzwischen hatte es die Schule, das Dorf und die Hänseleien seiner Mitschüler schon längst vergessen und malte sich in Gedanken aus, mit welchem Jubel es daheim begrüßt werden würde, da es doch so schöne Beeren mitbrachte. Auch der Wolf konnte sich nichts anderes vorstellen, als daß man ihn loben und ihm danken werde.

Es kam aber alles ganz anders. Rotschöpfchens Vater hatte inzwischen erfahren, daß sein Sohn nicht in der Schule gewesen war, und als er ihn vergnügt mit dem freundlichen Wolf an der Seite ankommen sah, packte ihn die Wut, und er schlug mit einem großen Knüppel dem Wolf auf die empfindliche Schnauze, so daß dieser sich – mit dem bekannten Heulen – schleunigst aus dem Staube machte.

Rotschöpfchen aber wurde zur Strafe verprügelt und eingesperrt und durfte am anderen Tage nicht zusammen mit Rotkäppchen die Großmutter besuchen, um ihr Geburtstagsgeschenke zu bringen. Hier beginnt das Märchen vom Rotkäppchen, wie es allgemein bekannt und von den Brüdern Grimm überliefert worden ist.

Die Hinterlist des Wolfs gegenüber Rotkäppchen erklärt sich jetzt leicht aus dem Bedürfnis des Tieres, seinen Freund Rotschöpfchen, der an dem sonnigen Samstag im düsteren Kämmerchen bleiben mußte, zu rächen und dem bösen Vater eins auszuwischen. Der Wolf spürte oder ahnte doch zumindest, daß der böse Vater von Rotkäppchen und Rotschöpfchen eine enge Mutterbindung nie losgeworden war, die ihn zu einem schwierigen Ehemann und harten Vater machte. Er wollte ihn daher dadurch besonders nachdrücklich treffen, daß er dessen Mutter verschlang.

Meist wird Verschlingen allerdings irreführend mit Auffressen verwechselt, während doch ganz deutlich ist, daß der Wolf unter sehr erheblichen Anstrengungen die Großmutter und später auch das Enkelkind – ohne beide auch nur im geringsten zu verletzen – verschluckte. Sinn dieser Anstrengung konnte nur sein, dem Vater einen Schreck einzujagen und ihn zur Besinnung zu bringen, ohne dabei irgend jemandem ernstlich zu schaden. Die Rache des Wolfs war also in der Tat weit humaner und rationaler als die unverdienten Prügel, die der Vater dem Wolf (und seinem Sohn) versetzt hatte.

Einige Probleme gibt allerdings der Schluß des Märchens auf. Dort heißt es bekanntlich, der am Haus der Großmutter vorbeigehende *Jäger* habe das laute Schnarchen des Wolfs gehört, ihm den Bauch aufgeschnitten und auf diese Weise die beiden Menschen befreit. Danach habe er dessen Leib mit Steinen gefüllt, und so sei das Tier zu Tode gekommen.

Dem psychoanalytisch geschulten Leser wird fast sofort deutlich geworden sein, daß es sich hier um eine Traumerzählung handeln muß, und zwar um die eines *Traumes, den der Vater von Rotschöpfchen gehabt hat*. Der Jäger ist niemand anderes als der Vater selbst, der hier in typischer Traum-Chiffrierung in der Gestalt eines uniformierten Autoritätsträgers erscheint. Der Wolf steht für die Großmutter.

Das Aufschneiden des großmütterlichen – oder vielmehr seines mütterlichen – Leibes führt ohne weiteres zur Assoziation mit dem Durchschneiden der Nabelschnur, die hier die

Befreiung von psychischer Mutterbindung symbolisieren würde. Der Traum von Rotschöpfchens Vater wäre damit ein kathartischer Traum, der psychische Heilfunktionen für die Mutterbindung haben könnte. Dieser Aspekt würde den fröhlich-gelösten Ton des Märchenschlusses erklären.

Es bleibt allerdings auch noch ein anderer Punkt: Die Füllung des mütterlichen Leibes mit schweren Steinen erinnert uns an das lateinische Wort für schwer »gravis«, und die von ihm abgeleitete Bezeichnung für die Schwangerschaft (Gravidität). Damit erhält der Märchenschluß die typische Ambivalenz, die für alle intensiven libidinösen Beziehungen charakteristisch ist. Der Vater würde im Traum nicht nur den heilsamen Prozeß der endlichen Lösung von seiner Mutter vollziehen, sondern zugleich auch – freilich in makaber entstellter Form – den ödipalen Wunsch befriedigen.

Von radikalen Schülern Wilhelm Reichs könnte das Aufschneiden des Leibes übrigens auch als Symbol für die Defloration gedeutet werden. Es käme dann darin der biologisch unsinnige aber gleichwohl in der Mythologie belegte Wunsch eines Sohnes nach virginaler Unberührtheit der Mutter zum Ausdruck sowie die Hoffnung, als erster und einziger der eigenen Mutter beiwohnen zu können.

Man sieht, wie das Märchen vom Rotkäppchen – angemessen interpretiert – das Gegenteil von dem beweist, was es oberflächlich auszusagen scheint. Als Kinder haben wir es als Aussage über die Gefährlichkeit von Wölfen mißverstanden und uns von ihm einschüchtern lassen. Das war auch die offensichtlich repressive Funktion, die dem Volksmärchen von konservativen Germanisten in der Phase seiner späteren Tradierung zugedacht war. Analysiert aber, ergeben sich Hinweise auf eine nur oberflächlich verdeckte Traumerzählung des neurotischen Vaters von Rotkäppchen und Rotschöpfchen.

Vermutlich gehört auch bereits die erste Hälfte des Märchens – die Geschichte von der Täuschung des arglosen Rotkäppchens und vom Verschlingen der Großmutter und des Enkelkindes – in den Zusammenhang des väterlichen

Traums. Traummotiv wäre dann der Wunsch gewesen, die vom eignen Gewissen verurteilte Tat des Wolf-Verprügelns nachträglich doch noch zu rechtfertigen. Wenn der Wolf wirklich jene Handlungen – jetzt als unbegründete, reine Aggressionen gedeutet – begangen hätte, dann wäre ja der Schlag mit dem Prügel nur eine legitime Abwehrhandlung gewesen.

Auch hier ist allerdings wieder an die Ambivalenz zu erinnern: Der Wunsch, die geliebte Person zu töten oder getötet zu sehen, koexistiert ja stets mit enger libidinöser Bindung. Beide Gefühlsbeziehungen hätten im Traum vom Rotkäppchen ihren deutlichen Ausdruck gefunden – wenn man der Reich-Schule folgen will, sogar doppelt: die aggressive Seite (destruo) im Verschlingen und im Bauchaufschneiden, die libidinöse: wiederum im Bauchaufschneiden (jetzt als Deflorieren verstanden) und im Einfüllen der Steine (schwängern, Gravidität). Daß auch das Verschlingen ambivalente Bedeutung hat, ist aus dem Alltagsausdruck »Ich könnte dich vor lauter Liebe verschlingen« allgemein bekannt.

Zusammen mit dem »vergessen geglaubten« Märchenfragment »Rotschöpfchen und der Wolf« gestattet diese psychoanalytische Märchendeutung endlich die Einbeziehung auch dieses Stücks deutscher Volkstradition in eine progressive, aufklärende Erziehungsarbeit.

Zweiter Teil

Der Aufstieg der Bourgeoisie, die antifeudale Revolution und Probleme der antagonistischen Gesellschaft

1.
Hans im Glück
(*Grimm*)

HANS HATTE SIEBEN Jahre bei seinem Herrn gedient, da sprach er zu ihm: »Herr, meine Zeit ist herum, nun wollte ich gerne wieder heim zu meiner Mutter, gebt mir meinen Lohn.« Der Herr antwortete: »Du hast mir treu und ehrlich gedient, wie der Dienst war, so soll der Lohn sein«, und gab ihm ein Stück Gold, das so groß als Hansens Kopf war. Hans zog ein Tüchlein aus der Tasche, wickelte den Klumpen hinein, setzte ihn auf die Schulter und machte sich auf den Weg nach Haus. Wie er so dahinging und immer ein Bein vor das andere setzte, kam ihm ein Reiter in die Augen, der frisch und fröhlich auf einem muntern Pferd vorbeitrabte. »Ach«, sprach Hans ganz laut, »was ist das Reiten ein schönes Ding! Da sitzt einer wie auf einem Stuhl, stößt sich an keinen Stein, spart die Schuh und kommt fort, er weiß nicht wie.« Der Reiter, der das gehört hatte, hielt an und rief: »Ei, Hans, warum laufst du auch zu Fuß?« – »Ich muß ja wohl«, antwortete der, »da habe ich einen Klumpen heimzutragen: Es ist zwar Gold, aber ich kann den Kopf dabei nicht gerad halten, auch drückt mir's auf die Schulter.« – »Weißt du was«, sagte der Reiter, »wir wollen tauschen: Ich gebe dir mein Pferd, und du gibst mir deinen Klumpen.« – »Von Herzen gern«, sprach Hans, »aber ich sage Euch, Ihr müßt Euch damit schleppen.« Der Reiter stieg ab, nahm das Gold und half dem Hans hinauf, gab ihm die Zügel fest in die Hände und sprach: »Wenn's nun recht geschwind soll gehen, so mußt du mit der Zunge schnalzen und ›hopp, hopp‹ rufen.«

Hans war seelenfroh, als er auf dem Pferde saß und so frank und frei dahinritt. Über ein Weilchen fiel's ihm ein, es sollte noch schneller gehen, und fing an, mit der Zunge zu schnalzen und »hopp, hopp« zu rufen. Das Pferd setzte sich in starken Trab, und ehe sich's Hans versah, war er abgeworfen und lag in einem Graben, der die Äcker von der Landstraße trennte. Das Pferd wäre auch durchgegangen, wenn es nicht ein Bauer aufgehalten hätte, der des Weges kam und eine Kuh vor sich hertrieb. Hans suchte seine Glieder zusammen und machte sich wieder auf die Beine. Er war aber verdrießlich und sprach zu dem Bauer: »Es ist ein schlechter Spaß, das Reiten, zumal, wenn man auf so eine Mähre gerät wie diese, die stößt und einen herabwirft, daß man den Hals brechen kann, ich setze mich nun und nimmermehr wieder auf. Da lob' ich mir Eure Kuh, da kann einer mit Gemächlichkeit hinterhergehen und hat obendrein seine Milch, Butter und Käse jeden Tag gewiß. Was gäb' ich darum, wenn ich so eine Kuh hätte!« – »Nun«, sprach der Bauer, »geschieht Euch so ein großer Gefallen, so will ich Euch wohl die Kuh für das Pferd vertauschen.« Hans willigte mit tausend Freuden ein: Der Bauer schwang sich aufs Pferd und ritt eilig davon.

Hans trieb seine Kuh ruhig vor sich her und bedachte den glücklichen Handel. »Hab' ich nur ein Stück Brot, und daran wird mir's noch nicht fehlen, so kann ich, sooft mir's beliebt, Butter und Käse dazu essen, hab' ich Durst, so melk' ich meine Kuh und trinke Milch. Herz, was verlangst du mehr?« Als er zu einem Wirtshaus kam, machte er halt, aß in der großen Freude alles, was er bei sich hatte, sein Mittags- und Abendbrot, rein auf und ließ sich für seine letzten paar Heller ein halbes Glas Bier einschenken. Dann trieb er seine Kuh weiter, immer nach dem Dorfe seiner Mutter zu. Die Hitze ward drückender, je näher der Mittag kam, und Hans befand sich in einer Heide, die wohl noch eine Stunde dauerte. Da ward es ihm ganz heiß, so daß ihm vor Durst die Zunge am Gaumen klebte. »Dem Ding ist zu helfen«, dachte Hans, »jetzt will ich meine Kuh melken und mich an der Milch laben.« Er band sie an einen dürren Baum, und da er keinen Eimer hatte, so stellte er seine Ledermütze unter, aber wie er sich auch bemühte, es kam kein Tropfen Milch zum Vorschein.

Und weil er sich ungeschickt dabei anstellte, so gab ihm das ungeduldige Tier endlich mit einem der Hinterfüße einen solchen Schlag vor den Kopf, daß er zu Boden taumelte und eine Zeitlang sich gar nicht besinnen konnte, wo er war. Glücklicherweise kam gerade ein Metzger des Weges, der auf einem Schubkarren ein junges Schwein liegen hatte. »Was sind das für Streiche!« rief er und half dem guten Hans auf. Hans erzählte, was vorgefallen war. Der Metzger reichte ihm seine Flasche und sprach: »Da trinkt einmal und erholt Euch. Die Kuh will wohl keine Milch geben, das ist ein altes Tier, das höchstens noch zum Ziehen taugt oder zum Schlachten.« – »Ei, ei«, sprach Hans und strich sich die Haare über den Kopf, »wer hätte das gedacht! Es ist freilich gut, wenn man so ein Tier ins Haus abschlachten kann, was gibt's für Fleisch! Aber ich mache mir aus dem Kuhfleisch nicht viel, es ist mir nicht saftig genug. Ja, wer so ein junges Schwein hätte! Das schmeckt anders, dabei noch die Würste.« – »Hört, Hans«, sprach da der Metzger, »Euch zuliebe will ich tauschen und will Euch das Schwein für die Kuh lassen.« – »Gott lohn Euch Eure Freundschaft«, sprach Hans, übergab ihm die Kuh, ließ sich das Schweinchen vom Karren losmachen und den Strick, woran es gebunden war, in die Hand geben.

Hans zog weiter und überdachte, wie ihm doch alles nach Wunsch ginge, begegnete ihm ja eine Verdrießlichkeit, so würde sie doch gleich wieder gutgemacht. Es gesellte sich danach ein Bursch zu ihm, der trug eine schöne weiße Gans unter dem Arm. Sie boten einander die Zeit, und Hans fing an, von seinem Glück zu erzählen und wie er immer so vorteilhaft getauscht hätte. Der Bursch erzählte ihm, daß er die Gans zu einem Kindtaufschmaus brächte. »Hebt einmal«, fuhr er fort und packte sie bei den Flügeln, »wie schwer sie ist, die ist aber auch acht Wochen lang genudelt worden. Wer in den Braten beißt, muß sich das Fett von beiden Seiten abwischen.« – »Ja«, sprach Hans und wog sie mit der einen Hand, »die hat ihr Gewicht, aber mein Schwein ist auch keine Sau.« Indessen sah sich der Bursch nach allen Seiten ganz bedenklich um, schüttelte auch wohl mit dem Kopf. »Hört«, fing er darauf an, »mit Eurem Schweine mag's nicht ganz richtig sein. In dem Dorfe, durch das ich gekommen bin, ist eben dem Schulzen eins aus dem Stall gestohlen worden. Ich fürchte, ich fürchte, Ihr habt's da in der Hand. Sie haben Leute ausgeschickt, und es wäre ein schlimmer Handel, wenn sie Euch mit dem Schwein erwischten: Das Geringste ist, daß Ihr ins finstere Loch gesteckt werdet.« Dem guten Hans ward bang. »Ach Gott«, sprach er, »helft mir aus der Not, Ihr wißt hier herum bessern Bescheid, nehmt mein Schwein da und laßt mir Eure Gans.« – »Ich muß schon etwas aufs Spiel setzen«, antwortete der Bursche, »aber ich will doch nicht schuld sein, daß Ihr ins Unglück geratet.« Er nahm also das Seil in die Hand und trieb das Schwein schnell auf einen Seitenweg fort: Der gute Hans aber ging, seiner Sorgen entledigt, mit der Gans unter dem Arme der Heimat zu. »Wenn ich's recht überlege«, sprach er mit sich selbst, »habe ich noch Vorteil bei dem Tausch: erstlich den guten Braten, hernach die Menge von Fett, die heraussträufeln wird, das gibt Gänsefettbrot auf ein Vierteljahr, und endlich die schönen weißen Federn, die laß' ich mir in mein Kopfkissen stopfen, und darauf will ich wohl ungewiegt einschlafen. Was wird meine Mutter eine Freude haben!«

Als er durch das letzte Dorf gekommen war, stand da ein Scherenschleifer mit seinem Karren, sein Rad schnurrte, und er sang dazu:

»Ich schleife die Schere und drehe geschwind
und hänge mein Mäntelchen nach dem Wind.«

Hans blieb stehen und sah ihm zu, endlich redete er ihn an und sprach: »Euch geht's wohl, weil Ihr so lustig bei Eurem Schleifen seid.« – »Ja«, antwortete der Scherenschleifer, »das Handwerk hat einen güldenen Boden. Ein rechter Schleifer ist ein Mann, der, sooft er in die Tasche greift, auch Geld darin findet. Aber wo habt Ihr die schöne Gans gekauft?« – »Die hab' ich nicht gekauft, sondern für mein Schwein eingetauscht.« – »Und das Schwein?« – »Das hab' ich für eine Kuh gekriegt.« – »Und die Kuh?« – »Die hab' ich für ein Pferd bekommen.« – »Und das Pferd?« – »Dafür hab' ich einen Klumpen Gold, so groß als mein Kopf, gegeben.« – »Und das Gold?« – »Ei, das war mein Lohn für sieben Jahre Dienst.« – »Ihr habt Euch jederzeit zu helfen gewußt«, sprach der Schleifer, »könnt Ihr's nun dahin bringen, daß Ihr das Geld in der Tasche springen hört, wenn Ihr aufsteht, so habt Ihr Euer Glück gemacht.« – »Wie soll ich das anfangen?« sprach Hans. »Ihr müßt ein Schleifer werden wie ich, dazu gehört eigentlich nichts als ein Wetzstein, das andere findet sich schon von selbst. Da hab' ich einen, der ist zwar ein wenig schadhaft, dafür sollt Ihr mir aber auch weiter nichts als Eure Gans geben, wollt Ihr das?« – »Wie könnt Ihr noch fragen«, antwortete Hans, »ich werde ja zum glücklichsten Menschen auf Erden, habe ich Geld, sooft ich in die Tasche greife, was brauche ich da länger zu sorgen?« Er reichte ihm die Gans hin und nahm den Wetzstein in Empfang. »Nun«, sprach der Schleifer und hob einen gewöhnlichen schweren Feldstein, der neben ihm lag, auf »da habt Ihr noch einen tüchtigen Stein dazu, auf dem sich's gut schlagen läßt und Ihr Eure alten Nägel gerade klopfen könnt. Nehmt ihn und hebt ihn ordentlich auf.«

Hans lud den Stein auf und ging mit vergnügtem Herzen weiter, seine Augen leuchteten vor Freude. »Ich muß in einer Glückshaut geboren sein«, rief er aus, »alles, was ich wünsche, trifft mir ein wie einem Sonntagskind.« Indessen, weil er seit Tagesanbruch auf den Beinen gewesen war, begann er müde zu werden, auch plagte ihn der Hunger, da er allen Vorrat auf einmal in der Freude über die erhandelte Kuh aufgezehrt hatte. Er konnte endlich nur mit Mühe weitergehen und mußte jeden Augenblick haltmachen, dabei drückten ihn die Steine ganz erbärmlich. Da konnte er sich des Gedankens nicht erwehren, wie gut es wäre, wenn er sie gerade jetzt nicht zu tragen brauchte. Wie eine Schnecke kam er zu einem Feldbrunnen geschlichen, wollte da ruhen und sich mit einem frischen Trunk laben: Damit er aber die Steine im Niedersitzen nicht beschädigte, legte er sie bedächtig neben sich auf den Rand des Brunnens. Darauf setzte er sich nieder und wollte sich zum Trinken bücken, da versah er's, stieß ein klein wenig an, und beide Steine plumpsten hinab. Hans, als er sie mit seinen Auge in die Tiefe hatte versinken sehen, sprang vor Freuden auf, kniete dann nieder und dankte Gott mit Tränen in den Augen, daß er ihm auch diese Gnade noch erwiesen und ihn auf eine so gute Art und ohne daß er sich einen Vorwurf zu machen brauchte, von den schweren Steinen befreit hätte, die ihm allein noch hinderlich gewesen wären. »So glücklich wie ich«, rief er aus, »gibt es keinen Menschen unter der Sonne.« Mit leichtem Herzen und frei von aller Last sprang er nun fort, bis er daheim bei seiner Mutter war.

Hans im Glück und Paul im Geschäft

Die Geschichte vom »Hans im Glück« ist eines der wenigen ironischen Märchen, welches die Brüder Grimm überliefern. Die durch seine Lektüre vermittelte »Lust« ist typisch bürgerliche Schadenfreude, das als Glück porträtierte Schicksal des Hans – objektiv gesehen – schieres Unglück. Jedenfalls vom Standpunkt des »homo oeconomicus«. Um Wirtschaft aber geht es. Fassen wir das Märchen zunächst etwas nüchterner zusammen, als die beiden Germanisten es getan haben.

Nach siebenjähriger Dienstzeit bei einem Meister (dessen Gewerbe das Märchen nicht nennt) erhält Hans den beträchtlichen Gesamtlohn in Form eines Goldklumpens »so groß wie sein Kopf« ausgezahlt. Nimmt man auch an, daß dieser Kopf – wie die Geschichte zeigt – nicht allzu groß war, so dürfte es sich doch immerhin wenigstens um einen Goldklumpen von 20 kg gehandelt haben. Das wären nach heutigem Geld etwa 100000 DM.

Diesen Goldklumpen tauscht Hans, weil ihm das Tragen allzu mühsam erscheint, gegen ein Pferd. Unterstellt man, daß es sich um ein gutes Reitpferd handelte, das 3000 DM wert ist, dann hat er schon bei diesem ersten Tausch 97000 DM verloren. Da das Pferd ihn heruntergeworfen hatte, tauscht er es gegen eine (wie sich später herausstellt) schlachtreife Kuh von maximal 500 DM Wert (Verlust 2500) und weiter die Kuh gegen ein Schwein (von 150 DM Wert – Verlust 350 DM), das Schwein gegen eine Gans (von 30 DM Wert – Verlust 120 DM) und die Gans gegen einen Schleifstein (Wert 2 DM – Verlust 28 DM), bis ihm dieser beim Trinken in einen Brunnen fällt und der glückliche Hans »frei von aller Last« fröhlich nach Hause springt.

Die Geschichte ist die eines totalen geschäftlichen Mißerfolgs, der auf dem Unvermögen beruht, den für die Warengesellschaft geltenden Wertbegriff zu fassen. Hans geht – ohne Rücksicht auf die bei jedem Geschäft notwendige Einschätzung des Wertes – allein von seiner situationsbedingten, augenblicklichen individuellen Wertung aus. Er verhält sich instinkthaft spontan und unterläßt die für den homo oeconomicus unentbehrliche Reflexion. Seine Strafe ist hart genug. Sie besteht im Totalverlust von rund 100000 DM an einem einzigen Tage.

Zweifellos ist das Märchen als eine Warnung gemeint. In der Hohlform des verabsolutierten Gebrauchswertes wird in denkbar nachdrücklichster Weise auf den Wert – die zentrale Kategorie der kapitalistischen Wirtschaftsweise – hingewiesen. Hansens Naivität wird mit gesellschaftlichem Ruin bestraft.

Sehen wir uns die Fehler im einzelnen an, die Hans begeht, so muß sein erster Tausch-»Handel« schon als der entschiedenste Mißgriff bezeichnet werden. Hans fällt hier – ohne auch nur irgendeine ökonomische Erwägung anzustellen – von der allgemeinen Wertform (Gold = Weltgeld) auf die »einfache, einzelne oder zufällige Wertform« zurück (wie sie Marx im 1. Kapitel des 1. Bandes des »Kapital« beschreibt). Selbst wenn er für sein Gold ein Äquivalent in Pferden eingetauscht hätte, wäre dieser Tausch wegen der für einen Laien problematischen Pferdebewertung und Realisierungschance bedenklich gewesen. Immerhin könnte man das Pferd und die Kuh noch als »Produktionsmittel« ansprechen, die im bäuerlichen Betrieb der Mutter eine nützliche Funktion hätten erfüllen können.

Aber auch auf der Stufe des (unökonomischen) Eintauschs von kleinen Produktionsmitteln gegen die »Ware der Waren« (Gold oder Weltgeld) bleibt Hans nicht stehen. Schwein und Gans sind – wie aus seinen Äußerungen hervorgeht – ausschließlich für den häuslichen Konsum vorgesehen. Der

Versuch aber, durch Eintausch eines Wetzsteins sich kurz vor dem ökonomischen Ruin abermals ein kleines (höchst dürftiges) Produktionsmittel für die kleine individuelle Warenproduktion (Dienstleistungsware) zu beschaffen, mußte scheitern, auch wenn der Stein nicht in den Brunnen gefallen wäre, weil Hans offensichtlich Fertigkeiten und Branchenkenntnis als Scherenschleifer fehlten. Auch beachtete er nicht, daß dieses Gewerbe, am alleruntersten Rand der damaligen Gesellschaft kaum noch über dem Bettel stehend, einen ausreichenden Lebensunterhalt nicht sichern konnte.

»Hans im Glück« ist das Beispiel einer mißlungenen Sozialisation. Vermutlich hat Hans fleißig und tüchtig ein spezielles Handwerk gelernt, aber die Gesetze des »Äquivalententauschs«, des bürgerlichen Handels, sind ihm verschlossen, ihr Geist ihm fremd geblieben.

Man kann sich leicht ein »positives Märchen« vorstellen, das ein Gegenstück zu »Hans im Glück« darstellt. Wollte man die Erzählung »Hans im Glück« (was mir allerdings als etwas »gezwungen« erschiene) revolutionär deuten, so könnte man sagen, sie enthalte einen Hinweis auf die Unvereinbarkeit von unreflektiertem Glück und warenproduzierender Gesellschaft. In diesem Falle müßte das »Gegen-Märchen« nicht »Paul im Geschäft«, sondern »Der unglückliche Paul« heißen. Der Inhalt aber wäre so ziemlich derselbe: die Erfolgsstory eines frühreifen Unternehmers, der sein Glück und seine Unschuld verliert.

Paul im Geschäft

Paul war ein gelehriges Kind, das rasch die Erfolgsstrategien der warenproduzierenden und -tauschenden Gesellschaft sich aneignete. Schon als höherer Handelsschüler von 15 Jahren tätigte er sein erstes erfolgreiches Geschäft. Auf dem Speicher des Mietshauses, in dem seine Eltern wohnten, fand er ein altes Schleifgerät, wie es manchmal noch heute Scherenschleifer benützen, die in ländlichen

Gegenden von Haus zu Haus ziehen. Ohne Mühe konnte er es von seinem Eigentümer für 2 Mark erwerben, strich es dann mit einer hohes Alter vortäuschenden Farbe eindrucksvoll an und brachte es zu einem Antiquitätenhändler in Kommission.

Ein sorgfältig geschriebener Zettel »antique south-german knife-grinders instrument ca. 17th century« machte Interessenten aufmerksam. Als Kaufpreis waren 100 Dollar vereinbart. Es dauerte auch nicht lange, bis sich ein naiver Käufer fand, und Paul zog mit 90 Dollar (10 Dollar hatte er dem Händler für die Kommission bezahlt) ab. Sein nächstes Geschäft folgte nur wenig später, als er einen alten Mercedes für 320 DM kaufte und mit Hilfe von Freunden so ansprechend herrichtete, daß er ihn – kurz vor der Feriensaison, wenn die Gebrauchtwagenpreise ihren Höhepunkt erreichen – für 1500 DM verkaufen konnte. Da seine Freunde angenommen hatten, er wolle den Wagen für sich selbst herrichten und vage eine gemeinsame Ferienreise in Aussicht genommen war, hatten sie für ihre Mithilfe nichts verlangt, wenn man von ein paar Flaschen Coca-Cola absehen will, die ihnen Paul großzügig spendiert hatte.

Ein paar weitere Geschäfte gelangen Paul dadurch, daß er sich als »Entrümpler« von Dachböden anbot und dabei billig oder gar kostenlos an allerlei Hausrat kam, den er abermals über den Antiquitätenhändler an amerikanische Kunden losschlagen konnte. Während seiner Lehrzeit bei einem mittleren Konfektionsbetrieb wuchs sein Vermögen auf ähnliche Weise allmählich bis zur respektablen Höhe von 5000 DM an.

In dieser Zeit trafen seinen Prinzipal eine Reihe von Schicksalsschlägen, die Paul – er sagte sich immer, »dem Tüchtigen hilft Gott« – sehr zupaß kamen. Zuerst wurde seine Frau krank, die ihm bisher bei der Buchhaltung kostenlos geholfen hatte, und da sie nicht versichert war, mußte er viel Geld für Ärzte und Medikamente ausgeben und obendrein eine teure Buchhalterin als Ersatz einstellen. Dann wechselte die Mode gerade in dem Augenblick, als er sein Lager allzu optimistisch aufgefüllt hatte, und er war gezwungen, unter dem Einkaufspreis zu verkaufen, wenn er nicht auf den Ladenhütern sitzenbleiben wollte. Die Lieferfirmen lehnten es ab, Kredite einzuräumen, und die Banken waren nicht bereit, das Lager höher als zu 10 Prozent seines Einkaufswertes zu beleihen. Der Konkurs stand vor der Tür.

In dieser Not kam die hübsche Tochter des Prinzipals zu ihrem Freund Paul und bat ihn um Hilfe für den verängstigten Vater, der um alles in der Welt einen Konkurs vermeiden wollte. Alle im Geschäft wußten, daß sich Paul in aller Stille ein »Vermögen« erworben hatte, und das gute Mädchen hoffte, Paul werde dieses Geld – oder doch einen erheblichen Teil desselben – ihrem Vater als Kredit zur Verfügung stellen. Paul aber sagte: »Weißt du, ich kann es ja gut verstehen, daß du für deinen Vater bittest, aber als Geschäftsmann darf ich nicht meinem Herzen folgen, es sei denn, es rate mir zu dem, was objektiv vernünftig (im Sinne des Geschäftslebens) ist. Auch wenn ich daher wollte, dürfte ich deinem Vater keinen Kredit geben, da doch schon die so viel reicheren Banken es nicht mehr können. Ich könnte mir aber vielleicht eine andere Lösung vorstellen.«

Und als das Mädchen in ihn drang, doch diese Lösung zu nennen, sagte er schließlich: »Ich bin bereit, die Schulden der Firma zu übernehmen, wenn dein Vater mir sein Geschäft – ohne alle Einschränkungen – überschreibt. Ja ich bin darüber hinaus sogar noch bereit, euch ein Wohnrecht im Zwischenstock über dem Laden einzuräumen, wenn dein Vater sich als Ladenwächter und du als Verkäuferin und Dekorateurin zur Verfügung stellen. Das Gehalt deines Vaters würde in einem lebenslänglichen Mietrecht bestehen und du würdest den üblichen Tariflohn erhalten, müßtest dich aber verpflichten, auf unbegrenzte Zeit im Geschäft zu bleiben. Das wäre auch nach außen hin für uns sehr nützlich.«

Das Mädchen war sprachlos und entrüstet. Da aber die Not des Vaters so groß war, traute es sich nicht, Paul ins Gesicht zu sagen, wie sehr sie sein Angebot verabscheute, sondern zog sich zurück, um mit dem Vater zu reden. Paul wußte aber genau, daß dem Geschäftsmann nichts anderes übrigbleiben würde, als einzuwilligen, wenn er den Konkurs vermeiden wollte, und er kannte den altmodischen Ehrenstandpunkt seines »Prinzipals« gut genug, um zu wissen, wieviel er dafür zu zahlen bereit sein würde.

Nach ein paar Tagen vergeblicher Suche nach einem anderen Ausweg willigte der alte Mann schließlich ein. Paul war im Geschäft. Er hatte sein Geld, das erst nur ein »Schatz« gewesen war, endlich zu »Kapital« gemacht. Er tilgte die Schulden, konnte neue Kredite aufnehmen, verkaufte das Lager ins weniger modebewußte Ausland und hatte so in kürzester Zeit sein Vermögen verdoppelt. Der alte Herr aber durfte als Ladenwächter seinen früheren Besitz hüten, und die Tochter mußte, ohne Kündigungsrecht zu haben, dem Manne dienen, den sie einmal als ihren Freund und künftigen Mann angesehen hatte. Paul aber bemühte sich alsbald erfolgreich um die Hand einer Erbin aus der Textilbranche und vermehrte auch auf diese Weise tatkräftig seine Geschäftsbeziehungen und sein Vermögen.

Eines Tages wurde Paul von Freunden gefragt, ob er glücklich sei. Er dachte einen Augenblick nach und sagte dann: »Es kommt ganz darauf an, was man unter Glück versteht.« Manche meinten, er habe sein »geschäftliches Glück« mit einem »harten Herzen« zu teuer bezahlt, aber das waren Romantiker, auf die er nichts hielt. Hätte er aber die Klassiker der Philosophie gekannt, so würde er vielleicht Thomas Hobbes zitiert haben, der schon 1640 schrieb: »Der Vergleich eines Menschenlebens mit einem Wettrennen eignet sich für unseren Zweck. Dieses Rennen darf aber kein anderes Ziel, keinen anderen Ruhm als den kennen, an erster Stelle zu stehen, und darin ist stets besiegt zu werden Unglück; stets den nächsten vor uns zu besiegen Glück; und dies Rennen aufgeben heißt sterben.«

Unser Paul war ein moderner Mensch, Thomas Hobbes und Adam Smith seine Propheten.

2.
Sneewittchen
(*Grimm*)

Es war einmal mitten im Winter, und die Schneeflocken fielen wie Federn vom Himmel herab, da saß eine Königin an einem Fenster, das einen Rahmen von schwarzem Ebenholz hatte, und nähte. Und wie sie so nähte und nach dem Schnee aufblickte, stach sie sich mit der Nadel in den Finger, und es fielen drei Tropfen Blut in den Schnee. Und weil das Rote im weißen Schnee so schön aussah, dachte sie bei sich: »Hätt' ich ein Kind so weiß wie Schnee, so rot wie Blut und so schwarz wie das Holz an dem Rahmen.« Bald darauf bekam sie ein Töchterlein, das war so weiß wie Schnee, so rot wie Blut und so schwarzhaarig wie Ebenholz und ward darum das Sneewittchen (Schneeweißchen) genannt. Und wie das Kind geboren war, starb die Königin.

Über ein Jahr nahm sich der König eine andere Gemahlin. Es war eine schöne Frau, aber sie war stolz und übermütig und konnte nicht leiden, daß sie an Schönheit von jemandem sollte übertroffen werden. Sie hatte einen wunderbaren Spiegel, wenn sie vor den trat und sich darin beschaute, sprach sie:

»Spieglein, Spieglein an der Wand,
wer ist die Schönste im ganzen Land?«

So antwortete der Spiegel:

»Frau Königin, Ihr seid die Schönste im Land.«

Da war sie zufrieden, denn sie wußte, daß der Spiegel die Wahrheit sagte. Sneewittchen aber wuchs heran und wurde immer schöner, und als es sieben Jahre alt war, war es so schön wie der klare Tag und schöner als die Königin selbst. Als diese einmal ihren Spiegel fragte:

> *»Spieglein, Spieglein an der Wand,*
> *wer ist die Schönste im ganzen Land?«*

so antwortete er:

> *»Frau Königin, Ihr seid die Schönste hier,*
> *aber Sneewittchen ist tausendmal schöner als Ihr.«*

Da erschrak die Königin und ward gelb und grün vor Neid. Von Stund an, wenn sie Sneewittchen erblickte, kehrte sich ihr das Herz im Leibe herum, so haßte sie das Mädchen. Und der Neid und Hochmut wuchsen wie ein Unkraut in ihrem Herzen immer höher, daß sie Tag und Nacht keine Ruhe mehr hatte. Da rief sie einen Jäger und sprach: »Bring das Kind hinaus in den Wald, ich will's nicht mehr vor meinen Augen sehen. Du sollst es töten und mir Lunge und Leber zum Wahrzeichen mitbringen.« Der Jäger gehorchte und führte es hinaus, und als er den Hirschfänger gezogen hatte und Sneewittchens unschuldiges Herz durchbohren wollte, fing es an zu weinen und sprach: »Ach, lieber Jäger, laß mir mein Leben, ich will in den wilden Wald laufen und nimmermehr wieder heimkommen.« Und weil es so schön war, hatte der Jäger Mitleid und sprach: »So lauf hin, du armes Kind.« – »Die wilden Tiere werden dich bald gefressen haben«, dachte er, und doch war's ihm, als wär ein Stein von seinem Herzen gewälzt, weil er es nicht zu töten brauchte. Und als gerade ein junger Frischling dahergesprungen kam, stach er ihn ab, nahm Lunge und Leber heraus und brachte sie als Wahrzeichen der Königin mit. Der Koch mußte sie in Salz kochen, und das boshafte Weib aß sie auf und meinte, sie hätte Sneewittchens Lunge und Leber gegessen.

Nun war das arme Kind in dem großen Wald mutterseelenallein, und es ward ihm so angst, daß es alle Blätter an den Bäumen ansah und nicht wußte, wie es sich helfen sollte. Da fing es an zu laufen und lief über die spitzen Steine und durch die Dornen, und die wilden Tiere sprangen an ihm vorbei, aber sie taten ihm nichts. Es lief, solange nur die Füße noch fort konnten, bis es bald Abend werden wollte, da sah es ein kleines Häuschen und ging hinein, um zu ruhen. In dem Häuschen war alles klein, aber so zierlich und reinlich, daß es nicht zu sagen ist. Da stand ein weißgedecktes Tischlein mit sieben kleinen Tellern, jedes Tellerlein mit seinem Löffelein, ferner sieben Messerlein und Gäblein und sieben Becherlein. An der Wand waren sieben Bettlein nebeneinander aufgestellt und schneeweiße Laken darüber gedeckt. Sneewittchen, weil es so hungrig und durstig war, aß von jedem Tellerlein ein wenig Gemüse und Brot und trank aus jedem Becherlein einen Tropfen Wein, denn es wollte nicht einem allein alles wegnehmen. Hernach, weil es so müde war, legte es sich in ein Bettchen, aber keins paßte, das eine war zu lang, das andere zu kurz, bis endlich das siebente recht war: Darin blieb es liegen, befahl sich Gott und schlief ein.

Als es ganz dunkel geworden war, kamen die Herren von dem Häuslein, das waren die sieben Zwerge, die in den Bergen nach Erz hackten und gruben. Sie zündeten ihre sieben Lichtlein an, und wie es nun hell im Häuslein ward, sahen sie, daß jemand darin gewesen war, denn es stand nicht alles so in der Ordnung, wie sie es verlassen hatten. Der erste sprach: »Wer hat auf meinem Stühlchen gesessen?« Der zweite: »Wer hat von meinem Tellerchen gegessen?« Der dritte: »Wer hat von meinem Brötchen genommen?« Der vierte: »Wer hat von meinem Gemüschen gegessen?« Der fünfte: »Wer hat mit meinem Gäbelchen gestochen?« Der sechste: »Wer hat mit meinem Messerchen geschnitten?« Der siebente: »Wer hat aus meinem Becherlein getrunken?« Dann sah sich der erste um und sah, daß auf seinem Bett eine kleine Delle war, da sprach er: »Wer hat in mein Bettchen getreten?« Die andern kamen gelaufen und riefen: »In meinem hat auch jemand gelegen.« Der siebente aber, als er in sein Bett sah, erblickte Sneewittchen, das lag darin und schlief. Nun rief er die andern, die kamen herbeigelaufen und schrien vor Verwunderung, holten ihre sieben Lichtlein und beleuchteten Sneewittchen. »Ei, du mein Gott! Ei, du mein Gott!« riefen sie, »was ist das Kind so schön!« und hatten so große Freude, daß sie es nicht aufweckten, sondern im Bettlein fortschlafen ließen. Der siebente Zwerg aber schlief bei seinen Gesellen, bei jedem eine Stunde, da war die Nacht herum.

Als es Morgen war, erwachte Sneewittchen, und wie es die sieben Zwerge sah, erschrak es. Sie waren aber freundlich und fragten: »Wie heißt du ?« – »Ich heiße Sneewittchen«, antwortete es. »Wie bist du in unser Haus gekommen?« sprachen weiter die Zwerge. Da erzählte es ihnen, daß seine Stiefmutter es hätte wollen umbringen lassen, der Jäger hätte ihm aber das Leben geschenkt, und da wär es gelaufen den ganzen Tag, bis es endlich ihr Häuslein gefunden hätte. Die Zwerge sprachen: »Willst du unsern Haushalt versehen, kochen, betten, waschen, nähen und stricken, und willst du alles ordentlich und reinlich halten, so kannst du bei uns bleiben, und es soll dir an nichts fehlen.« – »Ja«, sagte Sneewittchen, »von Herzen gern«, und blieb bei ihnen. Es hielt ihnen das Haus in Ordnung: Morgens gingen sie in die Berge und suchten Erz und Gold, abends kamen sie wieder, und da mußte ihr Essen bereit sein. Den Tag über war das Mädchen allein, da warnten es die guten Zwerglein und sprachen: »Hüte dich vor deiner Stiefmutter, die wird bald wissen, daß du hier bist; laß ja niemanden herein.«

Die Königin aber, nachdem sie Sneewittchens Lunge und Leber glaubte gegessen zu haben, dachte nichts anderes, als sie wäre wieder die erste und Allerschönste, trat vor ihren Spiegel und sprach:

»Spieglein, Spieglein an der Wand,
wer ist die Schönste im ganzen Land?«

Da antwortete der Spiegel:

»Frau Königin, Ihr seid die Schönste hier,
aber Sneewittchen über den Bergen bei den sieben Zwergen
ist noch tausendmal schöner als Ihr.«

Da erschrak sie, denn sie wußte, daß der Spiegel keine Unwahrheit sprach, und merkte, daß der Jäger sie betrogen hatte und Sneewittchen noch am Leben war. Und da sann und sann sie aufs neue, wie sie es umbringen wollte, denn solange sie nicht die Schönste war im ganzen Land, ließ ihr der Neid keine Ruhe. Und als sie sich endlich etwas ausgedacht hatte, färbte sie sich das Gesicht und kleidete sich wie eine alte Krämerin und war ganz unkenntlich. In dieser Gestalt ging sie über die sieben Berge zu den sieben Zwergen, klopfte an die Tür und rief: »Schöne Ware feil! Feil!« Sneewittchen guckte zum Fenster heraus und rief: »Guten Tag, liebe Frau, was habt Ihr zu verkaufen ?« – »Gute Ware, schöne Ware«, antwortete sie, »Schnürriemen von allen Farben«, und holte einen hervor, der aus bunter Seide geflochten war. »Die ehrliche Frau kann ich hereinlassen«, dachte Sneewittchen, riegelte die Tür auf und kaufte sich den hübschen Schnürriemen. »Kind«, sprach die Alte, »wie du aussiehst! Komm, ich will dich einmal ordentlich schnüren.« Sneewittchen hatte kein Arg, stellte sich vor sie und ließ sich mit dem neuen Schnürriemen schnüren: Aber die Alte schnürte geschwind und schnürte so fest, daß dem Sneewittchen der Atem verging und es für tot hinfiel. »Nun bist du die Schönste gewesen«, sprach die Alte und eilte hinaus.

Nicht lange darauf, zur Abendzeit, kamen die sieben Zwerge nach Haus, aber wie erschraken sie, als sie ihr liebes Sneewittchen auf der Erde liegen sahen, und es regte und bewegte sich nicht, als wäre es tot. Sie hoben es in die Höhe, und weil sie sahen, daß es zu fest geschnürt war, schnitten sie den Schnurriemen entzwei: Da fing es an ein wenig zu atmen und ward nach und nach wieder lebendig. Als die Zwerge hörten, was geschehen war, sprachen sie: »Die alte Krämerfrau war niemand anders als die gottlose Königin: Hüte dich und laß keinen Menschen herein, wenn wir nicht bei dir sind.«

Das böse Weib aber, als es nach Haus gekommen war, ging vor den Spiegel und fragte:

> »*Spieglein, Spieglein an der Wand,*
> *wer ist die Schönste im ganzen Land?*«

Da antwortete er wie sonst:

»Frau Königin, Ihr seid die Schönste hier,
aber Sneewittchen über den Bergen bei den sieben Zwergen
ist noch tausendmal schöner als Ihr.«

Als sie das hörte, lief ihr alles Blut zum Herzen, so erschrak sie, denn sie sah wohl, daß Sneewittchen wieder lebendig geworden war. »Nun aber«, sprach sie, »will ich etwas aussinnen, das dich zugrunde richten soll«, und mit Hexenkünsten, die sie verstand, machte sie einen giftigen Kamm. Dann verkleidete sie sich und nahm die Gestalt eines andern alten Weibes an. So ging sie hin über die sieben Berge zu den sieben Zwergen, klopfte an die Tür und rief: »Gute Ware feil! Feil!« Sneewittchen schaute heraus und sprach: »Geht nur weiter, ich darf niemanden hereinlassen.« – »Das Ansehen wird dir doch erlaubt sein«, sprach die Alte und zog den giftigen Kamm heraus und hielt ihn in die Höhe. Da gefiel er dem Kinde so gut, daß es sich betören ließ und die Tür öffnete. Als sie des Kaufs einig waren, sprach die Alte: »Nun will ich dich einmal ordentlich kämmen.«

Das arme Sneewittchen dachte an nichts und ließ die Alte gewähren, aber kaum hatte sie den Kamm in die Haare gesteckt, als das Gift darin wirkte und das Mädchen ohne Besinnung niederfiel. »Du Ausbund von Schönheit«, sprach das boshafte Weib, »jetzt ist's um dich geschehen«, und ging fort. Zum Glück aber war es bald Abend, wo die sieben Zwerglein nach Haus kamen. Als sie Sneewittchen wie tot auf der Erde liegen sahen, hatten sie gleich die Stiefmutter in Verdacht, suchten nach und fanden den giftigen Kamm, und kaum hatten sie ihn herausgezogen, so kam Sneewittchen wieder zu sich und erzählte, was vorgegangen war. Da warnten sie es noch einmal, auf seiner Hut zu sein und niemandem die Tür zu öffnen.

Die Königin stellte sich daheim vor den Spiegel und sprach:

»Spieglein, Spieglein an der Wand,
wer ist die Schönste im ganzen Land?«

Da antwortete er wie vorher:

»Frau Königin, Ihr seid die Schönste hier,
aber Sneewittchen über den Bergen bei den sieben Zwergen
ist noch tausendmal schöner als Ihr.«

Als sie den Spiegel so reden hörte, zitterte und bebte sie vor Zorn. »Sneewittchen soll sterben«, rief sie, »und wenn es mein eignes Leben kostet.« Darauf ging sie in eine ganz verborgene einsame Kammer, wo niemand hinkam, und machte da einen giftigen, ganz giftigen Apfel. Äußerlich sah er schön aus, weiß mit roten Backen, daß jeder, der ihn erblickte, Lust danach bekam, aber wer ein Stückchen davon aß, der mußte sterben. Als der Apfel fertig war, färbte sie sich das Gesicht und verkleidete sich in eine Bauersfrau, und so ging sie über die sieben Berge zu den sieben Zwergen. Sie klopfte an, Sneewittchen streckte den Kopf zum Fenster heraus und sprach: »Ich darf keinen Menschen einlassen, die sieben Zwerge haben mir's verboten.« – »Mir auch recht«, antwortete die Bäuerin, »meine Äpfel will ich schon loswerden. Da, einen will ich dir schenken.« – »Nein«, sprach Sneewittchen, »ich darf nichts annehmen.« – »Fürchtest du dich vor Gift?« sprach die Alte, »siehst du, da schneide ich den Apfel in zwei Teile, den roten Backen iß du; den weißen will ich essen.« Der Apfel war aber so künstlich gemacht, daß der rote Backen allein vergiftet war.

Sneewittchen lusterte den schönen Apfel an, und als es sah, daß die Bäuerin davon aß, so konnte es nicht länger widerstehen, streckte die Hand hinaus und nahm die giftige Hälfte. Kaum aber hatte es einen Bissen davon im Mund, so fiel es tot zur Erde nieder. Da betrachtete es die Königin mit grausigen Blicken und lachte überlaut und sprach: »Weiß wie Schnee, rot wie Blut, schwarz wie Ebenholz! Diesmal können dich die Zwerge nicht wieder erwecken.« Und als sie daheim den Spiegel befragte:

»Spieglein, Spieglein an der Wand,
wer ist die Schönste im ganzen Land?«

so antwortete er endlich:

»Frau Königin, Ihr seid die Schönste im Land.«

Da hatte ihr neidisches Herz Ruhe, so gut ein neidisches Herz Ruhe haben kann.

Die Zwerglein, wie sie abends nach Haus kamen, fanden Sneewittchen auf der Erde liegen, und es ging kein Atem mehr aus seinem Mund, und es war tot. Sie hoben es auf, suchten ob sie was Giftiges fänden, schnürten es auf, kämmten ihm die Haare, wuschen es mit Wasser und Wein, aber es half alles nichts; das liebe Kind war tot und blieb tot. Sie legten es auf eine Bahre und setzten sich alle sieben daran und beweinten es und weinten drei Tage lang. Da wollten sie es begraben, aber es sah noch so frisch aus wie ein lebender Mensch und hatte noch seine schönen roten Backen. Sie sprachen: »Das können wir nicht in die schwarze Erde versenken«, und ließen einen durchsichtigen Sarg von Glas machen, daß man das Mädchen von allen Seiten sehen konnte, legten es hinein und schrieben mit goldenen Buchstaben seinen Namen darauf und daß es eine Königstochter wäre. Dann setzten sie den Sarg hinaus auf den Berg, und einer von ihnen blieb immer dabei und bewachte ihn. Und die Tiere kamen auch und beweinten Sneewittchen, erst eine Eule, dann ein Rabe, zuletzt ein Täubchen.

Nun lag Sneewittchen lange, lange Zeit in dem Sarg und verweste nicht, sondern sah aus, als wenn es schliefe, denn es war noch so weiß wie Schnee, so rot wie Blut und so schwarzhaarig wie Ebenholz. Es geschah aber, daß ein Königssohn in den Wald geriet und zu dem Zwergenhaus kam, da zu übernachten. Er sah auf dem Berg den Sarg und das schöne Sneewittchen darin und las, was mit goldenen Buchstaben darauf geschrieben war. Da sprach er zu den Zwergen: »Laßt mir den Sarg, ich will euch geben, was ihr dafür haben wollt.« Aber die Zwerge antworteten: »Wir geben ihn nicht um alles Gold in der Welt.« Da sprach er: »So schenkt ihn mir, denn ich kann nicht leben, ohne Sneewittchen zu sehen, ich will es ehren und hochachten wie mein Liebstes.« Wie er so sprach, empfanden die guten Zwerglein Mitleid mit ihm und gaben ihm den Sarg. Der Königssohn ließ ihn nun von seinen Dienern auf den Schultern forttragen. Da geschah es, daß sie über einen Strauch stolperten, und von der Erschütterung fuhr der giftige Apfelgrütz, den Sneewittchen abgebissen hatte, aus dem Hals. Und nicht lange, so öffnete es die Augen, hob den Deckel vom Sarg in die Höhe, richtete sich auf und war wieder lebendig. »Ach Gott, wo bin ich?« rief es. Der Königssohn sagte voll Freude: »Du bist bei mir«, und erzählte, was sich zugetragen hatte, und sprach: »Ich habe dich lieber als alles auf der Welt, komm mit mir in meines Vaters Schloß, du sollst meine Gemahlin werden.« Da war ihm Sneewittchen gut und ging mit ihm, und ihre Hochzeit ward mit großer Pracht und Herrlichkeit angeordnet.

Zu dem Fest wurde aber auch Sneewittchens gottlose Stiefmutter eingeladen. Wie sie sich nun mit schönen Kleidern angetan hatte, trat sie vor den Spiegel und sprach:

»Spieglein, Spieglein an der Wand,
wer ist die Schönste im ganzen Land?«

Der Spiegel antwortete:

»Frau Königin, Ihr seid die Schönste hier,
aber die junge Königin ist tausendmal schöner als Ihr.«

Da stieß das böse Weib einen Fluch aus, und es ward ihr so angst, so angst, daß sie sich nicht zu beruhigen wußte. Sie wollte zuerst gar nicht auf die Hochzeit kommen, doch ließ es ihr keine Ruhe, sie mußte fort und die junge Königin sehen. Und wie sie hineintrat, erkannte sie Sneewittchen, und vor Angst und Schrecken stand sie da und konnte sich nicht regen. Aber es waren schon eiserne Pantoffeln über Kohlenfeuer gestellt und wurden mit Zangen hereingetragen und vor sie hingestellt. Da mußte sie in die rotglühenden Schuhe treten und so lange tanzen, bis sie tot zur Erde fiel.

Das Ur-Schneewittchen

Ernst Bloch schrieb 1930: »Das Märchen erzählt eine Wunscherfüllung, die nicht nur an seine Zeit und das Kostüm ihrer Inhalte gebunden ist...« Nimmt man das als heuristisches Prinzip, so wird man zum Beispiel leicht herausfinden, daß der von den Brüdern Grimm überlieferten Fassung des »Schneewittchen« ein anderslautender Ur-Text zugrunde gelegen haben muß. Es scheint mir – gerade im Lichte der jüngsten Zeit – nicht allzu schwer, dieses Ur-Schneewittchen zu rekonstruieren. Auch die Motive der späteren – verharmlosenden – Bearbeiter lassen sich leicht erraten.

ES WAR EINMAL, so muß es im Ur-Schneewittchen geheißen haben, ein bildschönes junges Mädchen, das auf dem Schloß seiner königlichen Eltern in Glanz und Reichtum aufwuchs. Sein Haar war schwarz wie Ebenholz, seine Wangen weiß wie Schnee und die Lippen so rot wie Blut[1)], aber im tiefsten Herzen war es unglücklich, weil es bereits ahnte, daß all der Glanz und Reichtum des Hofes auf der Armut und der Ausbeutung der Bevölkerung beruhte.

Eines Tages traf es auf seinem Ritt durch den Wald einen wild aussehenden, bärtigen Jüngling. Es sprach ihn freundlich

[1)] Natürlich erscheint jedem kritischen Leser seit 1871 und noch mehr seit 1918 die Tatsache, daß Schneewittchens Schönheit mit den Farben Schwarz-Weiß-Rot assoziiert wird, als eine höchst fragwürdige nationalistische, ja reaktionäre Anspielung. Die verbürgte Entstehungszeit des Märchens verbietet es allerdings, den Erzählern oder Überlieferern das als Absicht zu unterstellen. Immerhin könnte man sich fragen, ob man nicht aus politisch-erzieherischen Gründen heute andere Farben wählen müßte. Erfreulich bleibt andererseits, daß schwarze, nicht – wie bei dem norddeutschen Ursprung der Erzählung und der Teutomanie der Märchensammler naheliegend – blonde Haare als besonders schön bezeichnet werden.

an und erfuhr, daß er zu den Partisanen gehörte, die sich die Befreiung des Volkes von Tyrannei und Ausbeutung zum Ziele gesetzt hatten. Zum Abschied schenkte ihr der Partisan ein kleines rotes Buch und bat, nur heimlich darin zu lesen und es niemandem sonst am Hofe zu zeigen.

Als Schneewittchen, so hieß unsere junge Prinzessin, sieben Nächte in diesem Buch gelesen hatte, kannte sie es so gut wie auswendig und war von der Gerechtigkeit der Sache der Partisanen überzeugt. Als sie das nächste Mal in den Wald ritt, nahm sie heimlich eine Anzahl guter Waffen mit und ritt über die sieben Berge[1], bis sie zum Lager der Partisanen kam, die sie begeistert aufnahmen, zumal sie nützliche Waffen mitbrachte. Die Kunde vom Übertritt der schönen Königstochter ins Lager der Partisanen verbreitete sich wie ein Steppenbrand im ganzen Königreich und führte den Freiheitskämpfern viele neue Anhänger zu.

Schließlich – nachdem mannigfaltige hinterlistige Anschläge der königlichen Truppen abgeschlagen worden waren – stürmten die Partisanen das Schloß, stürzten die königliche Regierung und setzten eine revolutionäre Volksregierung ein, der Schneewittchen angehörte. Die böse Königin wurde wegen heimtückischer Anschläge auf die Volksarmee hingerichtet, der abgedankte König aber durfte noch viele Jahre in bescheidener Stellung seinem Volke dienen, um wenigstens etwas von dem wiedergutzumachen, was es ihm angetan hatte (ähnlich wie der letzte Kaiser von Mandschukuo in unseren Tagen). In der revolutionären Volksregierung aber trat Schneewittchen für die Befreiung der Frau ein, und alle im Lande liebten und bewunderten es, und wenn es nicht gestorben ist, so lebt es heute noch.

So muß – auf die wesentlichen Züge reduziert – das Ur-Schneewittchen etwa ausgesehen haben. Die ängstlichen Bearbeiter aus dem kleinbürgerlichen oder kleinbäuerlichen

---

[1] Auch wenn es denkbar ist, daß mit den »sieben Bergen« seinerzeit das bei Bonn gelegene Siebengebirge gemeint gewesen sein sollte, besteht doch kein Grund zu der (in der ehemaligen Bundeshauptstadt kursierenden) Vermutung, dort hielten sich auch heutzutage wieder Guerilleros auf.

Milieu, denen wir die von den Grimms notierte Fassung verdankten, haben alles getan, um diese Urform unkenntlich zu machen: Aus dem freiwilligen, politisch motivierten Entschluß Schneewittchens machten sie dessen Verbannung vom Hofe auf Grund eines privaten Racheaktes der eifersüchtigen Stiefmutter, die sonst in einer erbarmungslosen Schönheitskonkurrenz mit Schneewittchen unterliegen würde.

Aus den mutigen Partisanen hinter den sieben Bergen werden die »sieben Zwerge«, eine Modifikation, der man deutlich die Verharmlosungs- und Ridikülisierungs-Absicht anmerkt. Statt mit dem Partisanen-Kollektiv zu kämpfen, wird Schneewittchen die Rolle einer Hausgehilfin bei den zwergenhaften Junggesellen angedichtet. Von den harten Klassenkämpfen bleiben als einzige Spuren die heimtückischen Vergiftungsversuche der verkleideten Stiefmutter übrig. Wiederum wird also das politische Geschehen ins Private umgedeutet.

Den Gipfel der Entstellung aber bildet das Happy-End mit dem plötzlich auftauchenden standesgemäßen Bräutigam. Daß es sich dabei um eine glatte Fälschung handelt, wird an der sichtlichen Verlegenheit der Zwerge und ihrer wenig glaubhaften Bereitschaft, sich von Schneewittchens Sarg zu trennen, offenbar.

An einigen Stellen schimmert freilich noch immer das Ur-Schneewittchen durch: Unverfälscht ist die Solidarität der Rebellen (»Zwerge«) untereinander und mit der jungen Partisanin und ihre Wachsamkeit gegenüber den Anschlägen des Klassenfeindes (der »Stiefmutter«). Auch ist begreiflich, daß Schneewittchen den Klassenfeind in der proletarischen Verkleidung (die als Kleinhändlerin und Apfelfrau verkleidete Königin) nicht erkennen konnte, weil ihm der sichere Klasseninstinkt fehlte, der die anderen Partisanen zweifellos zu sofortiger Entlarvung der verkleideten Königin befähigt hätte.

Geschickt nützt die heimtückische Reaktion (Königin) gerade die ethisch motivierte Liebe Schneewittchens zum einfachen Volk (Proletariat) aus, um es zu täuschen. Auch die Tatsache, daß sich die königliche Macht bei ihrem Kampf gegen die Partisanen heimtückischer Mittel (Verkleidung, vergiftete Kämme und Nahrungsmittel usw.) bedient, dürfte als realistischer Zug dem Ur-Schneewittchen entnommen sein.

Das »Spieglein an der Wand« endlich, das so zuverlässig über alles Auskunft geben kann, was im Königreich passiert, könnte eine märchenhafte Allegorie der königlichen Geheimpolizei sein, die an allen Ecken und Enden ihre Späher und Spitzel unterhält. In diesem Falle ist die privatistische Umbiegung durch die Assoziation von Spiegel und »Unbestechlichkeit« besonders naheliegend und raffiniert. Die führende Rolle der Königin bei der Verfolgung der Partisanen dürfte übrigens durchaus der Realität entsprechen, hat es doch noch in unseren Tagen (Madame Nhu!) ähnliche Verhaltensweisen gegeben.

Mir scheint, in diesem Fall darf man den Brüdern Grimm jedenfalls nicht allein die Schuld an der Umarbeitung geben. Sie haben das Märchen vermutlich schon in ängstlich deformierter Gestalt vorgefunden und es lediglich weiter harmonisiert und geglättet. So wurde aus dem Bericht über einen heroischen Volksaufstand eine banale Schnulze, die bereits nach dem bekannten Hollywood-Rezept der dreißiger Jahre arbeitet: »girl (or man) getting into trouble and out again«.

Warum sollte das Volk eine solch banale Geschichte überliefert haben? Allenfalls um sich einen handfesteren Trost zu verschaffen, als ihm die Religion zu bieten vermochte. Wo jene nur mit der ausgleichenden Gerechtigkeit im Jenseits winkt, da verspricht das Märchen schon hier der bösen Stiefmutter die verdiente Strafe und dem arglosen Schneewittchen das verdiente Glück. Das Märchen als Opium des Volkes? In seiner Urfassung war es sicher das Gegenteil!

3.
Tischchen deck dich, Goldesel und Knüppel aus dem Sack

(*Grimm*)

Vor Zeiten war ein Schneider, der drei Söhne hatte und nur eine einzige Ziege. Aber die Ziege, weil sie alle zusammen mit ihrer Milch ernährte, mußte ihr gutes Futter haben und täglich hinaus auf die Weide geführt werden. Die Söhne taten das auch nach der Reihe. Einmal brachte sie der älteste auf den Kirchhof, wo die schönsten Kräuter standen, ließ sie da fressen und herumspringen. Abends, als es Zeit war, heimzugehen, fragte er: »Ziege, bist du satt?« Die Ziege antwortete:

»Ich bin so satt,
ich mag kein Blatt: Meh! Meh!«

»So komm nach Haus«, sprach der Junge, faßte sie am Strickchen, führte sie in den Stall und band sie fest. »Nun«, sagte der alte Schneider, »hat die Ziege ihr gehöriges Futter?« – »Oh«, antwortete der Sohn, »die ist so satt, sie mag kein Blatt.« Der Vater aber wollte sich selbst überzeugen, ging hinab in den Stall, streichelte das liebe Tier und fragte: »Ziege, bist du auch satt?« Die Ziege antwortete:

»Wovon sollt' ich satt sein?
Ich sprang nur über Gräbelein
und fand kein einzig Blättelein: Meh! Meh!«

»Was muß ich hören!« rief der Schneider, lief hinauf und sprach zu dem Jungen: »Ei, du Lügner, sagst, die Ziege wäre satt, und hast sie hungern lassen?«, und in seinem Zorne nahm er die Elle von der Wand und jagte ihn mit Schlägen hinaus.

Am andern Tag war die Reihe am zweiten Sohn, der suchte an der Gartenhecke einen Platz aus, wo lauter gute Kräuter standen, und die Ziege fraß sie rein ab. Abends, als er heim wollte, fragte er: »Ziege, bist du satt?« Die Ziege antwortete:

»*Ich bin so satt,*
Ich mag kein Blatt: *Meh!* Meh*!*«

»So komm nach Haus«, sprach der Junge, zog sie heim und band sie im Stall fest. »Nun«, sagte der alte Schneider, »hat die Ziege ihr gehöriges Futter?« – »Oh«, antwortete der Sohn, »die ist so satt, sie mag kein Blatt.« Der Schneider wollte sich darauf nicht verlassen, ging hinab in den Stall und fragte: »Ziege, bist du auch satt?« Die Ziege antwortete:

»*Wovon sollt' ich satt sein?*
Ich sprang nur über Gräbelein
und fand kein einzig Blättelein: *Meh!*«

»Der gottlose Bösewicht!« schrie der Schneider, »so ein frommes Tier hungern zu lassen!«, lief hinauf und schlug mit der Elle den Jungen zur Haustür hinaus. Die Reihe kam jetzt an den dritten Sohn, der wollte seine Sache gut machen, suchte Buschwerk mit dem schönsten Laube aus und ließ die Ziege daran fressen. Abends, als er heim wollte, fragte er: »Ziege, bist du auch satt?« Die Ziege antwortete:

»*Ich bin so satt,*
Ich mag kein Blatt: *Meh!* Meh*!*«

»So komm nach Haus«, sagte der Junge, führte sie in den Stall und band sie fest. »Nun«, sagte der alte Schneider, »hat die Ziege ihr gehöriges Futter?« – »Oh«, antwortete der Sohn, »die ist so satt, sie mag kein Blatt.« Der Schneider traute nicht, ging hinab und fragte: »Ziege, bist du auch satt?« Das boshafte Tier antwortete:

»*Wovon sollt' ich satt sein?*
Ich sprang nur über Gräbelein
und fand kein einzig Blättelein: *Meh!* Meh*!*«

»O die Lügenbrut!« rief der Schneider, »einer so gottlos und pflichtvergessen wie der andere! Ihr sollt mich nicht länger zum Narren haben!«, und vor Zorn ganz außer sich, sprang er hinauf und gerbte dem armen Jungen mit der Elle den Rücken so gewaltig, daß er zum Haus hinaussprang.

Der alte Schneider war nun mit seiner Ziege allein. Am andern Morgen ging er hinab in den Stall, liebkoste die Ziege und sprach: »Komm, mein liebes Tierlein, ich will dich selbst zur Weide führen.« Er nahm sie am Strick und brachte sie zu grünen Hecken und unter Schafrippe und was sonst die Ziegen gerne fressen. »Da kannst du dich einmal nach Herzenslust sättigen«, sprach er zu ihr und ließ sie weiden bis zum Abend. Da fragte er: »Ziege, bist du satt?« Sie antwortete:

> »*Ich bin so satt,*
> *Ich mag kein* Blatt: *Meh!* Meh*!*«

»So komm nach Haus«, sagte der Schneider, führte sie in den Stall und band sie fest. Als er wegging, kehrte er sich noch einmal um und sagte: »Nun bist du doch einmal satt!« Aber die Ziege machte es ihm nicht besser und rief:

> »*Wie sollt' ich satt sein?*
> *Ich sprang nur über Gräbelein*
> *und fand kein einzig Blättelein*: *Meh!* Meh*!*«

Als der Schneider das hörte, stutzte er und sah wohl, daß er seine drei Söhne ohne Ursache verstoßen hatte. »Wart«, rief er, »du undankbares Geschöpf, dich fortzujagen ist noch zuwenig, ich will dich zeichnen, daß du dich unter ehrbaren Schneidern nicht mehr darfst sehen lassen.« In einer Hast sprang er hinauf, holte sein Bartmesser, seifte der Ziege den Kopf ein und schor sie so glatt wie seine flache Hand. Und weil die Elle zu ehrenvoll gewesen wäre, holte er die Peitsche und versetzte ihr solche Hiebe, daß sie in gewaltigen Sprüngen davonlief.

Der Schneider, als er so ganz einsam in seinem Hause saß, verfiel in große Traurigkeit und hätte seine Söhne gerne wiedergehabt, aber niemand wußte, wo sie hingeraten waren. Der älteste war zu einem Schreiner in die Lehre gegangen, da lernte er fleißig und unverdrossen, und als seine Zeit herum war, daß er wandern sollte, schenkte ihm der Meister ein Tischchen, das gar kein besonderes Ansehen hatte und von gewöhnlichem Holz war: aber es hatte eine gute Eigenschaft. Wenn man es hinstellte und sprach »Tischchen, deck dich«, so war das gute Tischchen auf einmal mit einem saubern Tüchlein bedeckt, und es stand da ein Teller und Messer und Gabel daneben und Schüsseln mit Gesottenem und Gebratenem, so viel Platz hatten, und ein großes Glas mit rotem Wein leuchtete, daß einem das Herz lachte. Der junge Gesell dachte: »Damit hast du genug für dein Lebtag«, zog guter Dinge in der Welt umher und bekümmerte sich gar nicht darum, ob ein Wirtshaus gut oder schlecht und ob etwas darin zu finden war oder nicht. Wenn es ihm gefiel, so kehrte er gar nicht ein, sondern im Felde, im Wald, auf einer Wiese, wo er Lust hatte, nahm er sein Tischchen vom Rücken, stellte es vor sich und sprach »deck dich«, so war alles da, was sein Herz begehrte. Endlich kam es ihm in den Sinn, er wollte zu seinem Vater zurückkehren, sein Zorn würde sich gelegt haben, und mit dem Tischchen-deck-dich würde er ihn gerne wieder aufnehmen. Es trug sich zu, daß er auf dem Heimweg abends in ein Wirtshaus kam, das mit Gästen angefüllt war: Sie hießen ihn willkommen und luden ihn ein, sich zu ihnen zu setzen und mit ihnen zu essen, sonst würde er schwerlich noch etwas bekommen. »Nein«, antwortete der Schreiner, »die paar Bissen will ich euch nicht vor dem Munde nehmen, lieber sollt ihr meine Gäste sein.« Sie lachten und meinten, er triebe seinen Spaß mit ihnen. Er aber stellte sein hölzernes Tischchen mitten in die Stube und sprach: »Tischchen, deck dich.« Augenblicklich war es mit Speisen besetzt, so gut, wie sie der Wirt nicht hätte herbeischaffen können, und wovon der Geruch den Gästen lieblich in die Nase stieg. »Zugegriffen, liebe Freunde«, sprach der Schreiner, und die Gäste, als sie sahen, wie es gemeint war, ließen sich nicht zweimal bitten, rückten heran, zogen ihre Messer und griffen tapfer zu.

Und was sie am meisten verwunderte, wenn eine Schüssel leer geworden war, so stellte sich gleich von selbst eine volle an ihren Platz. Der Wirt stand in einer Ecke und sah dem Dinge zu; er wußte gar nicht, was er sagen sollte, dachte aber: »Einen solchen Koch könntest du in deiner Wirtschaft wohl brauchen.« Der Schreiner und seine Gesellschaft waren lustig bis in die späte Nacht, endlich legten sie sich schlafen, und der junge Geselle ging auch zu Bett und stellte sein Wünschtischchen an die Wand. Dem Wirte aber ließen seine Gedanken keine Ruhe, es fiel ihm ein, daß in seiner Rumpelkammer ein altes Tischchen stände, das gerade so aussähe: Das holte er ganz sachte herbei und vertauschte es mit dem Wünschtischchen.

Am andern Morgen zahlte der Schreiner sein Schlafgeld, packte sein Tischchen auf, dachte gar nicht daran, daß er ein falsches hätte, und ging seiner Wege. Zu Mittag kam er bei seinem Vater an, der ihn mit großer Freude empfing. »Nun, mein lieber Sohn, was hast du gelernt?« sagte er zu ihm. »Vater, ich bin ein Schreiner geworden.« – »Ein gutes Handwerk«, erwiderte der Alte, »aber was hast du von deiner Wanderschaft mitgebracht?« – »Vater, das Beste, was ich mitgebracht habe, ist das Tischchen.« Der Schneider betrachtete es von allen Seiten und sagte: »Daran hast du kein Meisterstück gemacht, das ist ein altes und schlechtes Tischchen.« – »Aber es ist ein Tischchen-deck-dich«, antwortete der Sohn, »wenn ich es hinstelle und sage ihm, es solle sich decken, so stehen gleich die schönsten Gerichte darauf und ein Wein dabei, der das Herz erfreut. Ladet nur alle Verwandte und Freunde ein, die sollen sich einmal laben und erquicken, denn das Tischchen macht sie alle satt.« Als die Gesellschaft beisammen war, stellte er sein Tischchen mitten in die Stube und sprach: »Tischchen, deck dich.« Aber das Tischchen regte sich nicht und blieb so leer wie ein anderer Tisch, der die Sprache nicht versteht. Da merkte der arme Geselle, daß ihm das Tischchen vertauscht war, und schämte sich, daß er wie ein Lügner dastand. Die Verwandten aber lachten ihn aus und mußten ungetrunken und ungegessen wieder heimwandern. Der Vater holte seine Lappen wieder herbei und schneiderte fort, der Sohn aber ging bei einem Meister in die Arbeit.

Der zweite Sohn war zu einem Müller gekommen und bei ihm in die Lehre gegangen. Als er seine Jahre herum hatte, sprach der Meister: »Weil du dich so wohl gehalten hast, so schenke ich dir einen Esel von einer besonderen Art, er zieht nicht am Wagen und trägt auch keine Säcke.« – »Wozu ist er denn nütze?« fragte der junge Geselle. »Er speit Gold«, antwortete der Müller, »wenn du ihn auf ein Tuch stellst und sprichst ›Bricklebrit‹, so speit dir das gute Tier Goldstücke aus, hinten und vorn.« – »Das ist eine schöne Sache«, sprach der Geselle, dankte dem Meister und zog in die Welt. Wenn er Gold nötig hatte, brauchte er nur zu seinem Esel »Bricklebrit« zu sagen, so regnete es Goldstücke, und er hatte weiter keine Mühe, als sie von der Erde aufzuheben. Wo er hinkam, war ihm das Beste gut genug und je teurer, je lieber, denn er hatte immer einen vollen Beutel.

Als er sich eine Zeitlang in der Welt umgesehen hatte, dachte er: »Du mußt deinen Vater aufsuchen, wenn du mit dem Goldesel kommst, so wird er seinen Zorn vergessen und dich gut aufnehmen.« Es trug sich zu, daß er in dasselbe Wirtshaus geriet, in welchem seinem Bruder das Tischchen vertauscht war. Er führte seinen Esel an der Hand, und der Wirt wollte ihm das Tier abnehmen und anbinden, der junge Geselle aber sprach: »Gebt Euch keine Mühe, meinen Grauschimmel führe ich selbst in den Stall und binde ihn auch selbst an, denn ich muß wissen, wo er steht.« Dem Wirt kam es wunderlich vor, und er meinte, einer, der seinen Esel selbst besorgen müßte, hätte nicht viel zu verzehren: Als aber der Fremde in die Tasche griff, zwei Goldstücke herausholte und sagte, er sollte nur etwas Gutes für ihn einkaufen, so machte er große Augen, lief und suchte das Beste, das er auftreiben konnte. Nach der Mahlzeit fragte der Gast, was er schuldig wäre, der Wirt wollte die doppelte Kreide nicht sparen und sagte, noch ein paar Goldstücke müßte er zulegen. Der Geselle griff in die Tasche, aber sein Gold war eben zu Ende.

»Wartet einen Augenblick, Herr Wirt«, sprach er, »ich will nur gehen und Gold holen«, nahm aber das Tischtuch mit. Der Wirt wußte nicht, was das heißen sollte, war neugierig, schlich ihm nach, und da der Gast die Stalltür zuriegelte, so guckte er durch ein Astloch. Der Fremde breitete unter dem Esel das Tuch aus, rief »Bricklebrit«, und augenblicklich fing das Tier an, Gold zu speien von hinten und vorn, daß es ordentlich auf die Erde herabregnete. »Ei der Tausend«, sagte der Wirt, »da sind die Dukaten bald geprägt! So ein Geldbeutel ist nicht übel!« Der Gast bezahlte seine Zeche und legte sich schlafen, der Wirt aber schlich in der Nacht herab in den Stall, führte den Münzmeister weg und band einen andern Esel an seine Stelle.

Den folgenden Morgen in der Frühe zog der Geselle mit seinem Esel ab und meinte, er hätte seinen Goldesel. Mittags kam er bei seinem Vater an, der sich freute, als er ihn wiedersah, und ihn gerne aufnahm. »Was ist aus dir geworden, mein Sohn?« fragte der Alte. »Ein Müller, lieber Vater« antwortete er. »Was hast du von deiner Wanderschaft mitgebracht?« – »Weiter nichts als einen Esel.« – »Esel gibt's hier genug«, sagte der Vater, »da wäre mir doch eine gute Ziege lieber gewesen.« – »Ja«, antwortete der Sohn, »aber es ist kein gemeiner Esel, sondern ein Goldesel: Wenn ich sage ›Bricklebrit‹, so speit Euch das gute Tier ein ganzes Tuch voll Goldstücke. Laßt nur alle Verwandte herbeirufen, ich mache sie alle zu reichen Leuten.« – »Das lass' ich mir gefallen«, sagte der Schneider, »dann brauch' ich mich mit der Nadel nicht weiter zu quälen«, sprang selbst fort und rief die Verwandten herbei. Sobald sie beisammen waren, hieß sie der Müller Platz machen, breitete sein Tuch aus und brachte den Esel in die Stube. »Jetzt gebt acht«, sagte er und rief »Bricklebrit«, aber es waren keine Goldstücke, was herabfiel, und es zeigte sich, daß das Tier nichts von der Kunst verstand, denn es bringt's nicht jeder Esel so weit. Da machte der arme Müller ein langes Gesicht, sah, daß er betrogen war, und bat die Verwandten um Verzeihung, die so arm heimgingen, als sie gekommen waren. Es blieb nichts übrig, der Alte mußte wieder nach der Nadel greifen und der Junge sich bei einem Müller verdingen.

Der dritte Bruder war zu einem Drechsler in die Lehre gegangen, und weil es ein kunstreiches Handwerk ist, mußte er am längsten lernen. Seine Brüder aber meldeten ihm in einem Briefe, wie schlimm es ihnen ergangen wäre und wie sie der Wirt noch am letzten Abende um ihre schönen Wünschdinge gebracht hätte. Als der Drechsler nun ausgelernt hatte und wandern sollte, so schenkte ihm sein Meister, weil er sich so wohl gehalten, einen Sack und sagte: »Es liegt ein Knüppel darin.« – »Den Sack kann ich umhängen, und er kann mir gute Dienste leisten, aber was soll der Knüppel darin? Der macht ihn nur schwer.« – »Das will ich dir sagen«, antwortete der Meister. »Hat dir jemand etwas zuleid getan, so sprich nur ›Knüppel, aus dem Sack‹, so springt dir der Knüppel heraus unter die Leute und tanzt ihnen so lustig auf dem Rücken herum, daß sie sich acht Tage lang nicht regen und bewegen können, und eher läßt er nicht ab, als bis du sagst ›Knüppel, in den Sack‹.« Der Gesell dankte ihm, hing den Sack um, und wenn ihm jemand zu nahe kam und auf den Leib wollte, so sprach er »Knüppel, aus dem Sack«, alsbald sprang der Knüppel heraus und klopfte einem nach dem andern den Rock oder Wams gleich auf dem Rücken aus und wartete nicht erst, bis er ihn ausgezogen hatte, und das ging so geschwind, daß, eh sich's einer versah, die Reihe schon an ihm war.

Der junge Drechsler langte zur Abendzeit in dem Wirtshaus an, wo seine Brüder waren betrogen worden. Er legte seinen Ranzen vor sich auf den Tisch und fing an zu erzählen, was er alles Merkwürdige in der Welt gesehen habe. »Ja«, sagte er, »man findet wohl ein Tischchen-deck-dich, einen Goldesel und dergleichen: Lauter gute Dinge, die ich nicht verachte, aber das ist alles nichts gegen den Schatz, den ich mir erworben habe und mit mir da in meinem Sack führe.« Der Wirt spitzte die Ohren. »Was in aller Welt mag das sein?« dachte er, »der Sack ist wohl mit lauter Edelsteinen angefüllt; den sollte ich billig auch noch haben, denn aller guten Dinge sind drei.« Als Schlafenszeit war, streckte sich der Gast auf die Bank und legte seinen Sack als Kopfkissen unter. Der Wirt, als er meinte, der Gast läge in tiefem Schlaf, ging herbei, rückte und zog ganz sachte und vorsichtig an dem Sack, ob er ihn vielleicht wegziehen und einen andern unterlegen könnte. Der Drechsler aber hatte schon lange darauf gewartet. Wie nun der Wirt eben einen herzhaften Ruck tun wollte, rief er: »Knüppel, aus dem Sack.« Alsbald fuhr das Knüppelchen heraus, dem Wirt auf den Leib und rieb ihm die Nähte, daß es eine Art hatte. Der Wirt schrie zum Erbarmen, aber je lauter er schrie, desto kräftiger schlug der Knüppel ihm den Takt dazu auf dem Rücken, bis er endlich erschöpft zur Erde fiel. Da sprach der Drechsler: »Wo du das Tischchen-deck-dich und den Goldesel nicht wieder herausgibst, so soll der Tanz von neuem angehen.« – »Ach nein«, rief der Wirt ganz kleinlaut, »ich gebe alles gerne wieder heraus, laßt nur den verwünschten Kobold wieder in den Sack kriechen.« Da sprach der Geselle: »Ich will Gnade für Recht ergehen lassen, aber hüte dich vor Schaden!« Dann rief er: »Knüppel, in den Sack!« und ließ ihn ruhen.

Der Drechsler zog am andern Morgen mit dem Tischchen-deck-dich und dem Goldesel heim zu seinem Vater. Der Schneider freute sich, als er ihn wiedersah, und fragte auch ihn, was er in der Fremde gelernt hätte. »Lieber Vater«, antwortete er, »ich bin ein Drechsler geworden.« – »Ein kunstreiches Handwerk«, sagte der Vater, »was hast du von der Wanderschaft mitgebracht?« – »Ein kostbares Stück, lieber Vater«, antwortete der Sohn, »einen Knüppel in dem Sack.« – »Was!« rief der Vater, »einen Knüppel! Das ist der Mühe wert! Den kannst du dir von jedem Baume abhauen.« – »Aber einen solchen nicht, lieber Vater: Sage ich ›Knüppel, aus dem Sack‹, so springt der Knüppel heraus und macht mit dem, der es nicht gut mit mir meint, einen schlimmen Tanz und läßt nicht eher nach, als bis er auf der Erde liegt und um gut Wetter bittet. Seht Ihr, mit diesem Knüppel habe ich das Tischchen-deck-dich und den Goldesel wieder herbeigeschafft, die der diebische Wirt meinen Brüdern abgenommen hatte. Jetzt laßt sie beide rufen und ladet alle Verwandten ein, ich will sie speisen und tränken und will ihnen die Taschen noch mit Gold füllen.« Der alte Schneider wollte nicht recht trauen, brachte aber doch die Verwandten zusammen. Da deckte der Drechsler ein Tuch in die Stube, führte den Goldesel herein und sagte zu seinem Bruder: »Nun, lieber Bruder, sprich mit ihm.« Der Müller sagte: »Bricklebrit«, und augenblicklich sprangen die Goldstücke auf das Tuch herab, als käme ein Platzregen, und der Esel hörte nicht eher auf, als bis alle so viel hatten, daß sie nicht mehr tragen konnten. (Ich sehe dir's an, du wärst auch gerne dabeigewesen.) Dann holte der Drechsler das Tischchen und sagte: »Lieber Bruder, nun sprich mit ihm.« Und kaum hatte der Schreiner »Tischchen, deck dich« gesagt, so war es gedeckt und mit den schönsten Schüsseln reichlich besetzt. Da ward eine Mahlzeit gehalten, wie der gute Schneider noch keine in seinem Hause erlebt hatte, und die ganze Verwandtschaft blieb zusammen bis in die Nacht, und es waren alle lustig und vergnügt. Der Schneider verschloß Nadel und Zwirn, Elle und Bügeleisen in einen Schrank und lebte mit seinen drei Söhnen in Freude und Herrlichkeit.

Wo ist aber die Ziege hingekommen, die schuld war, daß der Schneider seine drei Söhne fortjagte? Das will ich dir sagen. Sie schämte sich, daß sie einen kahlen Kopf hatte, lief in eine Fuchshöhle und verkroch sich hinein. Als der Fuchs nach Haus kam, funkelten ihm ein paar große Augen aus der Dunkelheit entgegen, daß er erschrak und wieder zurücklief. Der Bär begegnete ihm, und da der Fuchs ganz verstört aussah, so sprach er: »Was ist dir, Bruder Fuchs, was machst du für ein Gesicht?« – »Ach«, antwortete der Rote, »ein grimmig Tier sitzt in meiner Höhle und hat mich mit feurigen Augen angeglotzt.« – »Das wollen wir bald austreiben«, sprach der Bär, ging mit zu der Höhle und schaute hinein; als er aber die feurigen Augen erblickte, wandelte ihn ebenfalls Furcht an: Er wollte mit dem grimmigen Tiere nichts zu tun haben und nahm Reißaus. Die Biene begegnete ihm, und da sie merkte, daß es ihm in seiner Haut nicht wohl zumute war, sprach sie: »Bär, du machst ja ein gewaltig verdrießlich Gesicht, wo ist deine Lustigkeit geblieben?« – »Du hast gut reden«, antwortete der Bär, »es sitzt ein grimmiges Tier mit Glotzaugen in dem Hause des Roten, und wir können es nicht herausjagen.« Die Biene sprach: »Du dauerst mich, Bär, ich bin ein armes schwaches Geschöpf, das ihr im Wege nicht anguckt, aber ich glaube doch, daß ich euch helfen kann.« Sie flog in die Fuchshöhle, setzte sich der Ziege auf den glatten geschorenen Kopf und stach sie so gewaltig, daß sie aufsprang, »meh! meh!« schrie und wie toll in die Welt hineinlief; und es weiß niemand auf diese Stunde, wo sie hingelaufen ist.

Tischchen deck dich, Goldesel und Knüppel aus dem Sack,

eine volkschinesische Deutung und ihre orthodox-marxistische Kritik

Der chinesische Literaturforscher Ping Peng-Pong hat das bekannte Grimmsche Märchen »Tischchen deck dich usw.« einer sinomarxistischen Deutung unterworfen, an der vom Standpunkt des orthodoxen Marxismus allerdings energisch Kritik geübt werden muß. Den Lesern soll die Kenntnis von dieser Polemik, an der sich auch mehrere sowjetische Gelehrte beteiligt haben, nicht vorenthalten werden.

Nach Auffassung Ping Peng-Pongs handelt es sich bei diesem Märchen um eine allegorische Darstellung der drei Gesellschaftsformationen, die seit Auflösung der Sklavenhaltergesellschaft das Gesicht der europäischen wie der asiatischen Staaten bestimmt haben. »Tischchen deck dich« so lautet vereinfacht ausgedrückt die Losung der am Konsum orientierten Herren der Feudalgesellschaft. Die den Feudalherren dienende Bevölkerung soll so lautlos und rasch arbeiten, daß es aussieht, als geschehe alles von selbst. Kaum hat der Herr es befohlen, ist der Tisch bereits gedeckt und mit den köstlichsten Speisen und Getränken versehen. Die Arbeit der Diener muß so wirkungsvoll verrichtet werden, daß man sie gar nicht sieht.

»Goldesel streck dich« – nämlich um goldene Dukaten zu produzieren – so lautet die Losung des Kapitalismus. Das Volk erscheint hier nicht unzutreffend in der Gestalt des ewig duldenden, genügsamen Lastesels, dem man beliebig große Gewichte aufladen kann. Außer einem völlig wirkungslosen Schrei, der obendrein in der schlichten Affirmation »Ja-ja« besteht, verfügt das so symbolisierte Volk über keinerlei Ausdrucks- oder Widerstandsmittel. Der Esel ist das Ideal der sich geduldig ausbeuten lassenden Arbeiterklasse, wie es der Bourgeoisie vorschwebt, genau wie der unsichtbare und lautlos tätige Diener das Ideal des an Konsum und Luxus orientierten Feudalherren war.

Der »Knüppel aus dem Sack« aber bedarf fürs populäre Verständnis keiner scharfsinnigen Interpretation. Er symbolisiert den revolutionären Volkskrieg der armen Bauern und antizipiert in leicht antiquierter Form bereits die bekannte Maxime Mao Tse-tungs »alle Macht kommt aus den Gewehrläufen«. Professor Prawilowitsch von der Universität Ostsibiriens hat unlängst die völlige Unhaltbarkeit dieser rotchinesischen Deutung bewiesen und sie als eine ganz und gar unrichtige Anwendung des Marxismus auf die Märchen-Verwirrung kritisiert. Nach seiner – auf den Vorarbeiten von Marx, Engels, Lenin und so weiter beruhenden – Deutung handelt es sich bei diesem Märchen nicht um eine Allegorie der zwei Gesellschaftsformationen und der proletarischen Revolution, sondern um eine sehr exakte Beschreibung der drei Aspekte der bürgerlichen Revolution, wie sie klassisch an der großen Französischen Revolution abgelesen werden können:

»Tischchen deck dich« – dieses Phänomen verweist auf die Möglichkeit der Ablösung direkter menschlicher Dienstleistungen durch die moderne Produktionstechnik. In der frühbürgerlichen Zeit wurde von den meisten Autoren der aufsteigenden Bourgeoisie der befreiende Charakter der Technik hervorgehoben. Die Technik, so glaubte man damals, werde die Gleichheit der Menschen zur Folge haben, die Unterscheidung von Herr und Knecht hinfällig werden lassen. Auch wenn sich diese Erwartung inzwischen für die bürgerliche Epoche als illusorisch erwiesen hat, spielte doch die Technikbegeisterung und der Glaube an die befreienden Folgen der wachsenden Naturbeherrschung durch den Menschen eine große und progressive Rolle in der bürgerlichen Revolution. »Goldesel streck dich« – damit ist in der Tat der kapitalistische Aspekt der neuen Gesellschaftsordnung gemeint. Der Gold als Exkrement produzierende Esel steht hier für das

»sich selbst vermehrende Kapital« oder den »sich selbst vermehrenden Wert«, dem gleichsam organische Wachstumsfähigkeiten angedichtet werden. Das Wesen des hier symbolisch geschilderten Vorgangs besteht ja nicht darin, daß der Esel Gold, das sich zuvor in seinem Leib befindet, ausscheidet, sondern daß er ständig mehr Gold produziert, als zuvor in ihm vorhanden war. Damit aber ist in geradezu genialer Symbolisierung das Wesen des Kapitals (man erinnere sich an die Marxsche Formel G-G') ausgedrückt. Die Annahme meines chinesischen Kollegen, es handele sich hier um eine Allegorie des leidenden werktätigen Volkes, geht schon deshalb an der historischen Realität vorbei, weil in der Frühphase der bürgerlichen Gesellschaft selbst progressiven Denkern wie Saint-Simon die Existenz des Proletariats als solchem noch gar nicht zu Bewußtsein gekommen war, sondern mit den Unternehmern in einer Gruppe, den »Industriellen«, zusammengefaßt wurde. Ganz abgesehen davon, daß es vollends unzulässig erscheinen muß, wenn dem Märchen-Verfasser hier eine Ahnung des Mehrwertgesetzes unterstellt wird (der erhebliche Mehrwert würde aus der Differenz zwischen dem Wert der vom Esel verzehrten Nahrung und Stallung auf der einen Seite und dem von ihm ausgeschiedenen Gold auf der anderen bestehen). Da Karl Marx den Mehrwert präzise nach 1848 entwickelt hat, konnte ein bereits 1819 publiziertes Märchen keinen verschlüsselten Hinweis auf ihn, sondern nur eine krude organizistische Veranschaulichung des Tatbestandes (G-G') enthalten.

Was aber endlich den »Knüppel aus dem Sack« anlangt, so ist aus der Funktion dieses Knüppels im Märchen (er dient dazu, den diebischen Wirt zur Herausgabe des Tischlein-deckdich und des Goldesels an den Müllerssohn zu veranlassen) deutlich, daß es sich um nichts anderes als die notwendige plebejische Komponente der bürgerlichen Revolution handelt, ohne welche diese ja in der Tat nicht zu einem erfolgreichen Abschluß gekommen wäre. Erst der Druck der Pariser Volksmassen einschließlich der kräftigen Marktweiber führte zur Aufhebung der Feudalordnung, nur unter dem Druck der

Pariser Jakobiner wurde die Republik eingeführt. Alles in allem kann das Märchen »Tischchen deck dich…« als eine höchst gelungene Abbreviation von drei Aspekten der bürgerlich-kapitalistischen Revolution angesehen werden: des technologischen (Tischchen), des ökonomischen (Goldesel) und des politischen (Knüppel aus dem Sack). Den dialektischen Zusammenhang dieser Komponenten hat das Märchen höchst eindrucksvoll angedeutet, indem es dem Knüppel die letztlich befreiende Wirkung zuschrieb. Der diebische Wirt kann als Repräsentant des Ancien Régime angesehen werden, was auch insofern glaubhaft erscheint, als sich ja Angehörige der Dienstleistungsberufe meist den älteren herrschenden Klassen verbunden fühlen (Grund: hohe Trinkgelder des Adels, Konsumorientiertheit der alten Gesellschaft usw.). Die Interpretation durch Ping Peng-Pong kann nur als weiteres beklagenswertes Symptom des Verfalls der marxistisch-leninistischen Methode im maoistischen China angesehen werden[1)].

[1)] Mein Kollege Karl Deutsch (Harvard) machte mich darauf aufmerksam, daß das Märchen »Tischchen deck dich« weit plausibler auch mit Kategorien der Psychoanalyse zu deuten sei. Die drei Symbole würden dann die »orale«, die »anale« und die »genitale« Phase der individuellen Libidoentwicklung charakterisieren. Dennoch scheint mir im ganzen die von Karl Deutsch vorgeschlagene Deutung in die Irre zu führen. Sie mußte wohl deshalb in den USA entstehen, weil in dieser spätkapitalistischen Gesellschaft historisch-gesellschaftliches Denken nur unzulänglich sich entfalten kann und soziale Probleme fast stets auf individualpsychische zurückgeführt werden.

4.
Das tapfere Schneiderlein
(*Grimm*)

An einem Sommermorgen saß ein Schneiderlein auf seinem Tisch am Fenster, war guter Dinge und nähte aus Leibeskräften. Da kam eine Bauersfrau die Straße herab und rief: »Gut Mus feil! Gut Mus feil!« Das klang dem Schneiderlein lieblich in die Ohren, er steckte sein zartes Haupt zum Fenster hinaus und rief: »Hier herauf, liebe Frau, hier wird sie ihre Ware los.« Die Frau stieg die drei Treppen mit ihrem schweren Korbe zu dem Schneider herauf und mußte die Töpfe sämtlich vor ihm auspacken. Er besah sie alle, hob sie in die Höhe, hielt die Nase dran und sagte endlich: »Das Mus scheint mir gut, wieg sie mir doch vier Lot ab, liebe Frau, wenn's auch ein Viertelpfund ist, kommt es mir nicht darauf an.« Die Frau, welche gehofft hatte, einen guten Absatz zu finden, gab ihm, was er verlangte, ging aber ganz ärgerlich und brummig fort. »Nun, das Mus soll mir Gott gesegnen«, rief das Schneiderlein, »und soll mir Kraft und Stärke geben«, holte das Brot aus dem Schrank, schnitt sich ein Stück über den ganzen Laib und strich das Mus darüber. »Das wird nicht bitter schmecken«, sprach er, »aber erst will ich den Wams fertigmachen, eh' ich anbeiße.« Er legte das Brot neben sich, nähte weiter und machte vor Freude immer größere Stiche. Indes stieg der Geruch von dem süßen Mus hinauf an die Wand, wo die Fliegen in großer Menge saßen, so daß sie herangelockt wurden und sich scharenweis darauf niederließen. »Ei, wer hat euch eingeladen?« sprach das Schneiderlein und jagte die ungebetenen Gäste fort. Die Fliegen aber, die kein Deutsch verstanden, ließen sich nicht abweisen, sondern kamen in immer größerer Gesellschaft wieder. Da lief dem Schneiderlein endlich, wie man sagt, die Laus über die Leber, es langte aus seiner Hölle nach einem Tuchlappen, und mit einem »Wart, ich will es euch geben!« schlug es unbarmherzig drauf. Als es abzog und zählte, so lagen nicht weniger als sieben vor ihm tot und streckten die Beine. »Bist du so ein Kerl?« sprach er und mußte selbst seine Tapferkeit bewundern. »Das soll die ganze Stadt erfahren.« Und in der Hast schnitt sich das Schneiderlein einen Gürtel, nähte ihn und stickte mit großen Buchstaben darauf. »Siebene auf einen Streich!« – »Ei was, Stadt!« sprach er weiter. »Die ganze Welt soll's erfahren!« und sein Herz wackelte ihm vor Freude wie ein Lämmerschwänzchen.

Der Schneider band sich den Gürtel um den Leib und wollte in die Welt hinaus, weil er meinte, die Werkstätte sei zu klein für seine Tapferkeit. Ehe er abzog, suchte er im Haus herum, ob nichts da wäre, was er mitnehmen könnte, er fand aber nichts als einen alten Käse, den steckte er ein. Vor dem Tore bemerkte er einen Vogel, der sich im Gesträuch gefangen hatte, der mußte zu dem Käse in die Tasche. Nun nahm er den Weg tapfer zwischen die Beine, und weil er leicht und behend war, fühlte er keine Müdigkeit. Der Weg führte ihn auf einen Berg, und als er den höchsten Gipfel erreicht hatte, so saß da ein gewaltiger Riese und schaute sich ganz gemächlich um. Das Schneiderlein ging beherzt auf ihn zu, redete ihn an und sprach: »Guten Tag, Kamerad, gelt, du sitzest da und besiehst dir die weitläufige Welt? Ich bin eben auf dem Wege dahin und will mich versuchen. Hast du Lust, mitzugehen?« Der Riese sah den Schneider verächtlich an und sprach: »Du Lump! Du miserabler Kerl!« – »Das wäre!« antwortete das Schneiderlein, knöpfte den Rock auf und zeigte dem Riesen den Gürtel. »Da kannst du lesen, was ich für ein Mann bin.« Der Riese las »Sieben auf einen Streich«, meinte, das wären Menschen gewesen, die der Schneider erschlagen hätte, und kriegte ein wenig Respekt vor dem kleinen Kerl. Doch wollte er ihn erst prüfen, nahm einen Stein in die Hand und drückte ihn zusammen, daß das Wasser heraustropfte. »Das mach mir nach«, sprach der Riese, »wenn du Stärke hast.« – »Ist's weiter nichts?« sagte das Schneiderlein, »das ist bei unsereinem Spielwerk«, griff in die Tasche, holte den weichen Käse und drückte ihn, daß der Saft herauslief. »Gelt«, sprach er, »das war ein wenig besser?« Der Riese wußte nicht, was er sagen sollte, und konnte es von dem Männlein nicht glauben. Da hob der Riese einen Stein auf und warf ihn so hoch, daß man ihn mit Augen kaum noch sehen konnte: »Nun, du Erpelmännchen, das tu mir nach.« – »Gut geworfen«, sagte der Schneider, »aber der Stein hat doch wieder zur Erde herabfallen müssen, ich will dir einen werfen, der soll gar nicht wiederkommen«, er griff in die Tasche, nahm den Vogel und warf ihn in die Luft. Der Vogel, froh über seine Freiheit, stieg auf, flog fort und kam nicht wieder. »Wie gefällt dir das Stückchen, Kamerad?« fragte der Schneider. »Werfen kannst du wohl«, sagte der Riese, »aber nun wollen wir sehen, ob du imstande bist, etwas Ordentliches zu tragen.« Er führte das Schneiderlein zu einem mächtigen Eichbaum, der da gefällt auf dem Boden lag, und sagte: »Wenn du stark genug bist, so hilf mir den Baum aus dem Walde heraustragen.« – »Gerne«, antwortete der kleine Mann, »nimm du nur den Stamm auf deine Schulter, ich will die Äste mit dem Gezweig aufheben und tragen, das ist doch das Schwerste.« Der Riese nahm den Stamm auf die Schulter, der Schneider aber setzte sich auf einen Ast, und der Riese, der sich nicht umsehen konnte, mußte den ganzen Baum und das Schneiderlein noch obendrein forttragen. Es war da hinten ganz lustig und guter Dinge, pfiff das Liedchen »Es ritten drei Schneider zum Tore hinaus«, als wär das Baumtragen ein Kinderspiel. Der Riese, nachdem er ein Stück Wegs die schwere Last fortgeschleppt hatte, konnte nicht weiter und rief: »Hör, ich muß den Baum fallen lassen.« Der Schneider sprang behendiglich herab, faßte den Baum mit beiden Armen, als wenn er ihn getragen hätte, und sprach zum Riesen: »Du bist ein so großer Kerl und kannst den Baum nicht einmal tragen.«

Sie gingen zusammen weiter, und als sie an einem Kirschbaum vorbeigingen, faßte der Riese die Krone des Baums, wo die zeitigsten Früchte hingen, bog sie herab, gab sie dem

Schneider in die Hand und hieß ihn essen. Das Schneiderlein aber war viel zu schwach, um den Baum zu halten, und als der Riese losließ, fuhr der Baum in die Höhe, und der Schneider ward mit in die Luft geschnellt. Als er wieder ohne Schaden herabgefallen war, sprach der Riese: »Was ist das, hast du nicht Kraft, die schwache Gerte zu halten?« – »An der Kraft fehlt es nicht«, antwortete das Schneiderlein, »meinst du, das wäre etwas für einen, der siebene mit einem Streich getroffen hat? Ich bin über den Baum gesprungen, weil die Jäger da unten in das Gebüsch schießen. Spring nach, wenn du's vermagst.« Der Riese machte den Versuch, konnte aber nicht über den Baum kommen, sondern blieb in den Ästen hängen, also daß das Schneiderlein auch hier die Oberhand behielt.

Der Riese sprach: »Wenn du ein so tapferer Kerl bist, so komm mit in unsere Höhle und übernachte bei uns.« Das Schneiderlein war bereit und folgte ihm. Als sie in der Höhle anlangten, saßen da noch andere Riesen beim Feuer, und jeder hatte ein gebratenes Schaf in der Hand und aß davon. Das Schneiderlein sah sich um und dachte: »Es ist doch hier viel weitläufiger als in meiner Werkstatt.« Der Riese wies ihm ein Bett an und sagte, er sollte sich hineinlegen und ausschlafen. Dem Schneiderlein war aber das Bett zu groß, er legte sich nicht hinein, sondern kroch in eine Ecke. Als es Mitternacht war und der Riese meinte, das Schneiderlein läge in tiefem Schlafe, so stand er auf, nahm eine große Eisenstange und schlug das Bett mit einem Schlag durch und meinte, er hätte dem Grashüpfer den Garaus gemacht. Mit dem frühsten Morgen gingen die Riesen in den Wald und hatten das Schneiderlein ganz vergessen, da kam es auf einmal ganz lustig und verwegen dahergeschritten. Die Riesen erschraken, fürchteten, es schlüge sie alle tot, und liefen in einer Hast fort.

Das Schneiderlein zog weiter, immer seiner spitzen Nase nach. Nachdem es lange gewandert war, kam es in den Hof eines königlichen Palastes, und da es Müdigkeit empfand, so legte es sich ins Gras und schlief ein. Während es da lag, kamen die Leute, betrachteten es von allen Seiten und lasen auf dem Gürtel »Siebene auf einen Streich«. – »Ach«, sprachen sie, »was will der große Kriegsheld hier mitten im Frieden? Das muß ein mächtiger Herr sein.« Sie gingen und meldeten es dem König und meinten, wenn Krieg ausbrechen sollte, wäre das ein wichtiger und nützlicher Mann, den man um keinen Preis fortlassen dürfte. Dem König gefiel der Rat, und er schickte einen von seinen Hofleuten an das Schneiderlein ab, der sollte ihm, wenn es aufgewacht wäre, Kriegsdienste anbieten. Der Abgesandte blieb bei dem Schläfer stehen, wartete, bis er seine Glieder streckte und die Augen aufschlug, und brachte dann seinen Antrag vor. »Eben deshalb bin ich hierhergekommen«, antwortete er, »ich bin bereit, in des Königs Dienste zu treten.« Also ward er ehrenvoll empfangen und ihm eine besondere Wohnung angewiesen.

Die Kriegsleute aber waren dem Schneiderlein aufsässig und wünschten, es wäre tausend Meilen weit weg. »Was soll daraus werden?« sprachen sie untereinander. »Wenn wir Zank mit ihm kriegen, und er haut zu, so fallen auf jeden Streich siebene. Da kann unsereiner nicht bestehen.« Also faßten sie einen Entschluß, begaben sich allesamt zum König und baten um ihren Abschied. »Wir sind nicht gemacht«, sprachen sie, »neben einem Mann auszuhalten, der siebene auf einen Streich schlägt.« Der König war traurig, daß er um des einen willen alle seine treuen Diener verlieren sollte, wünschte, daß seine Augen ihn nie gesehen hätten, und wäre ihn gerne wieder los gewesen.

Aber er getraute sich nicht, ihm den Abschied zu geben, weil er fürchtete, er möchte ihn samt seinem Volke totschlagen und sich auf den königlichen Thron setzen. Er sann lange hin und her, endlich fand er einen Rat. Er schickte zu dem Schneiderlein und ließ ihm sagen, weil er ein so großer Kriegsheld wäre, so wollte er ihm ein Anerbieten machen. In einem Walde seines Landes hausten zwei Riesen, die mit Rauben, Morden, Sengen und Brennen großen Schaden stifteten, niemand dürfte sich ihnen nahen, ohne sich in Lebensgefahr zu setzen. Wenn er diese beiden Riesen überwände und tötete, so wollte er ihm seine einzige Tochter zur Gemahlin geben und das halbe Königreich zur Ehesteuer, auch sollten hundert Reiter mitziehen und ihm Beistand leisten. »Das wäre so etwas für einen Mann, wie du bist«, dachte das Schneiderlein, »eine schöne Königstochter und ein halbes Königreich wird einem nicht alle Tage angeboten.« – »O ja«, gab er zur Antwort, »die Riesen will ich schon bändigen und habe die hundert Reiter dabei nicht nötig: Wer siebene auf einen Streich trifft, braucht sich vor zweien nicht zu fürchten.«

Das Schneiderlein zog aus, und die hundert Reiter folgten ihm. Als er zu dem Rand des Waldes kam, sprach er zu seinen Begleitern: »Bleibt hier nur halten, ich will schon allein mit den Riesen fertig werden.« Dann sprang er in den Wald hinein und schaute sich rechts und links um. Über ein Weilchen erblickte er beide Riesen: Sie lagen unter einem Baume und schliefen und schnarchten dabei, daß sich die Äste auf und nieder bogen. Das Schneiderlein, nicht faul, las beide Taschen voll Steine und stieg damit auf den Baum. Als es in der Mitte war, rutschte es auf einen Ast, bis es gerade über die Schläfer zu sitzen kam, und ließ dem einen Riesen einen Stein nach dem andern auf die Brust fallen. Der Riese spürte lange nichts, doch endlich wachte er auf, stieß seinen Gesellen an und sprach: »Was schlägst du mich?« – »Du träumst«, sagte der andere, »ich schlage dich nicht.« Sie legten sich wieder zum Schlaf, da warf der Schneider auf den zweiten einen Stein herab. »Was soll das?« rief der andere, »warum wirfst du mich?« – »Ich werfe dich nicht«, antwortete der erste und brummte. Sie zankten sich eine Weile herum, doch weil sie müde waren, ließen sie's gut sein, und die Augen fielen ihnen wieder zu. Das Schneiderlein fing sein Spiel von neuem an, suchte den dicksten Stein aus und warf ihn dem ersten Riesen mit aller Gewalt auf die Brust. »Das ist zu arg!« schrie er, sprang wie ein Unsinniger auf und stieß seinen Gesellen wider den Baum, daß dieser zitterte. Der andere zahlte mit gleicher Münze, und sie gerieten in solche Wut, daß sie Bäume ausrissen, aufeinander losschlugen, so lang, bis sie endlich beide zugleich tot auf die Erde fielen. Nun sprang das Schneiderlein herab. »Ein Glück nur«, sprach es, »daß sie den Baum, auf dem ich saß, nicht ausgerissen haben, sonst hätte ich wie ein Eichhörnchen auf einen andern springen müssen: doch unsereiner ist flüchtig!« Es zog sein Schwert und versetzte jedem ein paar tüchtige Hiebe in die Brust, dann ging es hinaus zu den Reitern und sprach: »Die Arbeit ist getan, ich habe beiden den Garaus gemacht, aber hart ist es hergegangen, sie haben in der Not Bäume ausgerissen und sich gewehrt, doch das hilft alles nichts, wenn einer kommt wie ich, der siebene auf einen Streich schlägt.« – »Seid Ihr denn nicht verwundet?« fragten die Reiter. »Das hat gute Wege«, antwortete der Schneider, »kein Haar haben sie mir gekrümmt.« Die Reiter wollten ihm keinen Glauben beimessen und ritten in den Wald hinein: Da fanden sie die Riesen in ihrem Blute schwimmend, und ringsherum lagen die ausgerissenen Bäume.

Das Schneiderlein verlangte von dem König die versprochene Belohnung, den aber reute sein Versprechen, und er sann aufs neue, wie er sich den Helden vom Halse schaffen könnte. »Ehe du meine Tochter und das halbe Reich erhältst«, sprach er zu ihm, »mußt du noch eine Heldentat vollbringen. In dem Walde läuft ein Einhorn, das großen Schaden anrichtet, das mußt du erst einfangen.« – »Vor einem Einhorne fürchte ich mich noch weniger als vor zwei Riesen; siebene auf einen Streich, das ist meine Sache.« Er nahm sich einen Strick und eine Axt mit, ging hinaus in den Wald und hieß abermals die, welche ihm zugeordnet waren, außen warten. Er brauchte nicht lange zu suchen, das Einhorn kam bald daher und sprang geradezu auf den Schneider los, als wollte es ihn ohne Umstände aufspießen. »Sachte, sachte«, sprach er, »so geschwind geht das nicht«, blieb stehen und wartete, bis das Tier ganz nahe war, dann sprang er behendiglich hinter den Baum. Das Einhorn rannte mit aller Kraft gegen den Baum und spießte sein Horn so fest in den Stamm, daß es nicht Kraft genug hatte, es wieder herauszuziehen, und so war es gefangen. »Jetzt hab' ich das Vöglein«, sagte der Schneider, kam hinter dem Baum hervor, legte dem Einhorn den Strick erst um den Hals, dann hieb er mit der Axt das Horn aus dem Baum, und als alles in Ordnung war, führte er das Tier ab und brachte es dem König.

Der König wollte ihm den verheißenen Lohn noch nicht gewähren und machte eine dritte Forderung. Der Schneider sollte ihm vor der Hochzeit erst ein Wildschwein fangen, das in dem Wald großen Schaden tat, die Jäger sollten ihm Beistand leisten. »Gerne«, sprach der Schneider, »das ist ein Kinderspiel.« Die Jäger nahm er nicht mit in den Wald, und sie waren's wohl zufrieden, denn das Wildschwein hatte sie schon mehrmals so empfangen, daß sie keine Lust hatten, ihm nachzustellen. Als das Schwein den Schneider erblickte, lief es mit schäumendem Munde und wetzenden Zähnen auf ihn zu und wollte ihn zur Erde werfen: Der flüchtige Held aber sprang in eine Kapelle, die in der Nähe war, und gleich oben zum Fenster in einem Satze wieder hinaus. Das Schwein war hinter ihm hergelaufen, er aber hüpfte außen herum und schlug die Tür hinter ihm zu, da war das wütende Tier gefangen, das viel zu schwer und unbehilflich war, um zu dem Fenster hinauszuspringen. Das Schneiderlein rief die Jäger herbei, die mußten den Gefangenen mit eigenen Augen sehen: Der Held aber begab sich zum Könige, der nun, er mochte wollen oder nicht, sein Versprechen halten mußte und ihm seine Tochter und das halbe Königreich übergab. Hätte er gewußt, daß kein Kriegsheld, sondern ein Schneiderlein vor ihm stand, es wäre ihm noch mehr zu Herzen gegangen. Die Hochzeit ward also mit großer Pracht und kleiner Freude gehalten und aus einem Schneider ein König gemacht.

Nach einiger Zeit hörte die junge Königin in der Nacht, wie ihr Gemahl im Traume sprach: »Junge, mach mir den Wams und flick mir die Hosen, oder ich will dir die Elle über die Ohren schlagen.« Da merkte sie, in welcher Gasse der junge Herr geboren war, klagte am andern Morgen ihrem Vater ihr Leid und bat, er möchte ihr von dem Manne helfen, der nichts anders als ein Schneider wäre. Der König sprach ihr Trost zu und sagte: »Laß in der nächsten Nacht deine Schlafkammer offen, meine Diener sollen außen stehen und, wenn er eingeschlafen ist, hineingehen, ihn binden und auf ein Schiff tragen, das ihn in die weite Welt führt.«

Die Frau war damit zufrieden, des Königs Waffenträger aber, der alles mit angehört hatte, war dem jungen Herrn gewogen und hinterbrachte ihm den ganzen Anschlag. »Dem Ding will ich einen Riegel vorschieben«, sagte das Schneiderlein. Abends legte es sich zu gewöhnlicher Zeit mit seiner Frau zu Bett: Als sie glaubte, er sei eingeschlafen, stand sie auf, öffnete die Tür und legte sich wieder. Das Schneiderlein, das sich nur stellte, als wenn es schlief, fing an mit heller Stimme zu rufen: »Junge, mach den Wams und flick mir die Hosen, oder ich will dir die Elle über die Ohren schlagen! Ich habe siebene mit einem Streiche getroffen, zwei Riesen getötet, ein Einhorn fortgeführt und ein Wildschwein gefangen und sollte mich vor denen fürchten, die draußen vor der Kammer stehen!« Als diese den Schneider so sprechen hörten, überkam sie eine große Furcht, sie liefen, als wenn das wilde Heer hinter ihnen wäre, und keiner wollte sich mehr an ihn wagen. Also war und blieb das Schneiderlein sein Lebtag König.

Das tapfere Schneiderlein
oder
Die schönen Herrschaftsträume der Bourgeoisie

Witz, Ironie und List zeichnen den aufsteigenden Bürger gegenüber dem schwerfälligen, langsam denkenden, auf seine Ehre erpichten Feudalherrn aus. Der Kampf des aufsteigenden Bourgeois spiegelt sich in vielen bekannten Märchen wider, die uns die Brüder Grimm überliefert haben. Vielleicht am deutlichsten im »Tapferen Schneiderlein«, das schließlich die Königstochter heiraten darf und das halbe Königreich (vermutlich später das ganze) erhält. So hat sich das deutsche Bürgertum einst seine künftige Herrschaft erträumt. Ganz anders ist sie freilich dann 1918 gekommen. Ohne königliche Braut für den kleinbürgerlichen Sattler-Präsidenten und auch ohne die durchaus wünschenswerte Überlistung von republikanischer Seite. Schon eher waren es damals die reaktionären Monarchisten, die es listigerweise den bürgerlichen Republikanern überließen, den Konkurs zu verwalten, für den der kaiserliche Kriegsherr und seine Hintermänner verantwortlich waren. Das »Tapfere Schneiderlein« lesend, erfahren wir, wieviel schöner einst bürgerliche Hoffnung sich Zukunft ausmalte.

Eines Tages sitzt ein Schneider bei der Arbeit. Sieben fette Fliegen setzen sich auf sein Vesperbrot und mit einem einzigen Streich befördert er sie vom Leben zum Tode. An diesem geringfügigen Ereignis entzündet sich sein – durch jahrhundertelange feudale Knechtschaft unterdrücktes – Selbstbewußtsein. Er erkennt, was für ein Kerl er ist. Ein Töter nämlich, durchaus ebenbürtig dem kriegerischen Feudalherrn, der sich soviel auf seine Tapferkeit und seinen Waffenruhm zugute hält. Was tut's, daß die Getöteten nur Fliegen sind, haben nicht jene stolzen adligen Krieger oft genug auch nur schlechtbewaffnete, kaum gerüstete Bauernheere geschlagen, ohne deshalb zu erröten? Mit der ersten erfolgreichen Tötung fühlt sich der kleine Schneider als ebenbürtiger Mensch[1]. Er sucht sich sofort – nach dem Vorbild der Ritter und Freiherren – einen Wappenspruch aus und wählt »Sieben auf einen Streich«. Hat er dabei mit dem Auge gezwinkert, verschmitzt auf den stolzen Wahlspruch derer von X und Y geschaut? Es kann wohl sein. Mit der Devise »Sieben auf einen Streich« jedenfalls kann er sich sehen lassen in der noch immer feudalen und kriegerischen Welt. Also macht er sich auf den Weg und besteht bald zahlreiche Abenteuer.

Immer ist es die überlegene bürgerliche List, mit deren Hilfe das Schneiderlein seine Widersacher besiegt. Den plumpen und mächtigen Riesen (ein Symbol des unkultivierten, robusten Landadels) übertrumpft er beim Steine-Pressen, indem er einen alten Käse zerquetscht, und im Weitwurf dadurch, daß er einen lebendigen Vogel aus der Tasche zieht und zum Himmel emporwirft, in dem er für immer verschwindet. Ein neuer Abschnitt seines Lebens beginnt mit seiner Tätigkeit als Oberkommandierendem der Streitkräfte des Königs. Wie nicht anders zu erwarten, versuchen alsbald subalterne adlige Generale gegen den neuen, bürgerlichen Oberbefehlshaber zu intrigieren und erreichen es, daß diesem lebensgefährliche Aufträge erteilt werden. Zunächst soll er zwei Riesen unschädlich machen, die in einem Walde hausen. Statt sie – nach guter alter ritterlicher Art – offen herauszufordern und zu bekämpfen, bedient sich das Schneiderlein auch hier einer Kriegslist. Er klettert auf den Baum, unter dem die beiden Riesen schlafen und bewirft sie von dort abwechselnd mit Steinen, so daß die geistig ungelenken

[1] Der Kenner denkt hier natürlich unwillkürlich an Hegels Dialektik von Herrschaft und Knechtschaft in der »Phänomenologie des Geistes« und an Frantz Fanons Ausführungen über die Rolle der Gewalt für die Emanzipation der Kolonisierten.

Burschen sich schließlich in die Haare kriegen und gegenseitig umbringen.

Die Analogie zur auswärtigen Politik des bürgerlichen England liegt auf der Hand. Statt selbst zu kämpfen, zog es auch die britische Diplomatie immer wieder vor, kontinentale Mächte gegeneinander zu hetzen und der jeweils schwächeren dabei ein wenig unter die Arme zu greifen.

Auf den erfolgreichen Abschluß dieser Expedition hatte der König eigentlich als Preis die Hand seiner Tochter und das halbe Königreich gesetzt, aber noch zögerte er, sein Wort einzulösen, und verlangte zwei weitere Heldentaten. Der Schneider soll ein Einhorn und ein Wildschwein, die ihre Waldgebiete verwüstet haben, einfangen und vor den König führen. Was mit dem Einhorn gemeint sein kann, läßt sich unschwer erraten: es muß sich um einen vornehmen Nebenbuhler des Königs gehandelt haben, den besondere sexuelle Tüchtigkeit auszeichnete, da ja das Einhorn eindeutig ein Phallussymbol darstellt und entsprechende Potenz suggeriert. Wiederum sind es Gewandtheit und List, die den Schneider zum Siege führen, indem er den blinden kryptoerotischen Aggressionstrieb des Einhorns auf einen Baumstamm lenkt.

Mit dem »Wildschwein«, das der Schneider erfolgreich bändigt, kann natürlich niemand anderes gemeint sein als das »niedere Volk«, die Masse der Tagelöhner, Landarbeiter, arbeitslosen Gesellen und Landstreicher, deren Wildheit auch vom Bürgertum damals bereits gefürchtet wurde. Unser tapferes Schneiderlein beweist hier deutlich seinen künftigen Beruf zum Herrscher. Es fängt nämlich – mit Hilfe einer als Falle dienenden Kapelle – das einfache Volk ein. Damit deutet das Märchen auf überzeugende Weise an, daß Kapellen oder christliche Sekten[1] die höchst nützliche Funktion einer Aufsaugung rebellischer Tendenzen der untersten Bevölkerungsschichten haben können und deshalb von einer

[1] Im Englischen geht bis zum heutigen Tage der Hochadel und das übrige Establishment zur Church (der High-Church), das gewöhnliche Volk aber zur Chapel, dem Gotteshaus der protestantischen Sekten.

umsichtigen und klugen bürgerlichen Regierung keineswegs behindert, sondern vielmehr gefördert werden sollten.

Nach so viel Ruhmestaten ist schließlich die Hochzeit und die Abtretung des halben Königreichs nicht mehr zu umgehen. Die bürgerliche Revolution wird – sozusagen auf Raten durch die Hochzeit der Königstochter mit dem einstigen Schneider – vollzogen. Aber noch ist ihr Sieg nicht gesichert. Reaktionäre Kreise, die sich der dümmlichen, abergläubischen und dünkelhaften Königstochter bedienen, hetzen zum Staatsstreich, der zweifellos die alten feudal-monarchischen Verhältnisse wiederherstellen soll.

Aber das Schneiderlein hat politische Freunde unter den bürgerlichen Waffenträgern des Königs[1)], die ihm den Plan hinterbringen. Es tut so, als schlafe es, spricht scheinbar schlafend von seinen Heldentaten und erwähnt dabei die Häscher, die vor der Kammer stehen, daraufhin nehmen diese voller Furcht und Schrecken Reißaus. »Also war und blieb das Schneiderlein sein Lebtag König.« Und da es jünger war als sein Schwiegervater und ihn überlebte, erbte es gewiß eines Tages auch die andere Landeshälfte und verwandelte das ganze Land in eine bürgerliche Republik, in der die Adelstitel abgeschafft und die Privilegien der beiden ersten Stände beseitigt wurden. Klugheit, Ausdauer, List und – die im Märchen (vermutlich infolge einer bewußten Grimmschen Verkürzung) nur am Rande gleichsam in einer Anmerkung erwähnte – Verbindung mit den bürgerlichen Massen haben das Schneiderlein zum Sieg über das feudale Königtum geführt. Der Königstochter mochte es nun passen oder nicht, sie mußte dem Emporkömmling zu Willen sein. Nicht die sentimentale Hochzeit des Prinzen mit einem Aschenputtel (wie sie noch immer von Hollywoods Filmen gefeiert wird), sondern die erzwungene »Mesalliance« der Königstochter

[1)] Auch wenn das Märchen keine näheren Angaben über die Waffengattungen macht, aus denen des Schneiders heimliche Verbündete kommen, so darf doch angenommen werden, daß in der bereits teiltechnisierten Armee des Königs wenigstens Artilleristen und Pioniere aus handwerklichen Kreisen kommen und eine tragende Rolle spielten. Sie dürften entsprechend ihrer bürgerlichen Herkunft für den Schneider-Prinzen agiert haben.

mit dem Kleinbürger zeigt das Ende des feudalen Zeitalters, den Beginn der bürgerlichen Gleichheit an. Warum ist es aber in der realen Geschichte so ganz anders gekommen? Vielleicht weil es den deutschen Bürgern an List und Witz, Ausdauer und Mut gefehlt hat? Ich glaube, weil die Schneider und Schuster, Schreiber und Dichter, Färber und Wirker in Deutschland isoliert blieben und nur unter dem Zeichen nationalistischer Feindschaft zum Beispiel gegen die Franzosen sich zusammenfanden, nicht aber zum gemeinsamen Sturz der Feudalherren und Fürsten und zum Bau ihrer Republik. Als die revolutionäre Hoffnung schon fast begraben war, schuf sich das Volk im Märchen vom tapferen Schneiderlein einen – beinahe ironisch klingenden – Trost. »Sieben auf einen Streich«, wenn es doch sieben mächtige Feudalherren oder Fürsten gewesen wären und nicht nur sieben fette Fliegen, so mochte damals mancher bei seiner Lektüre denken.

5.
Aschenputtel

(*Grimm*)

EINEM REICHEN MANNE, dem wurde seine Frau krank, und als sie fühlte, daß ihr Ende herankam, rief sie ihr einziges Töchterlein zu sich ans Bett und sprach: »Liebes Kind, bleibe fromm und gut, so wird dir der liebe Gott immer beistehen, und ich will vom Himmel auf dich herabblicken und will um dich sein.« Darauf tat sie die Augen zu und verschied. Das Mädchen ging jeden Tag hinaus zu dem Grabe der Mutter und weinte und blieb fromm und gut. Als der Winter kam, deckte der Schnee ein weißes Tüchlein auf das Grab, und als die Sonne im Frühjahr es wieder herabgezogen hatte, nahm sich der Mann eine andere Frau.

Die Frau hatte zwei Töchter mit ins Haus gebracht, die schön und weiß von Angesicht waren, aber garstig und schwarz von Herzen. Da ging eine schlimme Zeit für das arme Stiefkind an. »Soll die dumme Gans bei uns in der Stube sitzen!« sprachen sie, »wer Brot essen will, muß es verdienen: Hinaus mit der Küchenmagd.« Sie nahmen ihm seine schönen Kleider weg, zogen ihm einen grauen alten Kittel an und gaben ihm hölzerne Schuhe. »Seht einmal die stolze Prinzessin, wie sie geputzt ist!« riefen sie, lachten und führten es in die Küche. Da mußte es von morgens bis abends schwere Arbeit tun, früh vor Tag aufstehn, Wasser tragen, Feuer anmachen, kochen und waschen. Obendrein taten ihm die Schwestern alles ersinnliche Herzeleid an, verspotteten es und schütteten ihm die Erbsen und Linsen in die Asche, so daß es sitzen und sie wieder auslesen mußte. Abends, wenn es sich müde gearbeitet hatte, kam es in kein Bett, sondern mußte sich neben den Herd in die Asche legen. Und weil es darum immer staubig und schmutzig aussah, nannten sie es *Aschenputtel*.

Es trug sich zu, daß der Vater einmal in die Messe ziehen wollte, da fragte er die beiden Stieftöchter, was er ihnen mitbringen sollte. »Schöne Kleider«, sagte die eine, »Perlen und Edelsteine«, die zweite. »Aber du, Aschenputtel«, sprach er, »was willst du haben?« – »Vater, das erste Reis, das Euch auf Eurem Heimweg an den Hut stößt, das brecht für mich ab.« Er kaufte nun für die beiden Stiefschwestern schöne Kleider, Perlen und Edelsteine, und auf dem Rückweg, als er durch einen grünen Busch ritt, streifte ihn ein Haselreis und stieß ihm den Hut ab. Da brach er das Reis ab und nahm es mit. Als er nach Haus kam, gab er den Stieftöchtern, was sie sich gewünscht hatten, und dem Aschenputtel gab er das Reis von dem Haselbusch. Aschenputtel dankte ihm, ging zu seiner Mutter Grab und pflanzte das Reis darauf und weinte so sehr, daß die Tränen darauf niederfielen und es begossen. Es wuchs aber und ward ein schöner Baum. Aschenputtel ging alle Tage dreimal darunter, weinte und betete, und allemal kam ein weißes Vögelchen auf den Baum, und wenn es einen Wunsch aussprach, so warf ihm das Vöglein herab, was es sich gewünscht hatte.

Es begab sich aber, daß der König ein Fest anstellte, das drei Tage dauern sollte und wozu alle schönen Jungfrauen im Lande eingeladen wurden, damit sich sein Sohn eine Braut aussuchen möchte. Die zwei Stiefschwestern, als sie hörten, daß sie auch dabei erscheinen sollten, waren guter Dinge, riefen Aschenputtel und sprachen: »Kämm uns die Haare, bürste uns die Schuhe und mache uns die Schnallen fest, wir gehen zur Hochzeit auf des Königs Schloß.« Aschenputtel gehorchte, weinte aber, weil es auch gern zum Tanz mitgegangen wäre, und bat die Stiefmutter, sie möchte es ihm erlauben. »Du, Aschenputtel«, sprach sie, »bist voll Staub und Schmutz und willst zur Hochzeit? Du hast keine Kleider und Schuhe und willst tanzen!« Als es aber mit den Bitten anhielt, sprach sie endlich: »Da habe ich dir eine Schüssel Linsen in die Asche geschüttet, wenn du die Linsen in zwei Stunden wieder ausgelesen hast, so sollst du mitgehen.« Das Mädchen ging durch die Hintertür nach dem Garten und rief: »Ihr zahmen Täubchen, ihr Turteltäubchen, all ihr Vöglein unter dem Himmel, kommt und helft mir lesen,

die guten ins Töpfchen,
die schlechten ins Kröpfchen.«

Da kamen zum Küchenfenster zwei weiße Täubchen herein und danach die Turteltäubchen, und endlich schwirrten und schwärmten alle Vöglein unter dem Himmel herein und ließen sich um die Asche nieder. Und die Täubchen nickten mit den Köpfchen und fingen an pick, pick, pick, pick, und da fingen die übrigen auch an, pick, pick, pick, pick und lasen alle guten Körnlein in die Schüssel. Kaum war eine Stunde herum, so waren sie schon fertig und flogen alle wieder hinaus. Da brachte das Mädchen die Schüssel der Stiefmutter, freute sich und glaubte, es dürfte nun mit auf die Hochzeit gehen. Aber diese sprach: »Nein, Aschenputtel, du hast keine Kleider und kannst nicht tanzen: Du wirst nur ausgelacht.« Als es nun weinte, sprach sie: »Wenn du mir zwei Schüsseln voll Linsen in einer Stunde aus der Asche rein lesen kannst, so sollst du mitgehen«, und dachte: »Das kann es ja nimmermehr.« Als sie die zwei Schüsseln Linsen in die Asche geschüttet hatte, ging das Mädchen durch die Hintertür nach dem Garten und rief: »Ihr zahmen Täubchen, ihr Turteltäubchen, all ihr Vöglein unter dem Himmel, kommt und helft mir lesen,

die guten ins Töpfchen,
die schlechten ins Kröpfchen.«

Da kamen zum Küchenfenster zwei weiße Täubchen herein und danach die Turteltäubchen, und endlich schwirrten und schwärmten alle Vögel unter dem Himmel herein und ließen sich um die Asche nieder. Und die Täubchen nickten mit ihren Köpfchen und fingen an pick, pick, pick, pick, und da fingen die übrigen auch an pick, pick, pick, pick und lasen alle guten Körner in die Schüsseln. Und ehe eine halbe Stunde herum war, waren sie schon fertig und flogen alle wieder hinaus. Da trug das Mädchen die Schüsseln zu der Stiefmutter, freute sich und glaubte, nun dürfte es mit auf die Hochzeit gehen. Aber diese sprach: »Es hilft dir alles nichts: Du kommst nicht mit, denn du hast keine Kleider und kannst nicht tanzen; wir müßten uns deiner schämen.« Darauf kehrte sie ihm den Rücken zu und eilte mit ihren zwei stolzen Töchtern fort.

Als nun niemand mehr daheim war, ging Aschenputtel zu seiner Mutter Grab unter den Haselbaum und rief:

»Bäumchen, rüttel dich und schüttel dich,
wirf Gold und Silber über mich.«

Da warf ihm der Vogel ein golden und silbern Kleid herunter und mit Seide und Silber ausgestickte Pantoffeln. In aller Eile zog es das Kleid an und ging zur Hochzeit. Seine Schwestern aber und die Stiefmutter kannten es nicht und meinten, es müsse eine fremde Königstochter sein, so schön sah es in dem goldenen Kleide aus. An Aschenputtel dachten sie gar nicht und dachten, es säße daheim im Schmutz und suchte die Linsen aus der Asche. Der Königssohn kam ihm entgegen, nahm es bei der Hand und tanzte mit ihm. Er wollte auch sonst mit niemandem tanzen, also daß er ihm die Hand nicht losließ, und wenn ein anderer kam, es aufzufordern, sprach er: »Das ist meine Tänzerin.«

Es tanzte, bis es Abend war, da wollte es nach Haus gehen. Der Königssohn aber sprach: »Ich gehe mit und begleite dich«, denn er wollte sehen, wem das schöne Mädchen angehörte. Sie entwischte ihm aber und sprang in das Taubenhaus. Nun wartete der Königssohn, bis der Vater kam, und sagte ihm, das fremde Mädchen wär in das Taubenhaus gesprungen. Der Alte dachte: »Sollte es Aschenputtel sein?«, und sie mußten ihm Axt und Hacken bringen, damit er das Taubenhaus entzweischlagen konnte: Aber es war niemand darin. Und als sie ins Haus kamen, lag Aschenputtel in seinen schmutzigen Kleidern in der Asche, und ein trübes Öllämpchen brannte im Schornstein; denn Aschenputtel war geschwind aus dem Taubenhaus hinten herabgesprungen und war zu dem Haselbäumchen gelaufen: Da hatte es die schönen Kleider abgezogen und aufs Grab gelegt, und der Vogel hatte sie wieder weggenommen, und dann hatte es sich in seinem grauen Kittelchen in die Küche zur Asche gesetzt.

Am andern Tag, als das Fest von neuem anhub und die Eltern und Stiefschwestern wieder fort waren, ging Aschenputtel zu dem Haselbaum und sprach:

»Bäumchen, rüttel dich und schüttel dich,
wirf Gold und Silber über mich.«

Da warf der Vogel ein noch viel stolzeres Kleid herab als am vorigen Tag. Und als es mit diesem Kleide auf der Hochzeit erschien, erstaunte jedermann über seine Schönheit. Der Königssohn aber hatte gewartet, bis es kam, nahm es gleich bei der Hand und tanzte nur allein mit ihm. Wenn die andern kamen und es aufforderten, sprach er: »Das ist meine Tänzerin.« Als es nun Abend war, wollte es fort, und der Königssohn ging ihm nach und wollte sehen, in welches Haus es ging: Aber es sprang ihm fort und in den Garten hinter dem Haus. Darin stand ein schöner großer Baum, an dem die herrlichsten Birnen hingen, es kletterte so behend wie ein Eichhörnchen zwischen die Äste, und der Königssohn wußte nicht, wo es hingekommen war.

Er wartete aber, bis der Vater kam, und sprach zu ihm: »Das fremde Mädchen ist mir entwischt, und ich glaube, es ist auf den Birnbaum gesprungen.« Der Vater dachte: »Sollte es Aschenputtel sein?«, ließ sich die Axt holen und hieb den Baum um, aber es war niemand darauf. Und als sie in die Küche kamen, lag Aschenputtel da in der Asche, wie sonst auch, denn es war auf der andern Seite vom Baum herabgesprungen, hatte dem Vogel auf dem Haselbäumchen die schönen Kleider wiedergebracht und sein graues Kittelchen angezogen.

Am dritten Tag, als die Eltern und Schwestern fort waren, ging Aschenputtel wieder zu seiner Mutter Grab und sprach zu dem Bäumchen:

»Bäumchen, rüttel dich und schüttel dich,
wirf Gold und Silber über mich.«

Nun warf ihm der Vogel ein Kleid herab, das war so prächtig und glänzend, wie es noch keines gehabt hatte, und die Pantoffeln waren ganz golden. Als es in dem Kleid zu der Hochzeit kam, wußten sie alle nicht, was sie vor Verwunderung sagen sollten. Der Königssohn tanzte ganz allein mit ihm, und wenn es einer aufforderte, sprach er: »Das ist meine Tänzerin.«

Als es nun Abend war, wollte Aschenputtel fort, und der Königssohn wollte es begleiten, aber es entsprang ihm so geschwind, daß er nicht folgen konnte. Der Königssohn hatte aber eine List gebraucht und hatte die ganze Treppe mit Pech bestreichen lassen: Da war, als es hinabsprang, der linke Pantoffel des Mädchens hängengeblieben. Der Königssohn hob ihn auf, und er war klein und zierlich und ganz golden. Am nächsten Morgen ging er damit zu dem Mann und sagte zu ihm: »Keine andere soll meine Gemahlin werden als die, an deren Fuß dieser goldene Schuh paßt.« Da freuten sich die beiden Schwestern, denn sie hatten schöne Füße.

Die älteste ging mit dem Schuh in die Kammer und wollte ihn anprobieren, und die Mutter stand dabei. Aber sie konnte mit der großen Zehe nicht hineinkommen, und der Schuh war ihr zu klein, da reichte ihr die Mutter ein Messer und sprach: »Hau die Zehe ab: Wenn du Königin bist, so brauchst du nicht mehr zu Fuß zu gehen.« Das Mädchen hieb die Zehe ab, zwängte den Fuß in den Schuh, verbiß den Schmerz und ging heraus zum Königssohn. Da nahm er sie als seine Braut aufs Pferd und ritt mit ihr fort. Sie mußten aber an dem Grabe vorbei, da saßen die zwei Täubchen auf dem Haselbäumchen und riefen:

»Rucke di guck, rucke di guck,
Blut ist im Schuck (Schuh):
Der Schuck ist zu klein,
die rechte Braut sitzt noch daheim.«

Da blickte er auf ihren Fuß und sah, wie das Blut herausquoll. Er wendete sein Pferd um, brachte die falsche Braut wieder nach Hause und sagte, das wäre nicht die rechte, die andere Schwester solle den Schuh anziehen. Da ging diese in die Kammer und kam mit den Zehen glücklich in den Schuh, aber die Ferse war zu groß. Da reichte ihr die Mutter ein Messer und sprach: »Hau ein Stück von der Ferse ab: Wenn du Königin bist, brauchst du nicht mehr zu Fuß zu gehen.« Das Mädchen hieb ein Stück von der Ferse ab, zwängte den Fuß in den Schuh, verbiß den Schmerz und ging heraus zum Königssohn. Da nahm er sie als seine Braut aufs Pferd und ritt mit ihr fort. Als sie an dem Haselbäumchen vorbeikamen, saßen die zwei Täubchen darauf und riefen:

»Rucke di guck, rucke die guck,
Blut ist im Schuck (Schuh):
Der Schuck ist zu klein,
die rechte Braut sitzt noch daheim.«

Er blickte nieder auf ihren Fuß und sah, wie das Blut aus dem Schuh quoll und an den weißen Strümpfen ganz rot heraufgestiegen war. Da wendete er sein Pferd und brachte die falsche Braut wieder nach Haus. »Das ist auch nicht die Rechte«, sprach er, »habt ihr keine andere Tochter?« – »Nein«, sagte der Mann, »nur von meiner verstorbenen Frau ist noch ein kleines verbuttetes Aschenputtel da: das kann unmöglich die Braut sein.« Der Königssohn sprach, er sollte es heraufschicken, die Mutter aber antwortete: »Ach nein, das ist viel zu schmutzig, das darf sich nicht sehen lassen.« Er wollte es aber durchaus haben, und Aschenputtel mußte gerufen werden. Da wusch es sich erst Hände und Angesicht rein, ging dann hin und neigte sich vor dem Königssohn, der ihm den goldenen Schuh reichte. Dann setzte es sich auf einen Schemel, zog den Fuß aus dem schweren Holzschuh und steckte ihn in den Pantoffel, der war wie angegossen. Und als es sich in die Höhe richtete und der König ihm ins Gesicht sah, so erkannte er das schöne Mädchen, das mit ihm getanzt hatte, und rief: »Das ist die rechte Braut.« Die Stiefmutter und die beiden Schwestern erschraken und wurden bleich vor Ärger: Er aber nahm Aschenputtel aufs Pferd und ritt mit ihm fort. Als sie an dem Haselbäumchen vorbei kamen, riefen die zwei weißen Täubchen:

»Rucke di guck, rucke di guck,
kein Blut *im Schuck:*
Der Schuck ist nicht zu klein,
die rechte Braut, *die führt er heim.«*

Und als sie das gerufen hatten, kamen sie beide herabgeflogen und setzten sich dem Aschenputtel auf die Schultern, eine rechts, die andere links, und blieben da sitzen.

Als die Hochzeit mit dem Königssohn sollte gehalten werden, kamen die falschen Schwestern, wollten sich einschmeicheln und teil an Aschenputtels Glück nehmen. Als die Brautleute nun zur Kirche gingen, war die älteste zur rechten, die jüngste zur linken Seite: Da pickten die Tauben einer jeden das eine Auge aus. Hernach, als sie herausgingen, war die älteste zur Linken und die jüngste zur Rechten: Da pickten die Tauben einer jeden das andere Auge aus. Und so waren sie also für ihre Bosheit und Falschheit mit Blindheit auf ihr Lebtag bestraft.

Aschenputtels Erwachen

»Erzähle mir keine Märchen«, ruft der Volksmund dem Lügner zu. Märchenhaft ist das Unwahrscheinliche, ja das Unwahre, das dennoch gern geglaubt wird, weil es einem tiefen Bedürfnis in uns entgegenkommt. Meist dem Bedürfnis nach Glück, oft auch dem nach Gerechtigkeit oder auch nur nach Rache. Aschenputtel ist das Märchen par excellence. Seine Geschichte ist die unglaubhafteste, die sich denken läßt, und dennoch oder vielmehr gerade deshalb wird sie immer wieder erzählt. Hollywood hat sie in den zwanziger und dreißiger Jahren mannigfach filmisch variiert, und der Trivialroman lebt noch immer von ihrer Neuauflage. Wer mag sie wohl zuerst erzählt haben und aus welchem Grunde? Ein Priester?

Ein kluger Politiker, der die Bewußtwerdung der aussichtslosen Lage der vielen Aschenputtel und ihre Solidarisierung verhindern wollte? Wer immer es war, das Motiv ist eindeutig, die Erzählung soll beruhigen: Warte nur ab, du armes und gedrücktes, ausgebeutetes und verachtetes Wesen, es wird kommen der Tag, da du in Gold und Silber einhergehen und über deine Quälgeister triumphieren wirst an der Hand eines schönen und mächtigen Prinzen. Es wird der gleiche Tag sein, an dem Betrug und Bosheit nichts mehr nützen und die ganze Natur mit dem guten Menschen gemeinsam ihre Auferstehung feiert.

Der Traum ist schön, aber er hält von der Tat ab und läßt den Träumenden sich mit der schlechten Wirklichkeit abfinden. Man muß das Märchen aktivieren, wenn es emanzipatorisch wirken soll.

Es war einmal ein junges Mädchen, dessen Vater hatte nach dem Tod seiner Frau wieder geheiratet, und die neue Frau hatte die Stieftochter bald zur Dienstmagd im eigenen Hause gemacht. Bei unbegrenzter Arbeitszeit, in Schmutz und Asche mußte es sich abrackern, während seine stolzen Stiefschwestern auf Bälle gingen, Klavier spielten und flirteten. Als es sich eine Weile in dieser erniedrigenden und ausbeuterischen Lage befunden hatte, beschloß es etwas zu unternehmen. Am Brunnen des Stadtviertels, in dem es wohnte, traf es jeden Morgen die Mägde aus den anderen Häusern und statt – wie üblich – mit ihnen Klatsch auszutauschen, begann es Material für einen Bericht über die Lage der Dienstmägde zu sammeln. Den Bericht las es dann auf einer geheimen Zusammenkunft aller Dienstboten des Stadtteils auf dem Kirchhof am Grabe seiner Mutter vor. Den Treffpunkt hatte es gewählt, weil der Gang zum Grab der Mutter Aschenputtel nicht gut verboten werden konnte und die Mägde auf dem großen Friedhof am ehesten ungestört waren.

Nachdem sie sich über den Lagebericht ausgesprochen hatten, diskutierten die Dienstmägde über eine gemeinsame Aktion. Da es schon auf den Winter zuging, beschlossen sie in der vorweihnachtlichen Zeit mit einer gemeinsamen Arbeitsniederlegung zu drohen, falls man ihnen nicht zwei zusätzliche Feiertage gewähren und eine Weihnachtsgratifikation von zehn Mark zahlen würde. Am Tag des Streiks (den man damals noch nicht so nannte, weil das Wort erst viel später aus England zu uns gekommen ist) ereignete sich in fast allen Bürgerhäusern der kleinen Stadt das folgende: Die Mägde legten ihre Arbeit nieder und nannten ihre Forderungen. Darauf schickte ihre Herrschaft einen Boten zu befreundeten Familien mit der Bitte, man möge doch zwei oder drei Tage ein oder zwei Mägde ausleihen, gerade jetzt vor der Weihnachtszeit habe man nämlich leider das eigene Personal wegen bodenloser Aufsäßigkeit fristlos entlassen müssen. Überall aber kamen die Boten mit der gleichen Antwort zurück: es tut uns leid, aber unser Personal hat auch die Arbeit niedergelegt. So führte die Solidarität der vereinigten

Aschenputtel zum ersten Erfolg. Der Herrschaft blieb nichts anderes übrig, als die gleichlautenden Forderungen des Hauspersonals zu akzeptieren.

Dieser Anfangserfolg führte der noch lockeren Organisation bald neue Mitglieder zu, und schon nach wenigen Wochen konnte sich Aschenputtel aus seiner häuslichen Arbeit ganz zurückziehen, um ein Büro der Hausmägde- und Diener-Gewerkschaft aufzumachen, das allen notleidenden Hausmägden und Dienern Hilfe leisten und durch gut organisiertes gemeinsames Vorgehen ihre Lage bald merklich bessern konnte. Diese Erfolge sprachen sich herum. Aschenputtel kam in die Ortszeitung, schließlich sogar ins Tagblatt der Hauptstadt, und auf Jahrmärkten konnte man einfache Holzschnitte mit seinem Bild und einigen seiner Kernsprüche kaufen. »Einigkeit macht stark« hatte sie zum Beispiel gesagt oder »Alle Besen stehen still – wenn unser Arm nicht kehren will«.

Schließlich drang die Kunde von Aschenputtel und ihren Erfolgen auch zum königlichen Hof, und der Kronprinz, der ein weiches Herz hatte und – wie man damals sagte – Sinn fürs Volk, setzte sich in den Kopf, Aschenputtel kennenzulernen. Da ließ er seine Kutsche mit den sechs Schimmeln anspannen und fuhr zu ihr in die kleine Stadt. Natürlich rissen alle Einwohner Mund und Nase auf, als sie den Königssohn kommen sahen und hörten, er wolle niemanden anders als Aschenputtel, eine ganz gewöhnliche Dienstmagd, besuchen. Aschenputtels Stiefschwestern erblaßten vor Neid und versuchten vergeblich so schnell wie möglich, die abgerissenen Verbindungen zu ihrer Verwandten wieder anzuknüpfen. Der Prinz aber bat – nachdem er ein paarmal intensiv mit ihr geplaudert hatte – wahrhaftig um ihre Hand.

Aschenputtel aber – und hier lügt das Grimmsche Märchen am schlimmsten – lehnte ohne allen Hochmut, aber mit dem sicheren Bewußtsein der Unüberbrückbarkeit nicht der Standesunterschiede, wohl aber der Gegensätze der Interessen und der politischen Überzeugungen das Angebot ab. »Ich schätze Ihr warmes Herz und Ihre großmütigen Anwandlungen, aber ich weiß genau, daß Ihre Familie, Ihr Stand und Ihr Besitz es Ihnen auf die Dauer nicht erlauben würden, Ihrem Herzen zu folgen. Entweder müßte ich dann, gemeinsam mit Ihnen, meiner jetzigen Aufgabe untreu werden oder aber unsere Wege würden sich schmerzlicher trennen, als sie es jetzt noch tun können.« »Wenn Sie mich aber wahrhaft lieben, so könnten Sie das durch eine humane und fortschrittliche Tat beweisen.« Tieftraurig fragte der Prinz, was das dann für eine Tat sein könnte. »Sie können«, sagte Aschenputtel, »bei Ihrem Herrn Vater die Verabschiedung eines Gesetzes erwirken, das die Koalition der Lohnempfänger aller Berufe erlaubt und die mittelalterliche Gesindeordnung aufhebt.« Der Prinz versprach es, aber sein Vater, von versierten und geschäftstüchtigen Beratern umgeben, lehnte den Vorschlag mit aller Entschiedenheit ab.

So kam es denn, wie es kommen mußte. Eines schönen Tages zogen Soldaten des Königs in die Stadt und verhafteten Aschenputtel. Das Büro der Diener-Gewerkschaft wurde aufgelöst und überall verkündeten Richter und Pfarrer, daß es eine Sünde sei, wenn »ein Stand sich gegen den anderen zusammenschlösse, um ihn zu erpressen«. Alle hatten das schöne Wort »Freiheit« im Munde, und Aschenputtel beschloß, nachdem es seine Gefängnisstrafe wegen Beleidigung des Königshauses und Verstoßes gegen die Gesindeordnung abgesessen hatte, nach Amerika auszuwandern, wo es keine Könige und Prinzen gibt und – wie es glaubte – alle Menschen wirklich frei und gleichberechtigt sind. Der Prinz aber, der schon an der ersten ernsthaften politischen Aufgabe, die er übernehmen wollte, gescheitert war, soll sich das Leben genommen haben. Wenn er aber nicht gestorben ist, so lebt er heute noch und hofft auf die gütige Einsicht seines Vaters.

6.
Frau Holle

(*Grimm*)

EINE WITWE HATTE zwei Töchter, davon war die eine schön und fleißig, die andere häßlich und faul. Sie hatte aber die häßliche und faule, weil sie ihre rechte Tochter war, viel lieber, und die andere mußte alle Arbeit tun und das Aschenputtel im Hause sein. Das arme Mädchen mußte sich täglich auf die große Straße bei einem Brunnen setzen und mußte so viel spinnen, daß ihm das Blut aus den Fingern sprang. Nun trug es sich zu, daß die Spule einmal ganz blutig war, da bückte es sich damit in den Brunnen und wollte sie abwaschen: Sie sprang ihm aber aus der Hand und fiel hinab. Es weinte, lief zur Stiefmutter und erzählte ihr das Unglück. Sie schalt es aber so heftig und war so unbarmherzig, daß sie sprach: »Hast du die Spule hinunterfallen lassen, so hole sie auch wieder herauf.« Da ging das Mädchen zu dem Brunnen zurück und wußte nicht, was es anfangen sollte, und in seiner Herzensangst sprang es in den Brunnen hinein, um die Spule zu holen. Es verlor die Besinnung, und als es erwachte und wieder zu sich selbst kam, war es auf einer schönen Wiese, wo die Sonne schien und viel tausend Blumen standen.

Auf dieser Wiese ging es fort und kam zu einem Backofen, der war voller Brot, das Brot aber rief: »Ach, zieh mich 'raus, zieh mich 'raus, sonst verbrenn' ich: Ich bin schon längst ausgebacken.« Da trat es herzu und holte mit dem Brotschieber alles nacheinander heraus. Danach ging es weiter und kam zu einem Baum, der hing voll Äpfel und rief ihm zu: »Ach, schüttel mich, schüttel mich, wir Äpfel sind alle miteinander reif.« Da schüttelte es den Baum, daß die Äpfel fielen, als regneten sie, und schüttelte, bis keiner mehr oben war, und als es alle in einen Haufen zusammengelegt hatte, ging es wieder weiter. Endlich kam es zu einem kleinen Haus, daraus guckte eine alte Frau, weil sie aber so große Zähne hatte, ward ihm angst, und es wollte fortlaufen. Die alte Frau aber rief ihm nach: »Was fürchtest du dich, liebes Kind? Bleib bei mir, wenn du alle Arbeit im Hause ordentlich tun willst, so soll dir's gutgehn. Du mußt nur achtgeben, daß du mein Bett gut machst und es fleißig aufschüttelst, daß die Federn fliegen, dann schneit es in der Welt[1], ich bin die Frau Holle.« Weil die Alte ihm so gut zusprach, so faßte sich das Mädchen ein Herz, willigte ein und begab sich in ihren Dienst.

Es besorgte auch alles nach ihrer Zufriedenheit und schüttelte ihr das Bett immer gewaltig auf, daß die Federn wie Schneeflocken umherflogen – dafür hatte es auch ein gutes Leben bei ihr, kein böses Wort und alle Tage Gesottenes und Gebratenes.

Nun war es eine Zeitlang bei der Frau Holle, da ward es traurig und wußte anfangs selbst nicht, was ihm fehlte, endlich merkte es, daß es Heimweh war; obwohl es ihm hier gleich viel tausendmal besser ging als zu Hause, so hatte es doch ein Verlangen dahin. Endlich sagte es zu ihr: »Ich habe den Jammer nach Haus kriegt, und wenn es mir auch noch so gut hier unten geht, so kann ich doch nicht länger bleiben, ich muß wieder hinauf zu den Meinigen.« Die Frau Holle sagte: »Es gefällt mir, daß du wieder nach Hause verlangst, und weil du mir so treu gedient hast, so will ich dich selbst wieder hinaufbringen.« Sie nahm es darauf bei der Hand und führte es vor ein großes Tor. Das Tor ward aufgetan, und wie das Mädchen gerade darunterstand, fiel ein gewaltiger Goldregen, und alles Gold blieb an ihm hängen, so daß es über und über davon bedeckt war. »Das sollst du haben, weil du so fleißig gewesen bist«, sprach die Frau Holle und gab ihm auch die Spule wieder, die ihm in den Brunnen gefallen war. Darauf ward das Tor verschlossen, und das Mädchen befand sich oben auf der Welt, nicht weit von seiner Mutter Haus und

[1] Darum sagt man in Hessen, wenn es schneit, die Frau Holle macht ihr Bett.

als es in den Hof kam, saß der Hahn auf dem Brunnen und rief:

»Kikeriki,
unsere goldene Jungfrau ist wieder hie.«

Da ging es hinein zu seiner Mutter, und weil es so mit Gold bedeckt ankam, ward es von ihr und der Schwester gut aufgenommen.

Das Mädchen erzählte alles, was ihm begegnet war, und als die Mutter hörte, wie es zu dem großen Reichtum gekommen war, wollte sie der andern häßlichen und faulen Tochter gerne dasselbe Glück verschaffen. Sie mußte sich an den Brunnen setzen und spinnen, und damit ihre Spule blutig ward, stach sie sich in die Finger und stieß sich die Hand in die Dornhecke. Dann warf sie die Spule in den Brunnen und sprang selbst hinein. Sie kam, wie die andere, auf die schöne Wiese und ging auf demselben Pfade weiter. Als sie zu dem Backofen gelangte, schrie das Brot wieder: »Ach, zieh mich 'raus, zieh mich 'raus, sonst verbrenn' ich: Ich bin schon längst ausgebacken.« Die Faule aber antwortete: »Da hätt' ich Lust, mich schmutzig zu machen«, und ging fort. Bald kam sie zu dem Apfelbaum, der rief: »Ach, schüttel mich, schüttel mich, wir Äpfel sind alle miteinander reif.« Sie antwortete aber: »Du kommst mir recht, es könnte mir einer auf den Kopf fallen«, und ging damit weiter.

Als sie vor der Frau Holle Haus kam, fürchtete sie sich nicht, weil sie von ihren großen Zähnen schon gehört hatte, und verdingte sich gleich zu ihr. Am ersten Tag tat sie sich Gewalt an, war fleißig und folgte der Frau Holle, wenn sie ihr etwas sagte, denn sie dachte an das viele Gold, das sie ihr schenken würde; am zweiten Tag aber fing sie schon an zu faulenzen, am dritten noch mehr, da wollte sie morgens gar nicht aufstehen. Sie machte auch der Frau Holle das Bett nicht, wie sich's gebührte, und schüttelte es nicht, daß die Federn aufflogen. Das ward die Frau Holle bald müde, und sie sagte ihr den Dienst auf. Die Faule war das wohl zufrieden und meinte, nun würde der Goldregen kommen; die Frau

Holle führte sie auch zu dem Tor, als sie aber darunterstand, ward statt des Goldes ein großer Kessel voll Pech ausgeschüttet. »Das ist zur Belohnung deiner Dienste«, sagte die Frau Holle und schloß das Tor zu. Da kam die Faule heim, aber sie war ganz mit Pech bedeckt, und der Hahn auf dem Brunnen, als er sie sah, rief:

»Kikeriki,
unsere schmutzige Jungfrau ist wieder hie.«

Das Pech aber blieb fest an ihr hängen und wollte, solange sie lebte, nicht abgehen.

Der Pech-Marie-Report

Das Märchen von »Frau Holle« hat zahllose Generationen von braven Hausmütterchen und gehorsamen Hausgehilfinnen erzogen. Es ist eine nützliche Sozialisationshilfe für bürgerliche Verhältnisse gewesen und wird als solche – wie erst unlängst eine beliebte Psychotherapeutin bewiesen hat – noch immer geschätzt. Der Volkskundler, der den wahren Ursprung dieser verdächtig brauchbaren Märchenerzählung zu entdecken sucht, hält vergebens Ausschau nach einem emanzipatorischen Kern. Allenfalls könnte man die schönen Gleichnisse von den reifen Äpfeln, die nach Ernte rufen, und den gebackenen Broten, die herausgezogen werden müssen, als einen Hinweis auf sozialistische Gedankengänge deuten, wie sie später Bertolt Brecht im »Kaukasischen Kreidekreis« entfaltet hat. »Die Dinge sollen denen gehören, die den Dingen gut sind« – »die Wagen denen, die gut fahren, die Kinder den Mütterlichen und das Tal den Bewässerern«. Nur fehlt leider bei »Frau Holle« die praktische Nutzanwendung, daß nämlich Goldmarie die Brote an sich nimmt (vielleicht gar, um sie an die Notleidenden und hart Arbeitenden zu verteilen). Sie begnügt sich mit einer freundlichen, aber leider (für sie wie für andere) folgenlosen Tat.

Zum Glück ist nun aber die jahrelange Suche der progressiven Volkskundler durch einen überraschenden Fund belohnt worden. Im Archiv des Franziskanerklosters Maria-Zuflucht (der Name ist – mit Rücksicht auf die frommen Patres, die das Dokument ohne Billigung der Kirchenbehörden zugänglich gemacht haben – frei erfunden, I.F.) tauchte vor wenigen Wochen ein ausführlicher Bericht von einem jungen Mädchen auf, das 1490 auf einem benachbarten Schloß geteert (mit Pech übergossen) worden war und sein Schicksal dem erschütterten Pater Beichtvater erzählt hat. Aus dem Inhalt ging einwandfrei hervor, daß dieses bemitleidenswerte Mädchen niemand anders gewesen sein muß als die aus dem Märchen »Frau Holle« bekannt gewordene Pech-Marie. Erst jetzt – auf Grund dieses zum Glück vollständig erhaltenen Berichtes – läßt sich die dem stark defigurierten Märchen ursprünglich zugrunde liegende Geschichte rekonstruieren. Wen freilich die Hauptschuld an der Entstellung der historischen Wahrheit in diesem Falle trifft: die Brüder Grimm oder allein ihre Gewährsmänner, das wird sich kaum noch einwandfrei feststellen lassen.

Sehen wir uns die wichtigsten Teile des lateinisch überlieferten Berichtes in deutscher Übersetzung an: »Ich wurde im Jahre 1472 als jüngere Tochter des Taglöhners W. in Xlingen geboren. Mein Vater warf mir, seit ich mich erinnern kann, vor, daß ich schwarze Haare habe und ihm daher nicht gefiel. Ich mochte im Hause und auf dem Feld arbeiten, soviel ich wollte, nie konnte ich es ihm – oder meiner Mutter – recht machen. Sieh nur die Gold-Marie an (so nannte sie in rassistischer Voreingenommenheit meine blondhaarige Schwester), wurde mir immer wieder vorgehalten, die ist tüchtig, brav, schön und so weiter. Ich konnte es schon gar nicht mehr hören. Oft saß ich weinend auf meinem Strohsack und wußte nicht, was ich tun sollte. Ja zuweilen bat ich Gott im Gebet, er möge mich doch rasch zu sich nehmen, weil mir das Leben gar so unerträglich schien. Eines Tages nun hörten meine Eltern, daß der Kastellan von Schloß Ritterstein – ein Mann namens Holle – eine Hausgehilfin suche. Meine Mutter meinte sofort, das wäre etwas für unsere Gold-Marie. Sie könnte dort feine Manieren lernen, sich ein Stück Geld ersparen und am Ende dann leichter einen gut verdienenden Mann finden. Gesagt – getan. Meine Schwester ging hin und kam richtig – nach einem Jahr – mit einer Menge Gold wieder heim. Vater und Mutter bereiteten ihr einen großartigen Empfang und obwohl sie, wie ich wußte, nur einen kleinen Teil des empfangenen Goldes ablieferte, waren die Eltern dankbar und froh. In der Nacht erzählte mir meine Schwester voller Stolz, wie sie zu dem vielen Gold gekommen war. Sie hatte es nämlich keineswegs für ihre Hausarbeit erhalten (die wird ja – wie man weiß – überall sehr schlecht bezahlt), sondern dafür, daß sie Herrn Holle, einem dicklichen alten Mann mit häßlichen Triefaugen, über den sie sich insgeheim lustig machte, in Liebesdingen zu Willen gewesen war. Natürlich hatten meine Eltern von diesem Handel keine Ahnung. Vielleicht wollten sie es auch nicht so genau wissen, weil ja doch das viele Gold ins Haus gekommen war, das sie gut brauchen konnten.

Alsbald wurde daher beschlossen, daß nunmehr auch ich zum Kastellan Holle in Dienst gehen sollte, um nach einem Jahr gleichfalls mit einem Batzen Gold wieder nach Hause zu kommen. – Ich zog los und wurde auch wirklich eingestellt. Als sich aber herausstellte, daß ich Herrn Holles sexuelle Bedürfnisse nicht zu befriedigen bereit war, begann meine Leidenszeit. Von früh bis spät mußte ich die sinnlosesten Arbeiten verrichten. Es gab keine freien Stunden am Tage, und an Sonn- und Feiertagen durfte ich nur zum frühesten Frühgottesdienst gehen, um dann sofort an den Herd, den Waschbottich, den Besen zurückzukehren. Jeden Morgen mußte ich die neun Öfen heizen, das Frühstück zubereiten, die Betten machen, dann das Mittagsmahl vorbereiten, und während all dieser Zeit erhielt ich selbst nichts als Schwarzbrot und Grütze. Als ich einmal große Schmerzen an den Füßen hatte und bat, einen Bader aufsuchen zu dürfen, wurde ich von Herrn Holle im Auftrag seiner Frau verprügelt.

Das schlimmste aber waren die Federbetten. Die lagen Frau Holle besonders am Herzen. Jeden Vormittag mußte ich sie gründlich ausschütteln – bis die Federn flogen – zugleich aber war ich dafür verantwortlich, daß keine Feder verlorenging. Das heißt, ich mußte hinunter ins Tal gehen (das Schloß liegt ja hoch oben auf dem Berge), die Federn mühevoll wieder einsammeln, sie waschen, trocknen und endlich wieder in die Kissen stopfen. Damit verbrachte ich den halben Tag und oft auch Teile der Nacht. Wahrscheinlich hatte Frau Holle eine heimliche Freude an dieser ganz und gar sinnlosen, monotonen Tätigkeit.«

An dieser Stelle macht unser frommer Gewährsmann eine gelehrte Fußnote, die auf Dantes »Divina Comedia« und die berühmte Stelle von Sisyphos verweist. Er schließt – von seinem Standpunkt aus naheliegenderweise – auf den teuflischen Charakter der Frau Holle und hält auch eine etymologische Verwandtschaft von Holle und Hölle durchaus für denkbar. Jedenfalls schließt er entschieden die später üblich gewordene Verbindung mit »holde« (Huld!) als absolut irreführend von vornherein aus. »Unergründlich ist die Bosheit des menschlichen Herzens«, meint unser Pater. Auf den Gedanken, daß einfacher Neid der häßlichen alten Frau auf die hübsche (und noch dazu von ihrem Mann heiß begehrte) Pech-Marie das entscheidende Motiv gewesen sein könnte, kam er offenbar in seiner klösterlichen Isoliertheit nicht.

Doch kehren wir zu Maries Bericht zurück. »Einmal, als ich erst spät in der Nacht aus dem Tal zurückkam, wo ich Federn gesammelt hatte, überraschte mich Herr Holle und versuchte mir Gewalt anzutun. Durch die viele Arbeit war ich aber stark geworden wie ein Holzfäller und konnte mich seiner mühelos erwehren. Von dem Lärm, der entstand, wachte Frau Holle auf. Aber wenn ich gedacht hatte, Frau Holle würde nun wenigstens meine Partei ergreifen, weil sie doch sehen mußte, wie die Dinge standen, sollte ich mich täuschen. Die folgenden Wochen wurden nur noch schlimmer. Endlich, als meine Zeit um war, erbat ich meine Entlassung und den – weder mündlich noch schriftlich vereinbarten – Lohn. Da führten mich die beiden Holles zum großen Tor von Schloß Ritterstein, hießen mich einen Moment warten und ließen dann aus der Pechnase über dem Tor heißes Pech auf mich herunter, so daß ich aufschrie und davonrannte. Bis es Abend wurde, habe ich mich in einem Straßengraben versteckt, und dann bin ich durch den Wald zu euch nach Maria-Zuflucht gekommen, weil ich mich nicht unter die Leute traute und Angst hatte, daß mich die Holles von ihren Knechten verfolgen und umbringen lassen würden.«

Der fromme Pater, dem wir den Bericht verdanken, schreibt dann noch, daß Pech-Marie in ein entfernt liegendes Franziskanerinnen-Kloster gebracht wurde, wo sie als tugendhafte und fleißige Schwester noch viele Jahre lang unerkannt lebte. Niemand wußte dort, woher sie gekommen war und was für ein Schicksal sie hinter sich hatte. Der Arm der Holles und der Schloßherren von Ritterstein reichte weit, und kein Kloster oder Bischof konnte es sich leisten, offen der einflußreichen Familie zu widerstehen. Aus diesem Grunde wurde auch der wahrheitsgemäße Bericht seither im Kloster-Archiv verborgen, und niemand erhob Einspruch, als Jahre später ein junger Kleriker im Auftrag der Holles an die Aufzeichnung eines Berichtes ging, der nun wirklich ein »Märchen«, eine Fiktion, war.

Vorsichtshalber ließ er in diesem Märchen-Bericht Herrn Holle ganz weg, und von der wirklichen Frau Holle sind am Ende nur die »häßlichen langen Zähne«, die manchen Leser des Märchens schon verwundert haben, erhalten geblieben. Alles andere: Frau Holles Charakter, ihre Wesensart, ja die Rolle der beiden Mädchen und ihrer Eltern wurde bis zur völligen Unkenntlichkeit entstellt. Finstere germanische Mythen wurden später mit dem »Bericht« kombiniert, und am Ende kam jenes brauchbare Sozialisationsmittel heraus, das wir kennen. Es suggeriert alle die »Tugenden«, die herrschenden Klassen (und patriarchalischen Familienvätern) bequem sind: 1. unbedingten Gehorsam (gegenüber den Anweisungen der Hausfrau – aber auch gegenüber den sexuellen Wünschen des Dienstherren). 2. Hinnahme schlechthin sinnloser Tätigkeiten ohne Widerspruch (z. B. Bettfedern ausschütteln und wieder einsammeln). 3. Verzicht auf vertragliche Regelung von Arbeitszeit und Arbeitslohn – im Vertrauen auf »großzügige Entschädigung« am Ende der gesamten Dienstzeit.

Während der wahrhaftige Bericht von Pech-Maries Schicksal an die zahllosen verfolgten Neger in den amerikanischen Südstaaten denken läßt, die im 18. und 19., ja noch im 20. Jahrhundert geteert und gefedert wurden, sucht die bekannte

Märchenfassung die Arbeitswelt im Haushalt als eine reine Idylle hinzustellen, und Pech-Maries Schicksal als gerechte Strafe für unzulängliche Hausarbeit zu präsentieren. Es bleibt erstaunlich genug, daß sich sowenig Kinder über die gemeine Behandlung empören, die Pech-Marie widerfährt, und die selbst dann völlig ungerechtfertigt gewesen wäre, wenn sie tatsächlich faul und widerwillig ihre Hausarbeit getan hätte. Noch 1898 galt in Preußen-Deutschland eine altertümliche »Gesindeordnung«, die es u. a. dem Hauspersonal verbot, sich gewerkschaftlich zu organisieren. Pech-Marie könnte – wenn einst die Archive von Kloster Maria-Zuflucht offiziell geöffnet worden sind – zur Schutzheiligen einer emanzipatorischen Gewerkschaft und der Woman's Liberation werden. Sie verdient jedenfalls als ein doppeltes Opfer erinnert zu werden – einmal wegen ihres faktischen Schicksals und zum anderen wegen des böswilligen Rufmords, den jahrhundertelang das im Auftrag der Holles erfundene Märchen an ihr begangen hat. Hoffen wir, daß die kirchlichen Behörden bald einsehen, wie verkehrt es ist, ein halbes Jahrtausend nach der Geburt von Pech-Marie noch immer die Kreise durch Schweigen zu decken, die sich einst gegen sie vergangen haben.

7.
Die Bremer Stadtmusikanten

(*Grimm*)

Es hatte ein Mann einen Esel, der schon lange Jahre die Säcke unverdrossen zur Mühle getragen hatte, dessen Kräfte aber nun zu Ende gingen, so daß er zur Arbeit immer untauglicher ward. Da dachte der Herr daran, ihn aus dem Futter zu schaffen, aber der Esel merkte, daß kein guter Wind wehte, lief fort und machte sich auf den Weg nach Bremen: Dort, meinte er, könnte er ja Stadtmusikant werden. Als er ein Weilchen fortgegangen war, fand er einen Jagdhund auf dem Wege liegen, der jappte wie einer, der sich müde gelaufen hat. »Nun, was jappst du so, Packan?« fragte der Esel. »Ach«, sagte der Hund, »weil ich alt bin und jeden Tag schwächer werde, auch auf der Jagd nicht mehr fort kann, hat mich mein Herr wollen totschlagen, da hab' ich Reißaus genommen; aber womit soll ich nun mein Brot verdienen?« – »Weißt du was«, sprach der Esel, »Ich gehe nach Bremen und werde dort Stadtmusikant, geh mit und laß dich auch bei der Musik annehmen. Ich spiele die Laute, und du schlägst die Pauken.« Der Hund war's zufrieden, und sie gingen weiter.

Es dauerte nicht lange, so saß da eine Katze an dem Weg und machte ein Gesicht wie drei Tage Regenwetter. »Nun, was ist dir in die Quere gekommen, alter Bartputzer?« sprach der Esel. »Wer kann da lustig sein, wenn's einem an den Kragen geht«, antwortete die Katze, »weil ich nun zu Jahren komme, meine Zähne stumpf werden und ich lieber hinter dem Ofen sitze und spinne, als nach Mäusen herumjage, hat mich meine Frau ersäufen wollen, ich habe mich zwar noch fortgemacht, aber nun ist guter Rat teuer: Wo soll ich hin?« – »Geh mit uns nach Bremen, du verstehst dich doch auf die Nachtmusik, da kannst du ein Stadtmusikant werden.« Die Katze hielt das für gut und ging mit. Darauf kamen die drei Landesflüchtigen an einem Hof vorbei, da saß auf dem Tor der Haushahn und schrie aus Leibeskräften. »Du schreist einem durch Mark und Bein«, sprach der Esel, »was hast du vor?« – »Da hab' ich gut Wetter prophezeit«, sprach der Hahn, »weil unserer lieben Frauen Tag ist, wo sie dem Christkindlein die Hemdchen gewaschen hat und sie trocknen will, aber weil morgen zum Sonntag Gäste kommen, so hat die Hausfrau doch kein Erbarmen und hat der Köchin gesagt, sie wollte mich morgen in der Suppe essen, und da soll ich mir heute abend den Kopf abschneiden lassen. Nun schrei' ich aus vollem Hals, solang ich noch kann.« – »Ei was, du Rotkopf«, sagte der Esel, »zieh lieber mit uns fort, wir gehen nach Bremen, etwas Besseres als den Tod findest du überall; du hast eine gute Stimme, und wenn wir zusammen musizieren, so muß es eine Art haben.« Der Hahn ließ sich den Vorschlag gefallen, und sie gingen alle viere zusammen fort.

Sie konnten aber die Stadt Bremen in einem Tag nicht erreichen und kamen abends in einen Wald, wo sie übernachten wollten. Der Esel und der Hund legten sich unter einen großen Baum, die Katze und der Hahn machten sich in die Äste, der Hahn aber flog bis in die Spitze, wo es am sichersten für ihn war. Ehe er einschlief, sah er sich noch einmal nach allen vier Winden um, da deuchte ihn, er sähe in der Ferne ein Fünkchen brennen, und er rief seinen Gesellen zu, es müßte nicht gar weit ein Haus sein, denn es scheine ein Licht. Sprach der Esel: »So müssen wir uns aufmachen und noch hingehen, denn hier ist die Herberge schlecht.« Der Hund meinte, ein paar Knochen und etwas Fleisch dran täten ihm auch gut.

Also machten sie sich auf den Weg nach der Gegend, wo das Licht war, und sahen es bald heller schimmern, und es ward immer größer, bis sie vor ein hellerleuchtetes Räuberhaus kamen. Der Esel, als der größte, näherte sich dem Fenster und schaute hinein. »Was siehst du, Grauschimmel?« fragte der Hahn. »Was ich sehe?« antwortete der Esel, »einen gedeckten Tisch mit schönem Essen und Trinken, und Räuber sitzen daran und lassen's sich wohl sein.« – »Das wäre was für uns«, sprach der Hahn. »Ja, ja, ach, wären wir da!« sagte der Esel. Da ratschlagten die Tiere, wie sie es anfangen müßten, um die Räuber hinauszujagen, und fanden endlich ein Mittel. Der Esel mußte sich mit den Vorderfüßen auf das Fenster stellen, der Hund auf des Esels Rücken springen, die Katze auf den Hund klettern, und endlich flog der Hahn hinauf und setzte sich der Katze auf den Kopf. Wie das geschehen war, fingen sie auf ein Zeichen insgesamt an, ihre Musik zu machen: der Esel schrie, der Hund bellte, die Katze miaute, und der Hahn krähte, dann stürzten sie durch das Fenster in die Stube hinein, daß die Scheiben klirrten. Die Räuber fuhren bei dem entsetzlichen Geschrei in die Höhe, meinten nicht anders, als ein Gespenst käme herein, und flohen in größter Furcht in den Wald hinaus. Nun setzten sich die vier Gesellen an den Tisch, nahmen mit dem vorlieb, was übriggeblieben war, und aßen, als wenn sie vier Wochen hungern sollten.

Wie die vier Spielleute fertig waren, löschten sie das Licht aus und suchten sich eine Schlafstätte, jeder nach seiner Natur und Bequemlichkeit. Der Esel legte sich auf den Mist, der Hund hinter die Türe, die Katze auf den Herd in die warme Asche, und der Hahn setzte sich auf den Hahnenbalken. Und weil sie müde waren von ihrem langen Weg, schliefen sie auch bald ein. Als Mitternacht vorbei war und die Räuber von weitem sahen, daß kein Licht mehr im Haus brannte, auch alles ruhig schien, sprach der Hauptmann: »Wir hätten uns doch nicht sollen ins Bockshorn jagen lassen«, und hieß einen hingehen und das Haus untersuchen. Der Abgeschickte fand alles still, ging in die Küche, ein Licht anzuzünden, und weil er die glühenden, feurigen Augen der Katze für lebendige Kohlen ansah, hielt er ein Schwefelhölzchen daran, daß es Feuer fangen sollte. Aber die Katze verstand keinen Spaß, sprang ihm ins Gesicht, spie und kratzte.

Da erschrak er gewaltig, lief und wollte zur Hintertür hinaus, aber der Hund, der da lag, sprang auf und biß ihn ins

Bein. Und als er über den Hof an dem Miste vorbeirannte, gab ihm der Esel noch einen tüchtigen Schlag mit dem Hinterfuß; der Hahn aber, der vom Lärmen aus dem Schlaf geweckt und munter geworden war, rief vom Balken herab: »kikeriki!«. Da lief der Räuber, was er konnte, zu seinem Hauptmann zurück und sprach: »Ach, in dem Haus sitzt eine greuliche Hexe, die hat mich angehaucht und mit ihren langen Fingern mir das Gesicht zerkratzt, und vor der Tür steht ein Mann mit einem Messer, der hat mich ins Bein gestochen; und auf dem Hof liegt ein schwarzes Ungetüm, das hat mit einer Holzkeule auf mich losgeschlagen; und oben auf dem Dache, da sitzt der Richter, der rief: Bringt mir den Schelm her. Da machte ich, daß ich fortkam.« Von nun an getrauten sich die Räuber nicht weiter in das Haus, den vier Bremer Musikanten gefiel's aber so wohl darin, daß sie nicht wieder herauswollten. Und der das zuletzt erzählt hat, dem ist der Mund noch warm.

Die Bremer Stadtmusikanten
oder
Die erste gelungene Hausbesetzung durch ein Rentnerkollektiv

Das Märchen von den »Bremer Stadtmusikanten« ist eine Fabel. Was es von alten oder dem Tod geweihten Tieren berichtet, soll in eingekleideter, verschleierter Form das Schicksal von Menschen – und zwar von ganz spezifischen Menschen einer ganz bestimmten Zeit und sozialen Lage – beschreiben. Im zaristischen Rußland hatten sich oppositionelle Schriftsteller daran gewöhnt, in ihren namentlich gezeichneten Publikationen »in äsopischer Sprache zu reden«. Äsop war nämlich ein griechischer Dichter, der im 6. vorchristlichen Jahrhundert gelebt haben soll und dem die ersten Erzählungen in Fabelform zugeschrieben werden. Auch im »Dritten Reich« und in der Stalinära bedienten sich Schriftsteller zuweilen der äsopischen Sprache, und manchmal las auch das nach Kritik lechzende Publikum in ganz harmlose Fabeln (wie Manfred Kybers Erzählung vom »Oberaffen« und seiner grenzenlosen Feigheit) eine polemische politische Absicht hinein. Kurz gesagt, die Tradition der Einkleidung kritischer Äußerungen in die Fabelform ist nie abgerissen, und so ist es auch kein Wunder, daß wir ihr gelegentlich unter den Grimmschen Märchen begegnen. Manchmal dauert es freilich lange, ehe durch aktuelle Ereignisse plötzlich wieder Licht auf den von der Fabel gemeinten Sinn geworfen und dieser damit erneut verstehbar wird.

Die zahlreichen gelungenen und mißlungenen Hausbesetzungen der letzten Monate und Jahre* sensibilisieren den aufmerksamen Märchenleser und -verwirrer für den Hinter-

* gemeint 1970-1972

sinn der Fabel und lassen mit einem Male als sonnenklar erscheinen, was jahrhundertelang verborgen geblieben war. Versuchen wir also die Entschlüsselung, die uns heute und hier angesichts fehlender Zensurbestimmungen (vgl. Artikel 5, Absatz 1 Grundgesetz der Bundesrepublik »...eine Zensur findet nicht statt«) ohne Gefahr möglich ist. Streifen wir die Fabelform, die äsopische Sprache, ab, um ihren »menschlichen Kern« herauszuschälen.

Vor vielen vielen Jahren lebte einmal ein *Hafenarbeiter*, der war durch lange anstrengende Tätigkeit beim Be- und Entladen der Schiffe vorzeitig invalid geworden und konnte daher keine Beschäftigung mehr finden. Da sein Lohn immer gerade nur ausreichte, ihn am Leben zu erhalten, und er also für seine »alten Tage« nichts hatte zurücklegen können und da es noch keinerlei Sozialrenten gab, stand er praktisch vor dem Nichts. Irgendwoher hatte er aber gehört, man suche in Bremen Stadtmusikanten, und weil er meinte, seine gute Baßstimme könne dort vielleicht gebraucht werden, machte er sich auf den Weg.

Unterwegs traf er bald einen ergrauten *Söldner*, der war von seinem Landesherrn entlassen worden, weil er das Gewehr nicht mehr ruhig in seinen zitternden Händen halten konnte, und saß nun gleichfalls auf der Straße. Da schlug ihm der Hafenarbeiter vor, er solle mit nach Bremen kommen, beim Militär habe er doch sicher wenigstens die Trommel rühren gelernt, und so werde sich vielleicht bei der Stadtmusik etwas machen lassen. Es dauerte nicht lange, da begegnete den beiden Männern ein alt gewordenes *Freudenmädchen*, das sah kummervoll und betrübt aus und klagte sein Leid. Ihre Bordellwirtin habe sie an die Luft gesetzt, weil sie am liebsten daheim säße und sich am Ofen wärme, statt an den frequentierten und zugigen Ecken der Stadt Kundschaft zu werben, und weil ohnehin die Nachfrage nach ihren Gunsterweisen immer mehr zurückgegangen sei, seit so viele arbeitslose junge Dinger von den ländlichen Bezirken in die Stadt strömten. Gern waren die beiden Männer bereit, das unglückliche Mädchen in ihren Bund aufzunehmen und bei der Bremer

Stadtmusik zu empfehlen. Auf ihrem Weg trafen sie schließlich auch einen stolzen *Tenor*, der war soeben zum Tode verurteilt worden, weil er statt des hohen C ein Cis gesungen hatte, und das in Gegenwart eines erlauchten Gastes seines Landesherrn. Zum Glück hatte er aber entfliehen können und stand nun – wie alle anderen – völlig mittellos auf der Straße.

Als sich so ein ausreichend großes Kollektiv von Frühinvaliden und »Rentnern« (ohne Rente) gebildet hatte, schlug der Tenor gegen Abend vor, man solle sich ein geeignetes Nachtquartier suchen.

Sie kamen auch bald an ein einsames Haus, in dem noch Licht brannte und – wie sie bald feststellten – die Hausbesitzer ein üppiges Mahl verzehrten. In der Grimmschen Fabel wird berichtet, es habe sich bei diesen Hausbesitzern um »Räuber« gehandelt. Durch diesen Ausdruck soll die moralische Ablehnung des Eigentumsrechtes der genannten Personen an diesem Haus angedeutet werden, das sie vielleicht durch fristlose Kündigung einer Hypothek billig an sich gebracht hatten oder das sie aus Spekulationsgründen leer stehen ließen, um lediglich von Zeit zu Zeit ein wüstes Gelage in ihm zu veranstalten. Streng genommen kann man ja ein Grundstück und ein Haus nicht »rauben«, sondern nur bewegliches Gut. Es ist aber gleichgültig, ob die Hausbesitzer, von denen das Märchen als »Räuber« spricht, selbst noch anderweitig von Raub lebten, oder ob ihr »Raub« allein in einem ungerechten (wenn auch formal legalen) Erwerb des Hauses bestanden hat. Klar bleibt, daß der Märchenerzähler ihren Besitztitel nicht akzeptiert und den Überfall des Rentnerkollektivs und dessen dauernde Festsetzung in dem besetzten Hause eindeutig billigt.

Der Fortgang der Geschichte ist bekannt. Durch ihre Vereinigung (eine defiziente Frühform der Gewerkschaft oder der politischen Partei) waren die vier so stark geworden, daß es ihnen mühelos gelang, die tafelnden Hausbesitzer in die Flucht zu schlagen und bei einem Versuch der Rückkehr erfolgreich abzuwehren. Fragt man aber, warum die Besitzer nicht die Polizei gerufen haben, so sollte die Antwort vielleicht lauten:

– *weil es ja doch ein Märchen ist, oder*

– *weil sie insgeheim wußten, daß sie* »Räuber« *waren*

und daß die frierenden, hungernden, invaliden Mitglieder des Kollektivs weit eher ein Anrecht auf das Haus hatten als sie selbst. Eine solche Reflexion könnte – wenn man die Entstehungszeit des Märchens ins 18. oder gar ins 17. Jahrhundert verlegt – nicht ausgeschlossen werden, weil der frühbürgerliche Eigentumsbegriff noch eng an Nutzung und/oder eigne Bearbeitung gebunden war und der Anspruch auf eine aus Vermietungen oder Verpachtungen zu erzielende Maximal-Rendite noch nicht generell dem persönlichen, unmittelbaren Nutzungsrecht übergeordnet wurde.

Weiter berichtet das Fabel-Märchen nichts. Am Schluß heißt es lediglich, daß die vier in ihrem neu gewonnenen Häuschen blieben und auf die Reise nach Bremen, von wo offenbar auch damals nicht nur ermutigende Nachrichten kamen, verzichteten. Daraus muß man schließen, daß es sich bei dem Haus nicht nur um eine Wohngelegenheit, sondern um ein kleines Gehöft handelte, das den vier gemeinsam wirtschaftenden Invaliden erlaubte, sich einigermaßen am Leben zu erhalten. Die »Räuber« waren dann vermutlich Beauftragte des »Ober-Räubers«, nämlich des Grundherrn, der eine Pächterfamilie vertrieben hatte, um das Hofland in profitable Weide (oder in Villengrundstücke – wenn wir ein wenig anachronistisch spekulieren dürfen) zu verwandeln. Die Besetzungsaktion des Invaliden-Kollektivs wäre dann eine Episode aus dem Widerstandskampf des armen Volkes gegen die »ursprüngliche Akkumulation«, wie sie Karl Marx im 24. Kapitel des ersten Bandes des »Kapital« 1867 beschrieben hat. Daß das Märchen aus der Bremer Gegend stammen muß, erscheint daher ziemlich plausibel: die von Marx beschriebene »sogenannte ursprüngliche Akkumulation« fand ja in klassischer Form in England statt, Bremen aber gehörte von 1715 bis 1810 zum Königreich Hannover, das in Personalunion mit der englischen Krone verbunden war.

Was die Fabel des Märchens meint, war also gewiß eine andere Art von »Hausbesetzung«, als wir sie jetzt angesichts großstädtischer Wohnungsnot und leerstehender Häuser erleben, die abgebrochen werden sollen, um rentableren Bürohochhäusern zu weichen. Es ist aber kein Zufall, daß wir das Märchen heute plötzlich entschlüsseln können und daß seine utopische Hoffnungsbotschaft mit einem Male wieder ankommt.

8.
Hänsel und Gretel

(*Grimm*)

Vor einem grossen Walde wohnte ein armer Holzhacker mit seiner Frau und seinen zwei Kindern; das Bübchen hieß Hänsel und das Mädchen Gretel. Er hatte wenig zu beißen und zu brechen, und einmal, als große Teuerung ins Land kam, konnte er auch das tägliche Brot nicht mehr schaffen. Wie er sich nun abends im Bette Gedanken machte und sich vor Sorgen herumwälzte, seufzte er und sprach zu seiner Frau: »Was soll aus uns werden? Wie können wir unsere armen Kinder ernähren, da wir für uns selbst nichts mehr haben?« – »Weißt du was, Mann«, antwortete die Frau, »wir wollen morgen in aller Frühe die Kinder hinaus in den Wald führen, wo er am dicksten ist: Da machen wir ihnen ein Feuer an und geben jedem noch ein Stückchen Brot, dann gehen wir an unsere Arbeit und lassen sie allein. Sie finden den Weg nicht wieder nach Haus, und wir sind sie los.« – »Nein, Frau«, sagte der Mann, »das tue ich nicht; wie sollt' ich's übers Herz bringen, meine Kinder im Walde allein zu lassen, die wilden Tiere würden bald kommen und sie zerreißen.« – »O du Narr«, sagte sie, »dann müssen wir alle viere Hungers sterben, du kannst nur die Bretter für die Särge hobeln«, und ließ ihm keine Ruhe, bis er einwilligte. »Aber die armen Kinder dauern mich doch«, sagte der Mann.

Die zwei Kinder hatten vor Hunger auch nicht einschlafen können und hatten gehört, was die Stiefmutter zum Vater gesagt hatte. Gretel weinte bittere Tränen und sprach zu Hänsel: »Nun ist's um uns geschehen.« – »Still, Gretel«, sprach Hänsel, »gräme dich nicht, ich will uns schon helfen.« Und als die Alten eingeschlafen waren, stand er auf, zog sein

Röcklein an, machte die Hintertür auf und schlich sich hinaus. Da schien der Mond ganz helle, und die weißen Kieselsteine, die vor dem Haus lagen, glänzten wie lauter Batzen. Hänsel bückte sich und steckte so viel in sein Rocktäschlein, als nur hinein wollte. Dann ging er wieder zurück, sprach zu Gretel: »Sei getrost, liebes Schwesterchen, und schlaf nur ruhig ein, Gott wird uns nicht verlassen«, und legte sich wieder in sein Bett.

Als der Tag anbrach, noch ehe die Sonne aufgegangen war, kam schon die Frau und weckte die beiden Kinder: »Steht auf, ihr Faulenzer, wir wollen in den Wald gehen und Holz holen.« Dann gab sie jedem ein Stückchen Brot und sprach: »Da habt ihr etwas für den Mittag, aber eßt's nicht vorher auf, weiter kriegt ihr nichts.« Gretel nahm das Brot unter die Schürze, weil Hänsel die Steine in der Tasche hatte. Danach machten sie sich alle zusammen auf den Weg nach dem Wald. Als sie ein Weilchen gegangen waren, stand Hänsel still und guckte nach dem Haus zurück und tat das wieder und immer wieder. Der Vater sprach: »Hänsel, was guckst du da und bleibst zurück, hab acht und vergiß deine Beine nicht.« – »Ach, Vater«, sagte Hänsel, »ich sehe nach meinem weißen Kätzchen, das sitzt oben auf dem Dach und will mir ade sagen.« Die Frau sprach: »Narr, das ist dein Kätzchen nicht, das ist die Morgensonne, die auf den Schornstein scheint.« Hänsel aber hatte nicht nach dem Kätzchen gesehen, sondern immer einen von den blanken Kieselsteinen aus seiner Tasche auf den Weg geworfen.

Als sie mitten in den Wald gekommen waren, sprach der Vater: »Nun sammelt Holz, ihr Kinder, ich will ein Feuer anmachen, damit ihr nicht friert.« Hänsel und Gretel trugen Reisig zusammen, einen kleinen Berg hoch. Das Reisig ward angezündet, und als die Flamme recht hoch brannte, sagte die Frau: »Nun legt euch ans Feuer, ihr Kinder, und ruht euch aus, wir gehen in den Wald und hauen Holz. Wenn wir fertig sind, kommen wir wieder und holen euch ab.«

Hänsel und Gretel saßen am Feuer, und als der Mittag kam, aß jedes sein Stücklein Brot. Und weil sie die Schläge der Holzaxt hörten, so glaubten sie, ihr Vater wäre in der Nähe. Es war aber nicht die Holzaxt, es war ein Ast, den er an einen dürren Baum gebunden hatte und den der Wind hin und her schlug. Und als sie so lange gesessen hatten, fielen ihnen die Augen vor Müdigkeit zu, und sie schliefen fest ein. Als sie endlich erwachten, war es schon finstere Nacht. Gretel fing an zu weinen und sprach: »Wie sollen wir nun aus dem Wald kommen!« Hänsel aber tröstete sie: »Wart nur ein Weilchen, bis der Mond aufgegangen ist, dann wollen wir den Weg schon finden.«

Und als der volle Mond aufgestiegen war, so nahm Hänsel sein Schwesterchen an der Hand und ging den Kieselsteinen nach, die schimmerten wie neu geschlagene Batzen und zeigten ihnen den Weg. Sie gingen die ganze Nacht hindurch und kamen bei anbrechendem Tag wieder zu ihres Vaters Haus. Sie klopften an die Tür, und als die Frau aufmachte und sah, daß es Hänsel und Gretel war, sprach sie: »Ihr bösen Kinder, was habt ihr so lange im Walde geschlafen, wir haben geglaubt, ihr wolltet gar nicht wiederkommen.« Der Vater aber freute sich, denn es war ihm zu Herzen gegangen, daß er sie so allein zurückgelassen hatte.

Nicht lange danach war wieder Not in allen Ecken, und die Kinder hörten, wie die Mutter nachts im Bette zu dem Vater sprach: »Alles ist wieder aufgezehrt, wir haben noch einen halben Laib Brot, hernach hat das Lied ein Ende. Die Kinder müssen fort, wir wollen sie tiefer in den Wald hineinführen, damit sie den Weg nicht wieder herausfinden, es ist sonst keine Rettung für uns.« Dem Mann fiel's schwer aufs Herz, und er dachte: »Es wäre besser, daß du den letzten Bissen mit deinen Kindern teiltest.« Aber die Frau hörte auf nichts, was er sagte, schalt ihn und machte ihm Vorwürfe. Wer A sagt, muß auch B sagen, und weil er das erste Mal nachgegeben hatte, so mußte er es auch zum zweiten Mal.

Die Kinder waren aber noch wach gewesen und hatten das Gespräch mit angehört. Als die Alten schliefen, stand Hänsel wieder auf, wollte hinaus und Kieselsteine auflesen wie das vorige Mal, aber die Frau hatte die Tür verschlossen, und

Hänsel konnte nicht heraus. Aber er tröstete sein Schwesterchen und sprach: »Weine nicht, Gretel, und schlaf nur ruhig, der liebe Gott wird uns schon helfen.«

Am frühen Morgen kam die Frau und holte die Kinder aus dem Bette. Sie erhielten ihr Stückchen Brot, das war aber noch kleiner als das vorige Mal. Auf dem Wege nach dem Wald bröckelte es Hänsel in der Tasche, stand oft still und warf ein Bröcklein auf die Erde. »Hänsel, was stehst du und guckst dich um«, sagte der Vater, »geh deiner Wege.« – »Ich sehe nach meinem Täubchen, das sitzt auf dem Dache und will mir ade sagen«, antwortete Hänsel. »Narr«, sagte die Frau, »das ist dein Täubchen nicht, das ist die Morgensonne, die auf den Schornstein oben scheint.« Hänsel aber warf nach und nach alle Bröcklein auf den Weg.

Die Frau führte die Kinder noch tiefer in den Wald, wo sie ihr Lebtag noch nicht gewesen waren. Da ward wieder ein großes Feuer angemacht, und die Mutter sagte: »Bleibt nur da sitzen, ihr Kinder, und wenn ihr müde seid, könnt ihr ein wenig schlafen: Wir gehen in den Wald und hauen Holz, und abends, wenn wir fertig sind, kommen wir und holen euch ab.«

Als es Mittag war, teilte Gretel ihr Brot mit Hänsel, der sein Stück auf den Weg gestreut hatte. Dann schliefen sie ein, und der Abend verging, aber niemand kam zu den armen Kindern. Sie erwachten erst in der finsteren Nacht, und Hänsel tröstete sein Schwesterchen und sagte: »Wart nur, Gretel, bis der Mond aufgeht, dann werden wir die Brotbröcklein sehen, die ich ausgestreut habe, die zeigen uns den Weg nach Haus.« Als der Mond kam, machten sie sich auf, aber sie fanden kein Bröcklein mehr, denn die viel tausend Vögel, die im Walde und im Felde umherfliegen, die hatten sie weggepickt. Hänsel sagte zu Gretel: »Wir werden den Weg schon finden«, aber sie fanden ihn nicht.

Sie gingen die ganze Nacht und noch einen Tag von Morgen bis Abend, aber sie kamen aus dem Wald nicht heraus und waren so hungrig, denn sie hatten nichts als die paar Beeren, die auf der Erde standen. Und weil sie so müde waren, daß die Beine sie nicht mehr tragen wollten, so legten sie sich unter einen Baum und schliefen ein.

Nun war's schon der dritte Morgen, daß sie ihres Vaters Haus verlassen hatten. Sie fingen wieder an zu gehen, aber sie gerieten immer tiefer in den Wald, und wenn nicht bald Hilfe kam, so mußten sie verschmachten. Als es Mittag war, sahen sie ein schönes schneeweißes Vöglein auf einem Ast sitzen, das sang so schön, daß sie stehenblieben und ihm zuhörten. Und als es fertig war, schwang es seine Flügel und flog vor ihnen her, und sie gingen ihm nach, bis sie zu einem Häuschen gelangten, auf dessen Dach es sich setzte, und als sie ganz nah herankamen, so sahen sie, daß das Häuslein aus Brot gebaut war und mit Kuchen gedeckt; aber die Fenster waren von hellem Zucker. »Da wollen wir uns dranmachen«, sprach Hänsel, »und eine gesegnete Mahlzeit halten. Ich will ein Stück vom Dach essen, Gretel, du kannst vom Fenster essen, das schmeckt süß.« Hänsel reichte in die Höhe und brach sich ein wenig vom Dach ab, um zu versuchen, wie es schmeckte, und Gretel stellte sich an die Scheiben und knuperte daran. Da rief eine feine Stimme aus der Stube heraus:

»*Knuper, knuper, kneischen,*
wer knupert an meinem Häuschen?«

Die Kinder antworteten:

»*Der Wind, der Wind, das himmlische Kind*«,

und aßen weiter, ohne sich irre machen zu lassen. Hänsel, dem das Dach sehr gut schmeckte, riß sich ein großes Stück davon herunter, und Gretel stieß eine ganze runde Fensterscheibe heraus, setzte sich nieder und tat sich wohl damit. Da ging auf einmal die Tür auf, und eine steinalte Frau, die sich auf eine Krücke stützte, kam herausgeschlichen. Hänsel und Gretel erschraken so gewaltig, daß sie fallen ließen, was sie in den Händen hielten. Die Alte aber wackelte mit dem Kopfe und sprach: »Ei, ihr lieben Kinder, wer hat euch hierher gebracht? Kommt nur herein und bleibt bei mir, es geschieht euch kein Leid.« Sie faßte beide an der Hand und führte sie in ihr Häuschen. Da ward gutes Essen aufgetragen, Milch und Pfannekuchen mit Zucker, Äpfel und Nüsse. Hernach wurden zwei schöne Bettlein weiß gedeckt, und Hänsel und Gretel legten sich hinein und meinten, sie wären im Himmel.

Die Alte hatte sich nur so freundlich angestellt, sie war aber eine böse Hexe, die den Kindern auflauerte, und hatte das Brothäuslein bloß gebaut, um sie herbeizulocken. Wenn eins in ihre Gewalt kam, so machte sie es tot, kochte es und aß es, und das war ihr ein Festtag. Die Hexen haben rote Augen und können nicht weit sehen, aber sie haben eine feine Witterung, wie die Tiere, und merken's, wenn Menschen herankommen. Als Hänsel und Gretel in ihre Nähe kamen, da lachte sie boshaft und sprach höhnisch: »Die habe ich, die sollen mir nicht wieder entwischen.« Frühmorgens, ehe die Kinder erwacht waren, stand sie schon auf, und als sie beide so lieblich ruhen sah, mit den vollen roten Backen, so murmelte sie vor sich hin: »Das wird ein guter Bissen werden.« Da packte sie Hänsel mit ihrer dürren Hand und trug ihn in einen kleinen Stall und sperrte ihn mit einer Gittertür ein: Er mochte schreien, wie er wollte, es half ihm nichts. Dann ging sie zu Gretel, rüttelte sie wach und rief: »Steh auf, Faulenzerin, trag Wasser und koch deinem Bruder etwas Gutes, der sitzt draußen im Stall und soll fett werden. Wenn er fett ist, so will ich ihn essen.« Gretel fing an bitterlich zu weinen, aber es war alles vergeblich, sie mußte tun, was die böse Hexe verlangte.

Nun ward dem armen Hänsel das beste Essen gekocht, aber Gretel bekam nichts als Krebsschalen. Jeden Morgen schlich die Alte zu dem Ställchen und rief: »Hänsel, streck deine Finger heraus, damit ich fühle, ob du bald fett bist.« Hänsel streckte ihr aber ein Knöchlein heraus, und die Alte, die trübe Augen hatte, konnte es nicht sehen und meinte, es wären Hänsels Finger, und verwunderte sich, daß er gar nicht fett werden wollte. Als vier Wochen herum waren und Hänsel immer mager blieb, da übernahm sie die Ungeduld, und sie wollte nicht länger warten. »Heda, Gretel«, rief sie dem

Mädchen zu, »sei flink und trag Wasser: Hänsel mag fett oder mager sein, morgen will ich ihn schlachten und kochen.« Ach, wie jammerte das arme Schwesterchen, als es das Wasser tragen mußte, und wie flossen ihm die Tränen über die Backen herunter! »Lieber Gott, hilf uns doch«, rief sie aus, »hätten uns nur die wilden Tiere im Wald gefressen, so wären wir doch zusammen gestorben.« – »Spar nur dein Geplärre«, sagte die Alte, »es hilft dir alles nichts.«

Frühmorgens mußte Gretel heraus, den Kessel mit Wasser aufhängen und Feuer anzünden. »Erst wollen wir backen«, sagte die Alte, »ich habe den Backofen schon eingeheizt und den Teig geknetet!« Sie stieß das arme Gretel hinaus zu dem Backofen, aus dem die Feuerflammen schon herausschlugen. »Kriech hinein«, sagte die Hexe, »und sieh zu, ob recht eingeheizt ist, damit wir das Brot hineinschieben können.« Und wenn Gretel darin war, wollte sie den Ofen zumachen, und Gretel sollte darin braten, und dann wollte sie's auch aufessen. Aber Gretel merkte, was sie im Sinn hatte, und sprach: »Ich weiß nicht, wie ich's machen soll; wie komm' ich da hinein?« – »Dumme Gans«, sagte die Alte, »die Öffnung ist groß genug, siehst du wohl, ich könnte selbst hinein«, krabbelte heran und steckte den Kopf in den Backofen. Da gab ihr Gretel einen Stoß, daß sie weit hineinfuhr, machte die eiserne Tür zu und schob den Riegel vor. Hu! da fing sie an zu heulen, ganz grauselig; aber Gretel lief fort, und die gottlose Hexe mußte elendiglich verbrennen.

Gretel aber lief schnurstracks zum Hänsel, öffnete sein Ställchen und rief: »Hänsel, wir sind erlöst, die alte Hexe ist tot!« Da sprang Hänsel heraus, wie ein Vogel aus dem Käfig, wenn ihm die Tür aufgemacht wird. Wie haben sie sich gefreut, sind sich um den Hals gefallen, sind herumgesprungen und haben sich geküßt! Und weil sie sich nicht mehr zu fürchten brauchten, so gingen sie in das Haus der Hexe hinein, da standen in allen Ecken Kästen mit Perlen und Edelsteinen. »Die sind noch besser als Kieselsteine«, sagte Hänsel und steckte in seine Taschen, was hinein wollte, und Gretel sagte: »Ich will auch etwas mit nach Haus bringen«, und füllte sich sein Schürzchen voll. »Aber jetzt wollen wir fort«, sagte Hänsel, »damit wir aus dem Hexenwald herauskommen.« Als sie aber ein paar Stunden gegangen waren, gelangten sie an ein großes Wasser. »Wir können nicht hinüber«, sprach Hänsel, »ich seh' keinen Steg und keine Brücke.« – »Hier fährt auch kein Schiffchen«, antwortete Gretel, »aber da schwimmt eine weiße Ente; wenn ich die bitte, so hilft sie uns hinüber.« Da rief sie:

»Entchen, Entchen,
da stehn Gretel und Hänsel.
Kein Steg und keine Brücken,
nimm uns auf deinen weißen Rücken.«

Das Entchen kam auch heran, und Hänsel setzte sich auf und bat sein Schwesterchen, sich zu ihm zu setzen. »Nein«, antwortete Gretel, »es wird dem Entchen zu schwer, es soll uns nacheinander hinüberbringen.« Das tat das gute Tierchen, und als sie glücklich drüben waren und ein Weilchen fortgingen, da kam ihnen der Wald immer bekannter und immer bekannter vor, und endlich erblickten sie von weitem ihres Vaters Haus. Da fingen sie an zu laufen, stürzten in die Stube hinein und fielen ihrem Vater um den Hals. Der Mann hatte keine frohe Stunde gehabt, seitdem er die Kinder im Walde gelassen hatte, die Frau aber war gestorben. Gretel schüttete sein Schürzchen aus, daß die Perlen und Edelsteine in der Stube herumsprangen, und Hänsel warf eine Handvoll nach der anderen aus seiner Tasche dazu. Da hatten alle Sorgen ein Ende, und sie lebten in lauter Freude zusammen. Mein Märchen ist aus, dort läuft eine Maus, wer sie fängt, darf sich eine große, große Pelzkappe daraus machen.

Hänsel und Gretels Entlarvung
oder
Eine Episode aus der Geschichte des Präfaschismus

Das Märchen »Hänsel und Gretel« muß man wie eine Kriminalgeschichte lesen. Der freundliche Ton, in dem es gewöhnlich erzählt wird, und die Selbstverständlichkeit, mit der die Märchen-Tradition den Aussagen der Beteiligten Glauben schenkt, lenkt von der Tatsache ab, daß hier nicht ein, sondern zwei Verbrechen geschildert werden, von denen das zweite allerdings als »Notwehr« entschuldigt zu sein scheint. Worum handelt es sich?

Zwei Kinder eines armen Holzhackers werden – auf Anstiften der Mutter – von den beiden Eltern gemeinsam im Walde in der Absicht zurückgelassen, sie dem Hungertode preiszugeben. Der erste Mordanschlag der Eltern mißlang dank der List des Knaben Hänsel, der den Rückweg heimlich mit Kieselsteinen markiert und so seine Schwester und sich selbst sicher nach Hause zurückführen kann. Beim zweiten Mordversuch mißlingt die Wegmarkierung, weil die Vögel die zur Kennzeichnung des Pfades benützten Brotkrumen weggefressen haben. Die Kinder verirren sich. Soweit geht die Beschreibung des ersten Kriminalfalles, der auch vom traditionellen Märchenerzähler mißbilligt wird, wobei die Anstifterrolle der Frau die Mitschuld des Mannes offensichtlich herabmildern soll. Juristisch gesehen, liegt allerdings eindeutig eine gemeinsam begangene Straftat vor, die nur deshalb nicht als glatter Mordversuch bezeichnet werden dürfte, weil der tödliche Ausgang der Aussetzung im Wald ungewiß war. Das Vertrauen der Kinder zu rechtsstaatlichen Institutionen scheint so gering gewesen zu sein, daß eine Anzeige des ersten elterlichen Mordanschlags gar nicht in ihre Erwägungen einbezogen wurde. Man kann das auf Furcht und übertriebene Autoritätsgläubigkeit gegenüber den Eltern zurückführen oder auch auf vollständig fehlendes Unrechtsbewußtsein. Die Kinder empfanden sich offenbar ständig in einem Freund-Feind-Verhältnis zu den Eltern. Daß sie selbst vor Verbrechen kaum weniger zurückschreckten als diese, zeigt der zweite Teil der Erzählung.

Man muß gewiß für das, was folgt, die Tatsache berücksichtigen, daß Hänsel und Gretel unter extrem ungünstigen sozialen Bedingungen in einem notleidenden Elternhaus und einer offenbar höchst unharmonischen Ehe aufwuchsen. Dennoch geht der Märchenerzähler zu weit, wenn er alles, was Hänsel und Gretel tun, als berechtigt und selbstverständlich darstellt. Der zweite Märchenteil muß mit kritischer Skepsis gelesen werden. Was dort erzählt wird, dürfte ausschließlich auf dem Bericht der beiden Kinder beruhen, die natürlich alles Interesse haben mußten, ihre Taten im günstigsten Licht erscheinen zu lassen. Was berichten sie? »Nach langem Umherirren kamen wir endlich an ein Häuschen, das war aus lauter Brot gebaut, hatte Fenster aus Zuckerguß und Lebkuchen als Ziegel. Da wir so schrecklich hungrig waren, machten wir uns sogleich daran, von diesem Haus zu essen. Da klang vom Inneren des Hauses eine Stimme: ›Knusper, knusper knäuschen, wer knuspert an meinem Häuschen?‹[1)] Wir konnten uns nicht vorstellen, von wem diese Stimme kam und antworteten ›Der Wind, der Wind, das himmlische Kind.‹ Als

[1)] Mein Kollege Karl Deutsch (Harvard) weist mich dankenswerterweise auf die Möglichkeit hin, die von den Brüdern Grimm überlieferte Formel »knusper knusper knäuschen, wer knuspert an meinem Häuschen?« als Ausdruck wachsenden Mißtrauens grundbesitzender Klassen gegenüber dem Versuch einer sozialpolitischen Umschichtung der Besitzverhältnisse zu interpretieren. So plausibel diese Anregung auf den ersten Blick auch erscheinen mag, so wenig vermag ich ihr zu folgen. Wenn man daran denkt, daß das Märchen in der vorliegenden Form spätestens gegen Ende des 18. Jahrhunderts entstanden sein muß, läßt sich diese Deutung nur als extrem anachronistisch bezeichnen. Von sozialreformerischen Tendenzen, die sich gegen die Besitzbourgeoisie richten, konnte damals, noch vor Beginn der politischen Herrschaft der Bourgeoisie, keine Rede sein. Vielleicht ist es aber kein Zufall, daß in den USA, denen vorkapitalistische Verhältnisse so gut wie vollständig unbekannt geblieben sind, die oben erwähnte Deutung entstehen konnte.

wir die Stimme das dritte Mal gehört und das dritte Mal geantwortet hatten, trat plötzlich eine böse, alte Hexe aus dem Haus und bat uns, hereinzukommen.« Halt, möchte man den Kindern hier zurufen, woher wißt ihr denn, daß die alte Frau eine Hexe war? Aber auf diese Frage wissen sie keine Antwort. Allenfalls: »Sie sah eben wie eine Hexe aus.« »Aber, woher wißt ihr denn, wie Hexen aussehen?« könnte man erwidern.

Und hier würde das Gespräch vermutlich enden. Denn niemand hat bisher eine Hexe gesehen, weil es nämlich keine Hexen gibt. Die Leute in ihrem Dorf behaupteten vielleicht von einer rothaarigen armen Witwe oder von umherreisenden Zigeunerinnen, sie seien Hexen. Sie taten das nur deshalb, weil diese Menschen anders aussahen und sich anders verhielten als die meisten im Dorf und weil es ihnen nicht paßte, daß es Menschen gab, die anders sind. Solche Vorurteile hatten Hänsel und Gretel vermutlich im Elternhaus und im Dorf in sich aufgenommen, und nun erblickten sie in einer alten, gebückt gehenden, häßlichen Frau einfach eine Hexe. Die alte Frau nahm sie, wie die Geschwister selbst zugegeben haben, freundlich auf, gab ihnen zu essen und zu trinken und brachte sie in schöne, weiche Betten.

Bis hierher mag die Erzählung im wesentlichen zutreffen, wenn man einmal von der voreiligen Behauptung, die alte Frau sei eine Hexe, absehen will; was aber weiter behauptet wird, hält einer kritischen Untersuchung kaum stand. Gretel will nämlich am nächsten Morgen früh geweckt und in barschem Ton zur Hausarbeit angehalten worden sein, während Hänsel zum Mästen von der Hexe in einen Gänsestall gesperrt worden sei. Der Bericht ist unglaubhaft. Einmal, weil die alte Frau nach dem Eingeständnis der Geschwister selbst extrem kurzsichtig und schwach war und somit kaum imstande gewesen wäre, den kräftigen und geschickten Knaben einzusperren, zum andern, weil nicht recht verständlich gemacht werden kann, warum sie den Knaben und nicht das gewiß weit zartere und wohlschmeckendere Mädchen verspeisen wollte. Kurz gesagt, es besteht Anlaß zu der

Vermutung, daß die Einsperr- und Mäst-Geschichte glatt erfunden ist und lediglich die Tatsache beschönigen soll, daß die Geschwister ein paar Wochen später die alte Frau umgebracht und beraubt haben. Als offenbare Fakten muß man nämlich ansehen, daß nach vier Wochen Hans oder Grete eine Gelegenheit nutzte, die alte Frau in den Backofen zu schieben und zu verbrennen. Als diese Tat begangen war, raubten die Geschwister das Haus aus und kehrten mit Edelsteinen und Gold beladen zu ihrem Vater zurück. Die böse Mutter war inzwischen gestorben, und der Vater gründete mit den von seinen Kindern geraubten Schätzen eine selbständige Unternehmung mit Lohnarbeitern. Er gliederte sich damit erfolgreich in den frühkapitalistischen Produktionsprozeß ein, an dessen unterem Rande er vorher Not gelitten hatte.

Der wohlwollende Leser könnte zunächst geneigt sein, die Tat der solidarisch sich empörenden Kinder als anarchistischen Akt der Aufbäumung zu interpretieren. Ohne Kenntnis des ökonomischen Systems, in dem sie lebten, hätten die Kinder – wie viele Zeitgenossen – nur die ungleiche Verteilung der Konsum- und Einkommensverhältnisse (also die Disproportionen in der Distributionssphäre, nicht im Sektor der Produktion selbst) und in ihrem an der alten Frau begangenen Raub ein Stück gerechter Umverteilung gesehen. Das wirkliche Resultat ihrer Aktion war freilich wie das bei anarchistischen Taten häufig zu sein pflegt – das Gegenteil von dem, was sie mehr oder minder bewußt anstrebten. Der Gold- und Edelsteinvorrat, der bei der einsamen alten Frau lediglich ein toter Schatz gewesen war, verwandelt sich in der Hand des Vaters in fungierendes Kapital, in Produktionsmittel, die, mit Hilfe von Lohnarbeit in Gang gesetzt, zur weiteren Entfaltung des gleichen Wirtschaftssystems dienten, das die extreme Armut des lohnabhängigen Holzhackers (durch die im Märchen erwähnte Teuerung) bewirkt hatte. Man könnte von einer unheilvollen Dialektik der anarchistischen Aktion sprechen. Sehr viel wahrscheinlicher aber ist, daß die Kinder einfach reich werden wollten und die Chance nutzten, eine alte, hilflose Frau, die obendrein als Hexe diffamiert werden konnte, auszurauben. Das besonders Abstoßende an ihrer Tat war einmal die absurde Verleumdung, die alte Frau habe den Hänsel gemästet, um ihn später zu schlachten, und zum anderen die Diffamierung dieser Frau als Hexe. Was den angeblich von ihr geplanten Mord an Gretel angeht, so kann man auch ihn kaum als glaubhaft erwiesen ansehen. Wäre die alte Frau wirklich eine Hexe gewesen, dann hätte man sie kaum durch einen Knochen überlisten und ins Feuer schieben können.

Noch beunruhigender als die Jugendkriminalität in so früher Zeit ist aber die Tatsache, daß das Märchen von Hänsel und Gretel, seit anderthalb Jahrhunderten als eins der schönsten und bekanntesten Volksmärchen literarisch fixiert, bisher noch kaum unter eine kritische Lupe genommen worden ist. Die Schutzbehauptung der Kinder, man habe Hänsel eingesperrt und Gretel umbringen wollen, wurde offenbar geglaubt. Vermutlich hatte die ungewohnt gute Beköstigung bei Hänsel schon in wenigen Wochen zu einer erheblichen Gewichtszunahme geführt, die von den Kindern auf diese Weise plausibel erklärt werden sollte, während sie doch in Wahrheit für die großzügige Güte der einsamen alten Frau sprach. Vor allem aber hinderte das populäre Vorurteil, es gebe Hexen und diese dürfe man ungestraft töten, eine gerichtliche Untersuchung und die moralische Ablehnung des Verhaltens der Kinder. Das Märchen »Hänsel und Gretel« ist – wenn man alle Umstände berücksichtigt – eindeutig eine »präfaschistische Pogrom-Story«. Das soziale Milieu, dem die Tat entspringt (verarmtes Kleinbürgertum, das durch die Entwicklung der kapitalistischen Produktionsverhältnisse bedroht wird), die psychische Struktur der Täter und ihrer Eltern, der Sozialdarwinismus der Mutter: wenn wir überleben wollen, müssen die Kinder sterben, und die Skrupellosigkeit, mit der Gretel die wehrlose Frau in den Ofen schiebt, die Enteignung des »Außenseiters« und die dadurch ermöglichte individuelle Bereicherung der Familienangehörigen, all das sind Züge, die in vergröberter und verschärfter Form im zwanzigsten Jahrhundert wiederauftauchen und die faschistischen Bewegungen namentlich in Deutschland kennzeichnen. Zur Anlegung einer Strafakte »Hänsel und Gretel (Raubmord)« ist es inzwischen zu spät, auch trifft die eigentliche Schuld in diesem Falle die Gesellschaft, die bereits damals kindliche Delinquenz erzeugte, aber die beschönigende Darstellung ihrer Tat, wie der Komplizenschaft des Vaters bei den zwei mißlungenen Versuchen des Kindermords, sowie seine skrupellose Nutzung des von Kindern geraubten Eigentums, sollten schleunigst revidiert werden.

9. Rumpelstilzchen

(*Grimm*)

Es war einmal ein Müller, der war arm, aber er hatte eine schöne Tochter. Nun traf es sich, daß er mit dem König zu sprechen kam, und um sich ein Ansehen zu geben, sagte er zu ihm: »Ich habe eine Tochter, die kann Stroh zu Gold spinnen.« Der König sprach zum Müller: »Das ist eine Kunst, die mir wohl gefällt. Wenn deine Tochter so geschickt ist, wie du sagst, so bring sie morgen in mein Schloß, da will ich sie auf die Probe stellen.« Als nun das Mädchen zu ihm gebracht ward, führte er es in eine Kammer, die ganz voll Stroh lag, gab ihr Rad und Haspel und sprach: »Jetzt mache dich an die Arbeit, und wenn du diese Nacht durch bis morgen früh dieses Stroh nicht zu Gold versponnen hast, so mußt du sterben.« Darauf schloß er die Kammer selbst zu, und sie blieb allein darin.

Da saß nun die arme Müllerstochter und wußte um ihr Leben keinen Rat: Sie verstand gar nichts davon, wie man Stroh zu Gold spinnen konnte, und ihre Angst ward immer größer, daß sie endlich zu weinen anfing. Da ging auf einmal die Tür auf, und es trat ein kleines Männchen herein und sprach: »Guten Abend, Jungfer Müllerin, warum weint sie so sehr?« – »Ach«, antwortete das Mädchen, »ich soll Stroh zu Gold spinnen und verstehe das nicht.« Sprach das Männchen: »Was gibst du mir, wenn ich dir's spinne?« – »Mein Halsband«, sagte das Mädchen. Das Männchen nahm das Halsband, setzte sich vor das Rädchen, und schnurr, schnurr, schnurr, dreimal gezogen, war die Spule voll. Dann steckte es eine andere auf, und schnurr, schnurr, schnurr, dreimal gezogen, war auch die zweite voll: und so ging's fort bis zum

Morgen, da war alles Stroh versponnen, und alle Spulen waren voll Gold. Bei Sonnenaufgang kam schon der König, und als er das Gold erblickte, erstaunte er und freute sich, aber sein Herz ward nur noch goldgieriger. Er ließ die Müllerstochter in eine andere Kammer voll Stroh bringen, die noch viel größer war, und befahl ihr, das auch in einer Nacht zu spinnen, wenn ihr das Leben lieb wäre. Das Mädchen wußte sich nicht zu helfen und weinte, da ging abermals die Tür auf, und das kleine Männchen erschien und sprach: »Was gibst du mir, wenn ich dir das Stroh zu Gold spinne?« – »Meinen Ring von dem Finger«, antwortete das Mädchen. Das Männchen nahm den Ring, fing wieder an zu schnurren mit dem Rade und hatte bis zum Morgen alles Stroh zu glänzendem Gold gesponnen.

Der König freute sich über die Maßen bei dem Anblick, war aber noch immer nicht Goldes satt, sondern ließ die Müllerstochter in eine noch größere Kammer voll Stroh bringen und sprach: »Die mußt du noch in dieser Nacht verspinnen: Gelingt dir's aber, so sollst du meine Gemahlin werden.« – »Wenn's auch eine Müllerstochter ist«, dachte er, »eine reichere Frau finde ich in der ganzen Welt nicht.« Als das Mädchen allein war, kam das Männlein zum drittenmal wieder und sprach: »Was gibst du mir, wenn ich dir noch diesmal das Stroh spinne?« – »Ich habe nichts mehr, das ich geben könnte«, antwortete das Mädchen. »So versprich mir, wenn du Königin wirst, dein erstes Kind.« – »Wer weiß, wie das noch geht«, dachte die Müllerstochter und wußte sich auch in der Not nicht anders zu helfen; sie versprach also dem Männchen, was es verlangte, und das Männchen spann dafür noch einmal das Stroh zu Gold. Und als am Morgen der König kam und alles fand, wie er gewünscht hatte, so hielt er Hochzeit mit ihr, und die schöne Müllerstochter ward eine Königin.

Über ein Jahr brachte sie ein schönes Kind zur Welt und dachte gar nicht mehr an das Männchen: Da trat es plötzlich in ihre Kammer und sprach: »Nun gib mir, was du versprochen hast.« Die Königin erschrak und bot dem Männchen alle

Reichtümer des Königreichs an, wenn es ihr das Kind lassen wollte. Aber das Männchen sprach: »Nein, etwas Lebendes ist mir lieber als alle Schätze der Welt.« Da fing die Königin so an zu jammern und zu weinen, daß das Männchen Mitleid mit ihr hatte: »Drei Tage will ich dir Zeit lassen«, sprach es, »wenn du bis dahin meinen Namen weißt, so sollst du dein Kind behalten.«

Nun besann sich die Königin die ganze Nacht über auf alle Namen, die sie jemals gehört hatte, und schickte einen Boten über Land, der sollte sich erkundigen weit und breit, was es sonst noch für Namen gäbe. Als am andern Tag das Männchen kam, fing sie an mit Kaspar, Melchior, Balzer und sagte alle Namen, die sie wußte, nach der Reihe her, aber bei jedem sprach das Männlein: »So heiß' ich nicht.« Den zweiten Tag ließ sie in der Nachbarschaft herumfragen, wie die Leute da genannt würden, und sagte dem Männlein die ungewöhnlichsten und seltsamsten Namen vor: »Heißt du vielleicht Rippenbiest oder Hammelswade oder Schnürbein?«, aber es antwortete immer: »So heiß' ich nicht.« Den dritten Tag kam der Bote wieder zurück und erzählte: »Neue Namen habe ich keinen einzigen finden können, aber wie ich an einen hohen Berg um die Waldecke kam, wo Fuchs und Has' sich gute Nacht sagen, so sah ich da ein kleines Haus, und vor dem Haus brannte ein Feuer, und um das Feuer sprang ein gar zu lächerliches Männchen, hüpfte auf einem Bein und schrie:

›*Heute back' ich, morgen brau' ich,*
übermorgen hol' ich der Königin ihr Kind;
ach, wie gut ist, daß niemand weiß,
daß ich Rumpelstilzchen heiß'!‹«

Da könnt ihr denken, wie die Königin froh war, als sie den Namen hörte, und als bald hernach das Männlein hereintrat und fragte: »Nun, Frau Königin, wie heiß' ich?«, fragte sie erst: »Heißest du Kunz?« – »Nein.« – »Heißest du Heinz?« – »Nein.«

»*Heißt du etwa Rumpelstilzchen?*«

»Das hat dir der Teufel gesagt, das hat dir der Teufel gesagt«, schrie das Männlein und stieß mit dem rechten Fuß vor Zorn so tief in die Erde, daß es bis an den Leib hineinfuhr, dann packte es in seiner Wut den linken Fuß mit beiden Händen und riß sich selbst mitten entzwei.

Rumpelstilzchen und die Frankfurter Schule

Was, so wird man fragen, soll denn Rumpelstilzchen mit Theodor W. Adorno zu tun haben oder mit Max Horkheimer? Wie mir scheint, eine ganze Menge. Wollte ich mir die Sache leicht machen, würde ich darauf hinweisen, daß für Ausländer der Name Rumpelstilzchen so schwer auszusprechen wie die Dialektik Hegels und die der Aufklärung zu verstehen ist. Aber es gibt noch mehr Zusammenhänge, und nicht bloß oberflächliche.

Das Märchen vom Rumpelstilzchen spielt offenbar im Zeitalter des Merkantilismus, als die Könige wie besessen waren auf Erzielung eines Überschusses an Gold und Silber im eigenen Lande und als sie Unsummen dafür ausgaben, künstlich Gold zu machen. Damals sperrte der sächsische Kurfürst den Alchimisten Böttger ein, damit er Gold erzeuge; der aber erfand das Porzellan und verschaffte der kurfürstlichen Manufaktur einen noch heute von seinen politischen Erben benutzten Exportartikel. In dieser Zeit steckte die kapitalistische Marktwirtschaft in ihren Anfängen und konnte ihr Geheimnis noch nicht durchschaut werden. Von diesem Geheimnis erzählt das Märchen vom Rumpelstilzchen.

Ein wichtigtuerischer Mann, der sich bei seinem König beliebt machen wollte, behauptet, seine Tochter könne Stroh zu Gold spinnen. Prompt wird die Tochter eingesperrt und soll eine ganze Kammer Stroh in Gold verwandeln. In ihrer Hilflosigkeit springt ihr »ein kleines Männchen« bei, das die Arbeit für sie erledigt. Wer ist das? Ein Alchimist? Ein Zauberer? In Wahrheit kann es niemand andres gewesen sein als der »Geist des Kapitalismus« oder »das Wesen der kapitalistischen Warenproduktion«, der »sich selbst vermehrende Wert«. Das alles freilich in einer unentwickelten, von magischen Wesen kaum zu unterscheidenden Gestalt.

Natürlich kann man aus Stroh Gold machen. Man muß es nur – mit Hilfe von Lohnarbeit – verwandeln und die so erzeugte Ware auf einen geeigneten Markt bringen, wo sie sich in Geld (Gold) eintauschen läßt. Es ist auch möglich, diesen Prozeß zu beschleunigen, indem man im Hinblick auf den künftig zu erzielenden Profit einen Bankkredit aufnimmt, oder einen Wechsel auf einen Schuldner ausstellt. Das Märchen zieht diese Vorgänge metaphorisch in eine Nacht und ihre Arbeit zusammen, wodurch wohl der »undurchsichtige Charakter« des wirtschaftlichen Mechanismus der Mehrwertproduktion angedeutet werden soll.

Der Erfolg der ersten Nachtarbeit läßt die Begehrlichkeit des Königs nur noch mehr wachsen, und er sperrt das Mädchen abermals, diesmal in einen größeren Raum mit mehr Stroh, ein. Wiederum kommt ihm das kleine Männlein zu Hilfe und »spinnt alles Stroh zu Gold«. Als es aber in der dritten Nacht wiederkommt und das Mädchen vor einem noch größeren Strohhaufen sitzt, fordert das Männlein für seine Arbeit als Lohn das erste Kind, das es zur Welt bringen werde. In seiner Not – der König hatte ihm nämlich den Tod angedroht, falls es nicht mit der Arbeit fertig würde, sonst aber seinen Sohn als Mann in Aussicht gestellt – verspricht es diese Gabe und kann am Morgen wiederum eine ganze Kammer voll Gold vorweisen.

Mit seiner unmenschlichen Forderung gibt sich das kleine Männlein zu erkennen, als menschenbluttrinkender Geist des Kapitalismus zeigt es seine bestialische Seite. Auf der Ausbeutung von Lohnarbeitern und auf der Entmenschlichung von Unternommenen wie Unternehmern beruht ja dieses – damals noch junge – Wirtschaftssystem. Wer sich ihm mit Leib und Seele hingibt, so kann man das Versprechen des Mädchens deuten, verzichtet damit auf Mutterfreuden wie auf Freundlichkeit und Liebe, der muß hart und unerbittlich werden, wie es das kleine Männlein schon ist.

Bis hierhin ist das Märchen realistisch, jenseits dieses Punktes beginnt seine optimistische Utopie. Das Mädchen erhält den Königssohn zum Gemahl, und nach einem Jahr gebiert es einen Sohn. Eines Nachts kommt das kleine Männlein und fordert das Kind. Auf Bitten und Flehen der Mutter willigt es aber ein, auf sein Recht zu verzichten, falls es ihr gelinge, binnen einer Woche seinen Namen zu erraten. In zweifacher Hinsicht ist dieser Bericht utopisch.

Einmal kann der »Geist des Kapitalismus«, der kalten Rechenhaftigkeit, des Prinzips des formalen Äquivalententauschs, gar nicht Ausnahmen zulassen und auf sein Recht verzichten. Strengstes Recht (z. B. Schuld- und Wechselrecht) ist die notwendige Voraussetzung eines berechenbaren Geschäftsgangs, wo es nicht existiert, kann sich der Kapitalismus auch nicht entfalten. Zum anderen aber ist es vollends utopisch anzunehmen, das bloße »Beimnamennennen« könne seinen Zauber bereits brechen und Menschlichkeit wiederherstellen.

Beides aber ereignet sich im »Rumpelstilzchen«. Zwar nimmt der Märchenerzähler an, daß Rumpelstilzchen – seines unaussprechlich-schwierigen Namens wegen – fest an die Unmöglichkeit des Erratens glaubt, aber immerhin stellt sein Versprechen doch ein Aufgeben des strengen Wechselrechts dar. Das Mädchen hat ihm gleichsam einen Wechsel auf das erstgeborene Kind ausgestellt, den das Männlein ordnungsgemäß am Verfallstag präsentiert hat und auf dessen Honorierung es nun – wenn auch unter, wie es meint, nicht zu erfüllenden Bedingungen – verzichtet.

Durch den Zufall, daß ihr Späher Rumpelstilzchen belauscht und aus seinem eigenen Munde den Namen erfährt, gelangt die junge Prinzessin in den Besitz seines Geheimnisses und kann es aussprechen. Damit wird es von seiner vertraglichen Verpflichtung frei und kann leben, als ob es sich nie mit dem »Geist des Kapitalismus« eingelassen hätte.

Und die »Frankfurter Schule«? Ihr kritisches Schlüsselwort heißt zwar nicht »Rumpelstilzchen«, sondern verzaubernde Macht der warenproduzierenden Wirtschaft, Warenfetischismus, Geldschleier oder so ähnlich, aber wie das zur Prinzessin aufgestiegene Mädchen im Märchen vom Rumpelstilzchen, glaubt (oder glaubte) sie fest daran, daß es genüge, diesen Namen in kritischer Absicht auszusprechen, um sich vom Druck der alles beherrschenden Produktionsweise – wenigstens im Bewußtsein, und dort lebt die Schule natürlich vor allem – zu befreien. Die Magie des kritischen Wortes hat das Märchen überlebt[1]. Und wer hat der Schule das Geheimnis ausgeplaudert? Rumpelstilzchen selbst, der kapitalistische Geist in seinen ätherischsten und sublimsten Erscheinungsformen in Philosophie, Kunst, Musik und Literatur. Die sensiblen Späher der Schule haben ihn belauscht und sprechen unerschrocken sein Geheimnis aus. Vergessen wir nicht, daß schon das seinerzeit nicht immer gefahrlos war.

---

[1] In der »Dialektik der Aufklärung« von Max Horkheimer und Th. W. Adorno, Amsterdam 1947, findet sich im Essay »Mensch und Tier«, der von Max Horkheimer stammt, ein Passus, der die Bedeutung des »erlösenden Spruchs« (also des Zauberwortes »Rumpelstilzchen«) zwar nur für die stumme und vernunftlose Welt der Tiere beschreibt, gewiß aber auch für die verzauberte Welt der kapitalistischen Produktionsweise gemeint ist: »So bannt Mangel an Vernunft das Tier auf ewig in seine Gestalt, es sei denn, daß der Mensch, der durch Vergangenes mit ihm eins ist, *den erlösenden Spruch* findet und durch ihn *das steinerne Herz der Unendlichkeit am Ende der Zeiten erweicht*« (S. 297).

10.
Die Wichtelmänner

(*Grimm*)

Es war ein Schuster ohne seine Schuld so arm geworden, daß ihm endlich nichts mehr übrig blieb, als Leder zu einem einzigen Paar Schuhe. Nun schnitt er am Abende die Schuhe zu, die wollte er den nächsten Morgen in Arbeit nehmen; und weil er ein gutes Gewissen hatte, so legte er sich ruhig zu Bett, befahl sich dem lieben Gott und schlief ein.

Morgens, nachdem er sein Gebet verrichtet hatte und sich zur Arbeit niedersetzen wollte, so standen die beiden Schuhe ganz fertig auf seinem Tisch. Er verwunderte sich und wußte nicht was er dazu sagen sollte. Er nahm die Schuhe in die Hand um sie näher zu betrachten: sie waren so sauber gearbeitet, daß kein Stich daran falsch war, gerade als wenn es ein Meisterstück sein sollte. Bald darauf trat auch schon ein Käufer ein, und weil ihm die Schuhe so gut gefielen, so bezahlte er mehr als gewöhnlich dafür, und der Schuster konnte von dem Geld Leder zu zwei Paar Schuhen erhandeln.

Er schnitt sie abends zu und wollte den nächsten Morgen mit frischem Mut an die Arbeit gehen, aber er brauchte es nicht, denn als er aufstand waren sie schon fertig, und es blieben auch nicht die Käufer aus, die ihm so viel Geld gaben, daß er Leder zu vier Paar Schuhen einkaufen konnte. Er fand früh morgens auch die vier Paar fertig; und so ging's immer fort, was er abends zuschnitt, das war am Morgen verarbeitet, also daß er bald wieder ein ehrliches Auskommen hatte und endlich ein wohlhabender Mann ward.

Nun geschah es eines Abends nicht lange vor Weihnachten, als der Mann wieder zugeschnitten hatte, daß er vor dem Schlafengehen zu seiner Frau sprach: »Wie wär's wenn wir diese Nacht aufblieben um zu sehen, wer uns solche hilfreiche Hand leistet?« Die Frau war's zufrieden und steckte ein Licht an; darauf verbargen sie sich in den Stubenecken, hinter den Kleidern, die da aufgehängt waren und gaben acht.

Als es Mitternacht war, da kamen zwei kleine niedliche nackte Männlein, setzten sich vor des Schusters Tisch, nahmen alle zugeschnittene Arbeit zu sich und fingen an mit ihren Fingerlein so behend und schnell zu stecken, zu nähen, zu klopfen, daß der Schuster vor Verwunderung die Augen nicht abwenden konnte. Sie ließen nicht nach, bis alles zu Ende gebracht war und auf dem Tische stand, dann sprangen sie schnell fort.

Am anderen Morgen sprach die Frau: »Die kleinen Männer haben uns reich gemacht, wir müßten uns doch dankbar dafür bezeigen. Sie laufen herum, haben nichts am Leib und müssen frieren. Weißt du was? Ich will Hemdlein, Rock, Wams und Höslein für sie nähen, auch jedem ein Paar Strümpfe stricken; mach du jedem ein Paar Schühlein dazu«. Der Mann sprach: »Das bin ich wohl zufrieden«, und abends, wie sie alles fertig hatten, legten sie die Geschenke statt der zugeschnittenen Arbeit zusammen auf den Tisch und versteckten sich dann, um mit anzusehen wie sich die Männlein dazu anstellen würden. Um Mitternacht kamen sie herangesprungen und wollten sich gleich an die Arbeit machen. Als sie aber kein zugeschnittenes Leder, sondern die niedlichen Kleidungsstücke fanden, verwunderten sie sich erst, dann aber bezeigten sie eine gewaltige Freude. Mit größter Geschwindigkeit zogen sie sich an, strichen die schönen Kleider am Leib und sangen

»Sind wir nicht Knaben glatt und fein?
Was wollen wir länger Schuster sein!

Dann hüpften und tanzten sie, und sprangen über Stühle und Bänke. Endlich tanzten sie zur Tür hinaus. Von nun an kamen sie nicht wieder; dem Schuster aber ging es wohl so lange er lebte, und es glückte ihm alles was er unternahm.

Der Nulltarif der Wichtelmänner

Ein märchenhaftes Beispiel für die Mehrwert- und Kapitaltheorie

Da alles und jedes auf der Welt (nach geltender soziologischer Überzeugung) auf die unabdingbaren Gesetze der Ökonomie zurückzuführen ist, so kann das bei unseren deutschen Märchen nicht anders sein. Um den letzten blinden Fleck in der diesbezüglichen Erkenntnis zu beseitigen, haben wir den bekannten Wirtschaftsjournalisten und Enthüllungsreporter Edler von Goldeck gebeten, sich um die Hintergründe der angeblich so eigentümlich selbstlosen Kölner Wichtelmänner zu kümmern, von denen die Brüder Grimm erzählen.

Und siehe da: Natürlich steckt auch hier Profit dahinter. Jedem soziologisch Geschulten zeigt das Märchen aber auch, wo die Grenzen kapitalistischer Ausbeutung stecken. Ein Lehrstück über Gastarbeiter, Gewerbeaufsicht, Steuern und Gewerkschaften.

Gewarnt werden muß vor der Vermutung, daß bei dieser Analyse Selbstkritik an marxistischen Überinterpretationen oder gar bürgerliche Rückstände von Humor im Spiel waren. Solche Relikte kennt Edler von Goldeck natürlich nicht.

Die Geschichte von den Wichtelmännern erzählt in mystifizierter Form vom Nutzen der (niedrig oder gar nicht bezahlten) Lohnarbeit und der Rückverwandlung des Mehrwerts in Kapital. Diese ganz offen auf der Hand liegende Tatsache ist vermutlich bisher nur deshalb übersehen worden, weil die meisten Literatur- und Volkswissenschaftler das »Kapital« nicht kannten.

Die Geschichte beginnt mit der Beschreibung der Armut eines Schusters, der nur noch das Material für *ein* Paar Schuhe hatte. Man muß freilich annehmen, daß es ihm auch an einer Werkstatt und den notwendigen Arbeitsinstrumenten nicht fehlte. Kurzum, es handelt sich um einen »kleinen Warenproduzenten«, der mit eigenen Produktionsmitteln, aber auch mit seiner eigenen Arbeitskraft für den (kleinen, traditionell begrenzten) Warenmarkt arbeitet. Der Warenumschlag ist aufgrund seiner beschränkten Arbeitskraft außerordentlich mühsam, und er muß – ähnlich wie der Lohnarbeiter – zunächst Arbeit leisten, bevor er Geld einnehmen kann; er schießt sich selbst als Unternehmer eigene Arbeitsleistung gleichsam vor. So geschieht es auch mit dem letzten Stück Leder, das er noch hat, oder so sollte es vielmehr geschehen.

Und hier setzt nun die Mystifikation ein. Während sich der »Meister« mit dem Zuschneiden des Leders begnügt, wird bei Nacht von »unsichtbar bleibenden« Wichtelmännern die Arbeit vollendet, so daß schon am nächsten Morgen die fertige Ware verkauft werden kann. Der Meister hat also eigene Arbeitskraft »gespart«, weil »fremde« für ihn tätig wurde. Obendrein ohne Bezahlung.

Ein Käufer findet sich rasch, und mit dem Verkauf der Ware kann ohne weiteres Leder für zwei Paar Schuhe gekauft werden. Seine Profitrate ist also (wenn man den Wert der Werkstatt und die eigene Tätigkeit einmal als geringfügig außer Betracht läßt) 100 Prozent. Die Höhe der Mehrwertrate kann deshalb nicht berechnet werden, weil er (idealerweise) für die Arbeit der »unsichtbaren Wichtelmänner« nichts bezahlen muß. Das Verhältnis zwischen notwendiger Arbeitszeit (die bezahlt wird) und Mehrarbeitszeit ist also null zu acht oder unendlich! Man erkennt hierin leicht die Utopie des von der billigen Manufakturware bedrängten Kleinbürgertums. »Wenn doch Lohnarbeiter gratis zu haben wären und so gut arbeiten würden wie Wichtelmänner«, so mochten sie denken, »dann könnte uns auch die Konkurrenz von Manufaktur oder Fabrik nichts anhaben.«

Mit dem verdoppelten Lederquantum geschieht das gleiche wie mit dem kleinen Rest, den wir als »Anfangskapital« bezeichnen können. Am nächsten Morgen stehen zwei Paar Schuhe fertig da, die abermals verkauft werden, so daß mit dem Erlös Leder für vier Paar erworben werden kann. Es ist übrigens beachtlich, daß der in äußerster Armut lebende Schuster dennoch nicht daran zu denken scheint, auch nur einen Teil der Einnahmen für seinen privaten Konsum zu verwenden. Er benützt offenbar den gesamten Erlös für den Erwerb neuer Rohstoffe (Kapital in Rohstoffgestalt), um auf diese Weise den Akkumulationsprozeß zu beschleunigen. Die Rückverwandlung von Mehrwert (bzw. Profit) in Kapital nennt man seit Marx »Akkumulation des Kapitals«. Um Kapital aber handelt es sich deshalb, weil mit der Benützung von fremder Arbeitskraft – in ständig wachsendem Umfang – unser kleiner Warenproduzent allmählich aufhört, »Kleinbürger« zu sein, um sich in einen Kapitalisten zu verwandeln. »Und so ging's immer fort, was er abends zuschnitt, das war am Morgen verarbeitet, also daß er bald wieder zu einem wohlhabenden Manne ward mit ehrlichem Auskommen.«

Diese Behauptung des Märchens muß man allerdings mit Vorbehalt aufnehmen. »Ehrlich« kann ein Auskommen doch kaum genannt werden, das aus der kostenlosen Ausbeutung unsichtbar bleibender (von der Zunft nicht zugelassener) Nachtarbeiter bezogen wird. Aus diesem Grunde mögen wohl auch dem Schusterpaar in der Grimmschen Fassung der Erzählung schließlich Bedenken gekommen sein. Jedenfalls sagt die Frau eines Tages zu ihrem Mann: »Die kleinen Männer haben uns reich gemacht, wir müssen uns dankbar erweisen.« Und sie schlägt vor, Kleider für die Helfer zu machen und sie am Abend anstatt des Rohleders hinzulegen. Die Heinzelmännchen wissen sich vor Freude über diese Geschenke kaum zu lassen, ziehen die Kleider an und kehren nie mehr zurück. Hier übernimmt das bürgerliche Märchen wieder – wie so oft – eine Warnfunktion. Es scheint zu sagen: Wer seine (Lohn-) Arbeiter allzu großzügig beschenkt, der wird sie los oder modern ausgedrückt: Hütet euch vor übertariflicher Entlohnung, sie macht die Arbeiter nur übermütig. In der ersten Fassung der Grimmschen Märchen endet der Bericht ohne jeden weiteren Kommentar mit dem springenden und tanzenden Verschwinden der Wichtelmänner. In der zweiten Auflage fügt Wilhelm Grimm den Satz hinzu: »Dem

Schuster aber ging es sein Lebtag wohl« – eine Behauptung, an der man freilich allen Grund hat zu zweifeln.

Ohne die Arbeit der Wichtelmänner wäre der Schuster außerstande, weiter eine gleich große Menge guter Waren auf den Markt zu bringen. Quantität und Qualität seiner eigenen Arbeitskraft würden dafür bei weitem nicht ausreichen. Es ist aber auch fraglich, ob er aufgrund der damals geltenden Zunftbestimmungen eine genügend große Anzahl von guten Gesellen hätte einstellen dürfen – ganz abgesehen davon, daß natürlich von der Zunftordnung auch Nachtarbeit verboten und ein bestimmter Lohn vorgeschrieben war. Wenn man aber daran denkt, daß Manufakturen und Fabriken schon früh von solchen Beschränkungen frei waren und sowohl unbegrenzte Arbeiterzahlen als auch Nachtarbeit kannten, wird die kleinbürgerliche Utopie noch begreiflicher. Unser Schuster wünscht sich ebenso viele und ebenso fleißige und obendrein auch noch handwerklich tüchtige Arbeiter, wie sie die Manufakturisten beschäftigen, aber natürlich dürfte niemand etwas davon wissen, keiner sie sehen.

Daß die Wichtelmänner unsichtbar bleiben müssen (weil sonst die Zunft einschreitet – heute würden wir sagen, daß Nachtarbeit geheimgehalten werden muß, weil sich sonst die Gewerkschaften und das Gewerbeaufsichtsamt einmischen), ist das Hauptargument der späteren Fassungen des Märchens (zum Beispiel der von Kopisch). Während es bei Grimm das (inopportun) gütige Herz der Schustermeisterin war, das dem Geschäft ein Ende machte, ist es bei Kopisch die ebenso unangebrachte Neugier der Frau. Die vom Märchen ausgesprochene Warnung vor der Neugier kann auch generell als Warnung vor dem Versuch einer Ergründung des Ursprungs von Profit und Mehrwert verstanden werden. Wer anfängt, über die Herkunft der Einnahmen zu grübeln, die ihm als Unternehmer dank der Gesetzmäßigkeiten der warenproduzierenden Gesellschaft zufließen, verliert die Fähigkeit, sich in ihr erfolgreich zu behaupten. Das Märchen erinnert in mythischer Form an die Unentbehrlichkeit der Mystifikation oder an die Unvereinbarkeit von kapitalistischer

Ausbeutung und analytischer Durchdringung dieses Wirtschaftssystems.

Die Sehnsucht nach den Heinzelmännchen aber ist inzwischen zur verkitschten Gestalt unserer Gartenzwerge geronnen, denen ohne Gefahr für die Profitrate Wohlwollen und Neugier entgegengebracht werden dürfen. »Die kleinen Männer haben uns reich gemacht« – wir tun gut daran, uns nicht allzu dankbar zu erweisen und nicht zu genau hinzusehen. Ist es nicht das, was das Märchen eigentlich sagen wollte? Sind vielleicht die »Gastarbeiter« unsere Heinzelmännchen? Freilich, dem kleinen Schustermeister können sie kaum noch helfen, auch sie gehen in die Fabrik.

Dritter Teil

Sexuelle Probleme von Königstöchtern

1.
Der Froschkönig
oder
Der eiserne Heinrich

(*Grimm*)

In den alten Zeiten, wo das Wünschen noch geholfen hat, lebte ein König, dessen Töchter waren alle schön, aber die jüngste war so schön, daß die Sonne selbst, die doch so vieles gesehen hat, sich verwunderte, sooft sie ihr ins Gesicht schien. Nahe bei dem Schlosse des Königs lag ein großer dunkler Wald, und in dem Wald unter einer alten Linde war ein Brunnen: wenn nun der Tag sehr heiß war, so ging das Königskind hinaus in den Wald und setzte sich an den Rand des kühlen Brunnens; und wenn sie Langeweile hatte, so nahm sie eine goldene Kugel, warf sie in die Höhe und fing sie wieder; und das war ihr liebstes Spielwerk.

Nun trug es sich einmal zu, daß die goldene Kugel der Königstochter nicht in ihr Händchen fiel, das sie in die Höhe gehalten hatte, sondern vorbei auf die Erde schlug und geradezu ins Wasser hineinrollte. Die Königstochter folgte ihr mit den Augen nach, aber die Kugel verschwand, und der Brunnen war tief, so tief, daß man keinen Grund sah. Da fing sie an zu weinen und weinte immer lauter und konnte sich gar nicht trösten. Und wie sie so klagte, rief ihr jemand zu: »Was hast du vor, Königstochter, du schreist ja, daß sich ein Stein erbarmen möchte.« Sie sah sich um, woher die Stimme käme, da erblickte sie einen Frosch, der seinen dicken häßlichen Kopf aus dem Wasser streckte. »Ach, du bist's, alter Wasserpatscher«, sagte sie, »ich weine über meine goldene Kugel, die mir in den Brunnen hinabgefallen ist.« – »Sei still und weine nicht«, antwortete der Frosch, »ich kann wohl Rat schaffen, aber was gibst du mir, wenn ich dein Spielwerk wieder heraufhole?« – »Was du haben willst, lieber Frosch«, sagte sie,

»meine Kleider, meine Perlen und Edelsteine, auch noch die goldene Krone, die ich trage.« Der Frosch antwortete: »Deine Kleider, deine Perlen und Edelsteine und deine goldene Krone, die mag ich nicht: aber wenn du mich liebhaben willst, und ich soll dein Geselle und Spielkamerad sein, an deinem Tischlein neben dir sitzen, von deinem goldenen Tellerlein essen, aus deinem Becherlein trinken, in deinem Bettlein schlafen: wenn du mir das versprichst, so will ich hinuntersteigen und dir die goldene Kugel wieder heraufholen.« – »Ach ja«, sagte sie, »ich verspreche dir alles, was du willst, wenn du mir nur die Kugel wiederbringst.« Sie dachte aber: »Was der einfältige Frosch schwätzt, der sitzt im Wasser bei seinesgleichen und quakt und kann keines Menschen Geselle sein.«

Der Frosch, als er die Zusage erhalten hatte, tauchte seinen Kopf unter, sank hinab, und über ein Weilchen kam er wieder heraufgerudert; hatte die Kugel im Maul und warf sie ins Gras. Die Königstochter war voll Freude, als sie ihr schönes Spielwerk wieder erblickte, hob es auf und sprang damit fort. »Warte, warte«, rief der Frosch, »nimm mich mit, ich kann nicht so laufen wie du.« Aber was half ihm, daß er ihr sein Quakquak so laut nachschrie, als er konnte! Sie hörte nicht darauf, eilte nach Haus und hatte bald den armen Frosch vergessen, der wieder in seinen Brunnen hinabsteigen mußte.

Am andern Tage, als sie mit dem König und allen Hofleuten sich zur Tafel gesetzt hatte und von ihrem goldenen Tellerlein aß, da kam, plitsch-platsch, plitsch-platsch, etwas die Marmortreppe heraufgekrochen, und als es oben angelangt war, klopfte es an der Tür und rief: »Königstochter, jüngste, mach mir auf.« Sie lief und wollte sehen, wer draußen wäre, als sie aber aufmachte, so saß der Frosch davor. Da warf sie die Tür hastig zu, setzte sich wieder an den Tisch, und es war ihr ganz angst. Der König sah wohl, daß ihr Herz gewaltig klopfte, und sprach: »Mein Kind, was fürchtest du dich, steht, etwa ein Riese vor der Tür und will dich holen?« – »Ach nein«, antwortete sie, »es ist kein Riese, sondern ein garstiger

Frosch.« – »Was will der Frosch von dir?« – »Ach, lieber Vater, als ich gestern im Wald bei dem Brunnen saß und spielte, da fiel meine goldene Kugel ins Wasser. Und weil ich so weinte, hat sie der Frosch wieder heraufgeholt, und weil er es durchaus verlangte, so versprach ich ihm, er sollte mein Geselle werden, ich dachte aber nimmermehr, daß er aus seinem Wasser heraus könnte. Nun ist er draußen und will zu mir herein.« Indem klopfte es zum zweitenmal und rief:

»*Königstochter, jüngste, mach mir auf,*
weißt du nicht, was gestern du zu mir gesagt
bei dem kühlen Brunnenwasser?
Königstochter, jüngste, mach mir auf.«

Da sagte der König: »Was du versprochen hast, das mußt du auch halten; geh nur und mach ihm auf.« Sie ging und öffnete die Tür, da hüpfte der Frosch herein, ihr immer auf dem Fuße nach, bis zu ihrem Stuhl. Da saß er und rief: »Heb mich herauf zu dir.« Sie zauderte, bis es endlich der König befahl. Als der Frosch erst auf dem Stuhl war, wollte er auf den Tisch, und als er da saß, sprach er: »Nun schieb mir dein goldenes Tellerlein näher, damit wir zusammen essen.« Das tat sie zwar, aber man sah wohl, daß sie's nicht gerne tat.

Der Frosch ließ sich's gut schmecken, aber ihr blieb fast jedes Bißlein im Halse. Endlich sprach er: »Ich habe mich satt gegessen und bin müde, nun trag mich in dein Kämmerlein und mach dein seiden Bettlein zurecht, da wollen wir uns schlafen legen.« Die Königstochter fing an zu weinen und fürchtete sich vor dem kalten Frosch, den sie nicht anzurühren getraute und der nun in ihrem schönen reinen Bettlein schlafen sollte.

Der König aber ward zornig und sprach: »Wer dir geholfen hat, als du in der Not warst, den sollst du hernach nicht verachten.« Da packte sie ihn mit zwei Fingern, trug ihn hinauf und setzte ihn in eine Ecke. Als sie aber im Bette lag, kam er gekrochen und sprach: »Ich bin müde, ich will schlafen so gut wie du: Heb mich hinauf, oder ich sag's deinem Vater.« Da ward sie erst bitterböse, holte ihn herauf und warf ihn aus allen Kräften wider die Wand. »Nun wirst du Ruhe haben, du garstiger Frosch.«

Als er aber herabfiel, war er kein Frosch, sondern ein Königssohn mit schönen freundlichen Augen. Der war nun nach ihres Vaters willen ihr lieber Geselle und Gemahl. Da erzählte er ihr, er wäre von einer bösen Hexe verwünscht worden, und niemand hätte ihn aus dem Brunnen erlösen können als sie allein, und morgen wollten sie zusammen in sein Reich gehen. Dann schliefen sie ein, und am andern Morgen, als die Sonne sie aufweckte, kam ein Wagen herangefahren, mit acht weißen Pferden bespannt, die hatten weiße Straußfedern auf dem Kopf und gingen in goldenen Ketten, und hinten stand der Diener des jungen Königs, das war der treue Heinrich. Der treue Heinrich hatte sich so betrübt, als sein Herr war in einen Frosch verwandelt worden, daß er drei eiserne Bande hatte um sein Herz legen lassen, damit es ihm nicht vor Weh und Traurigkeit zerspränge. Der Wagen aber sollte den jungen König in sein Reich abholen; der treue Heinrich hob beide hinein, stellte sich wieder hinten auf und war voller Freude über die Erlösung. Und als sie ein Stück Weges gefahren waren, hörte der Königssohn, daß es hinter ihm krachte, als wäre etwas zerbrochen. Da drehte er sich um und rief:

»Heinrich, der Wagen bricht.«
»Nein, Herr, der Wagen nicht,
es ist ein Band von meinem Herzen,
das da lag in großen Schmerzen,
als Ihr in dem Brunnen saßt,
als Ihr eine Fretsche (Frosch) wast (wart).«

Noch einmal und noch einmal krachte es auf dem Weg, und der Königssohn meinte immer, der Wagen bräche, und es waren doch nur die Bande, die vom Herzen des treuen Heinrich absprangen, weil sein Herr erlöst und glücklich war.

Der Froschkönig
oder
Die Überwindung des infantilen Narzißmus

In ihrer Vorrede zur zweiten Auflage der von ihnen gesammelten Märchen schreiben die Brüder Grimm: » ... dabei haben wir jeden für das Kindesalter nicht passenden Ausdruck in dieser Auflage sorgfältig gelöscht« (2.7.1819). Dieser Hinweis kann bei der wissenschaftlichen Verwirrung eines Märchens wie »Der Froschkönig« weiterhelfen.

Das Märchen erzählt von einer Königstochter, »die so schön war, daß die Sonne selber ... sich verwunderte, sooft sie ihr ins Gesicht schien«. Diese Königstochter pflegte, so heißt es weiter, an einem Brunnen im dunklen Walde, unweit des väterlichen Schlosses, stundenlang ganz allein mit einem goldenen Ball zu spielen. Wenn man bedenkt, daß die junge Dame – wie der Fortgang des Märchens deutlich macht – in heiratsfähigem Alter war, nimmt solch einsames Spiel zumindest wunder. Man kann sich nicht recht vorstellen, daß ein siebzehn- oder achtzehnjähriges Mädchen sich ausschließlich mit einsamem Ballspiel (obendrein mit einem außerordentlich unhandlichen goldenen Ball) die Langeweile vertreibt. Jeder, der auch nur etwas von moderner Psychologie gehört hat, wird daher auf die Diagnose extremer autistischer Narzißmus kommen, und auch die Vermutung, daß es sich bei den »einsamen Spielen der Königstochter« um erotische gehandelt hat, läßt sich kaum von der Hand weisen. Wie im Traum, so sind auch im Märchen Aussagen oft verschlüsselt, und obendrein dürfte das bereits erwähnte Grimmsche Verharmlosungsprinzip ein übriges getan haben, um die Spuren zu verwischen. Kurz: »goldener Ball« ist ein Schlüsselwort, das der Dechiffrierung bedarf.

Die plausibelste Erklärung, die mir bisher begegnet ist, stammt von einem Kenner der hessischen Mundart und der sexuellen Verhaltensweisen des älteren deutschen Hochadels und wird hier – als zumindest denkmögliche Hypothese – referiert. Der »goldene Ball« wäre – nach dieser Hypothese – in Wahrheit ein »goldiger Phallus« gewesen, was das Mädchen selbst oder der hessische Märchenerzähler, die beide des Griechischen unkundig waren, notwendig wie »goldischer Ballus« ausgesprochen haben müssen.

»Goldisch« meint in diesem Zusammenhang natürlich keineswegs das Material, sondern drückt nur die affektive Beziehung der Prinzessin zu ihrem erotischen Spielzeug aus. Wie es aber oft mit mündlich tradierten Geschichten zu geschehen pflegt, wäre auch hier der Ursprungssinn allmählich verlorengegangen (oder auch der zuhörenden Kinder wegen bewußt versteckt worden).

Die dramatischen Begebenheiten, die zur Überwindung der narzißtisch-limitierten Triebentwicklung unserer Königstochter führen, beginnen mit dem Verlust des »goldenen Balles«, der beim Spiel in den Brunnen fällt. Dieser Verlust könnte übrigens auf eine unbewußte Selbstbestrafungsabsicht des jungen Mädchens zurückgehen, das die Sexualtabus seiner Gouvernanten als Über-Ich-Forderungen verinnerlicht und sich seiner heimlichen Spiele wegen schuldig gefühlt hätte. Diese Erklärung steht zwar im Widerspruch zu der in der Folge als manifest liberal sich erweisenden Sexualerziehung von seiten des königlichen Vaters; es könnte aber sehr wohl sein, daß die Königstochter, im erzieherischen Alltag sehr viel stärker der Einwirkung von Gouvernanten und anderem Personal ausgesetzt, deren repressive Sexualmoral verinnerlicht hätte, was nicht nur die Selbstbestrafungsabsicht, sondern auch die im Märchen immer wieder anschaulich geschilderte Berührungsangst gegenüber dem »nackten und nassen Frosch« erklären würde, die einem analogen seelischen Mechanismus sich verdankt.

Die Wende im Triebschicksal der Königstochter wird dadurch eingeleitet, daß sie zur Wiedergewinnung des »goldenen Balles«, und damit ihrer Lust, fremder Hilfe bedarf. Zum ersten Male wird ihr Autismus wenigstens punktuell durchbrochen. Ein in ihren Augen seiner einfachen und unvollständigen Bekleidung wegen als »nackt« erscheinender »Jüngling aus dem Volk«, den sie verächtlich als »Frosch« bezeichnet, holt das unentbehrliche Spielzeug aus dem Brunnen herauf. Als Belohnung für seine Hilfe begehrt er höchst eindeutig, »Geselle und Spielkamerad« der Königstochter zu werden. In ihrem narzißtisch übersteigerten Standesdünkel hält die Königstochter einen solchen Wunsch für völlig unrealisierbar und verspricht deshalb leichten Herzens, ihn zu erfüllen, fest davon überzeugt, daß der junge Mann doch immer »im Wasser bei seinesgleichen sitzen und quaken werde«. Mit anderen Worten: in ihren Augen war die Standesschranke ein ausreichender Schutzwall, um sie von der Erfüllung ihres zum Dank gegebenen Versprechens zu dispensieren.

Es kommt aber ganz anders, und zwar einzig und allein deshalb, weil der auf dem Gebiet der Sexualerziehung liberalen Prinzipien zuneigende königliche Vater die Tochter zur Einhaltung ihres Versprechens zwingt. Mit Hilfe eines formal autoritären Befehls versucht der König die sexuelle Verhaltensstörung der Tochter zu überwinden. Er setzt sich bei dieser Gelegenheit über die gewiß auch bei ihm vorhandenen sozialen Vorurteile (gegen den Bauern- oder Fischerknaben) hinweg, weil er die einmalige Chance sieht, seine Tochter aus ihrer autistisch-narzißtischen Befangenheit zu heterosexueller Intersubjektivität zu befreien. Die Berührungsangst des Mädchens wird im Märchen anschaulich geschildert: »Die Königstochter fing an zu weinen und fürchtete sich vor dem kalten Frosch, den sie nicht anzurühren getraute, und der nun in ihrem schönen Bettlein schlafen sollte.«

Der König aber, der offenbar sowohl den Charakter des zurückgebrachten töchterlichen Spielzeugs als auch das unbewußte Motiv der Berührungsangst der Prinzessin kennt, insistiert darauf, daß sie ihr Versprechen einhält: »Wer dir geholfen hat, als du in Not warst, den sollst du hernach nicht verachten«, schärft er ihr ein.

Schließlich nimmt die Königstochter den »nassen und kalten Gesellen« mit auf ihr Zimmer, aber auch dort muß der »Frosch« noch einmal mit einer Beschwerde beim König drohen, ehe sie sich endlich dazu herbeiläßt, ihn anzufassen und zu sich ins Bett zu nehmen. An dieser Stelle ist der Märchen-Text wiederum verschlüsselt oder verfälscht. Es heißt, die Königstochter habe den Frosch mit aller Gewalt wider die Wand geworfen, und daraufhin habe er sich schlagartig in einen »Königssohn mit freundlichen Augen« verwandelt. Diese Ver- oder Ent-zauberung muß und kann gedeutet werden. In dem Augenblick, da sich das junge Mädchen überwand und den jungen Mann berührte, muß es eine Erfahrung gemacht haben, die ihm die Welt und sein Gegenüber auf einmal in andrem Lichte erscheinen ließ. Aus dem garstigen nassen Gesellen wurde ein geliebter und mit liebenden Augen gesehener Partner. In der Formel »Wider-die-Wand-Werfen« ist die Anstrengung ausgedrückt, die es die Prinzessin kostete, ihre (gleichwohl ambivalente) Aversion gegen den »Frosch« zu überwinden. Die Verwandlung schildert in Märchensprache, was Tag für Tag mit jungen Menschen geschieht, die sich ineinander verlieben und umarmen.

Die Tatsache, daß in diesem Prozeß des Sichverliebens der Umschlag aus Abneigung und Haß in Liebe wie auf einen Punkt zusammengedrängt erscheint, erklärt sich daraus, daß die Prinzessin im Grunde schon seit ihrer ersten Begegnung zugleich eine ungemein starke erotische Anziehung verspürt hatte, die sie um so heftiger verdrängte, bis – unter Mithilfe des väterlichen Befehls – eine Lage entstand, in der schließlich die heterosexuelle Anziehung über die anerzogenen Sexualtabus und die verfestigte narzißtische Haltung den Sieg davontrug.

Der progressive politische Gehalt dieses Märchens ist mit dem sexualemanzipatorischen aufs engste verbunden. Die Verwandlung des jungen Mannes aus dem Volke (Frosch) in einen »Königssohn mit freundlichen Augen« drückt in verschlüsselter Form nichts anderes aus als die natürliche Ebenbürtigkeit aller Menschen als Liebende. Die kurz zuvor von der Königstochter noch so stark empfundene Standesschranke (»der sitzt im Wasser bei seinesgleichen und quakt«) erweist sich plötzlich als schiere Illusion, und aus den freundlichen Augen ihres Partners sieht sie ein durchaus Ebenbürtiger an. In der Partnerschaft normal entwickelter, heterosexuell empfindender Erwachsener verschwinden Standesunterschiede wie durch einen Zauberspruch – so könnte man die aufgeklärte naturrechtliche Botschaft des Märchens formulieren.

Wie in so vielen Fällen hat auch hier die Redaktion des Märchens durch die Brüder Grimm den emanzipatorischen und egalitären Sinn verdeckt und aus dem unglücklichen narzißtischen Königstöchterlein, das durch seine erste heterosexuelle Erfahrung von seinem Autismus befreit wird, eine alberne Gans gemacht, die sich vor Fröschen fürchtet und nur mit einem echten Königssohn zu Bett gehen will. Der eigentliche »Held« des Märchens bleibt freilich selbst in der Grimmschen Fassung der liberale (bürgerlich-naturrechtlich denkende) König, der – im Gegensatz zu Bertolt Brechts spätkapitalistischem Gutsbesitzer Puntila – human genug ist, um auch in nüchternem Zustand mehr an der sexuellen Befriedigung seiner Tochter als an ihrer standesgemäßen Verheiratung interessiert zu sein.

Allerdings wird das Verdienstvolle dieser Einstellung in der Grimmschen Fassung dadurch gemindert, daß man annehmen könnte, der König habe die reale Verwandlung des plebejischen Frosches in einen echten Königssohn vorausgewußt und nur deshalb auf der Einhaltung des Versprechens insistiert. Unsere wissenschaftliche Märchenverwirrung dient also nebenbei auch der Ehrenrettung eines liberalen Bürgerkönigs, dessen progressive Sexualpädagogik nur oberflächlich durch seine barsche (scheinbar autoritäre) Art verdeckt wird.

2. Dornröschen

(*Grimm*)

Vor Zeiten war ein König und eine Königin, die sprachen jeden Tag: »Ach, wenn wir doch ein Kind hätten!«, und kriegten immer keins. Da trug sich zu, als die Königin einmal im Bade saß, daß ein Frosch aus dem Wasser ans Land kroch und zu ihr sprach: »Dein Wunsch wird erfüllt werden, ehe ein Jahr vergeht, wirst du eine Tochter zur Welt bringen.« Was der Frosch gesagt hatte, das geschah, und die Königin gebar ein Mädchen, das war so schön, daß der König vor Freude sich nicht zu lassen wußte und ein großes Fest anstellte. Er ladete nicht bloß seine Verwandte, Freunde und Bekannte, sondern auch die weisen Frauen dazu ein, damit sie dem Kind hold und gewogen wären. Es waren ihrer dreizehn in seinem Reiche, weil er aber nur zwölf goldene Teller hatte, von welchem sie essen sollten, so mußte eine von ihnen daheim bleiben. Das Fest ward mit aller Pracht gefeiert, und als es zu Ende war, beschenkten die weisen Frauen das Kind mit ihren Wundergaben: die eine mit Tugend, die andere mit Schönheit, die dritte mit Reichtum, und so mit allem, was auf der Welt zu wünschen ist. Als elfe ihre Sprüche eben getan hatten, trat plötzlich die dreizehnte herein. Sie wollte sich dafür rächen, daß sie nicht eingeladen war, und ohne jemand zu grüßen oder nur anzusehen, rief sie mit lauter Stimme: »Die Königstochter soll sich in ihrem fünfzehnten Jahr an einer Spindel stechen und tot hinfallen.« Und ohne ein Wort weiter zu sprechen, kehrte sie sich um und verließ den Saal. Alle waren erschrocken, da trat die zwölfte hervor, die ihren Wunsch noch übrig hatte, und weil sie den bösen Spruch nicht aufheben, sondern nur ihn mildern konnte, so sagte sie:

»Es soll aber kein Tod sein, sondern ein hundertjähriger tiefer Schlaf, in welchen die Königstochter fällt.«

Der König, der sein liebes Kind vor dem Unglück gern bewahren wollte, ließ den Befehl ausgehen, daß alle Spindeln im ganzen Königreiche sollten verbrannt werden. An dem Mädchen aber wurden die Gaben der weisen Frauen sämtlich erfüllt, denn es war so schön, sittsam, freundlich und verständig, daß es jedermann, der es ansah, liebhaben mußte. Es geschah, daß an dem Tage, wo es gerade fünfzehn Jahr alt ward, der König und die Königin nicht zu Haus waren und das Mädchen ganz allein im Schloß zurückblieb. Da ging es allerorten herum, besah Stuben und Kammern, wie es Lust hatte, und kam endlich auch an einen alten Turm. Es stieg die enge Wendeltreppe hinauf und gelangte zu einer kleinen Tür. In dem Schloß steckte ein verrosteter Schlüssel, und als es diesen umdrehte, sprang die Tür auf, und da saß in einem kleinen Stübchen eine alte Frau mit einer Spindel und spann emsig ihren Flachs. »Guten Tag, du altes Mütterchen«., sprach die Königstochter, »was machst du da?« – »Ich spinne«, sagte die Alte und nickte mit dem Kopf. »Was ist das für ein Ding, das so lustig herumspringt?« sprach das Mädchen, nahm die Spindel und wollte auch spinnen. Kaum hatte sie aber die Spindel angerührt, so ging der Zauberspruch in Erfüllung, und sie stach sich damit in den Finger.

In dem Augenblick aber, wo sie den Stich empfand, fiel sie auf das Bett nieder, das da stand, und lag in einem tiefen Schlaf. Und dieser Schlaf verbreitete sich über das ganze Schloß: der König und die Königin, die eben heimgekommen und in den Saal getreten waren, fingen an einzuschlafen und der ganze Hofstaat mit ihnen. Da schliefen auch die Pferde im Stall, die Hunde im Hof, die Tauben auf dem Dache, die Fliegen an der Wand, ja, das Feuer, das auf dem Herde flackerte, ward still und schlief ein, und der Braten hörte auf zu brutzeln, und der Koch, der den Küchenjungen, weil er etwas versehen hatte, an den Haaren ziehen wollte, ließ ihn los und schlief. Und der Wind legte sich, und auf den Bäumen vor dem Schloß regte sich kein Blättchen mehr.

Rings um das Schloß aber begann eine Dornenhecke zu wachsen, die jedes Jahr höher ward und endlich das ganze Schloß umzog und darüber hinauswuchs, daß gar nichts mehr davon zu sehen war, selbst nicht die Fahne auf dem Dach. Es ging aber die Sage in dem Land von dem schönen schlafenden Dornröschen, denn so ward die Königstochter genannt, also daß von Zeit zu Zeit Königssöhne kamen und durch die Hecke in das Schloß dringen wollten. Es war ihnen aber nicht möglich, denn die Dornen, als hätten sie Hände, hielten fest zusammen, und die Jünglinge blieben darin hängen, konnten sich nicht wieder losmachen und starben eines jämmerlichen Todes. Nach langen Jahren kam wieder einmal ein Königssohn in das Land und hörte, wie ein alter Mann von der Dornenhecke erzählte, es sollte ein Schloß dahinter stehen, in welchem eine wunderschöne Königstochter, Dornröschen genannt, schon seit hundert Jahren schliefe, und mit ihr schliefe der König und die Königin und der ganze Hofstaat. Er wußte auch von seinem Großvater, daß schon viele Königssöhne gekommen wären und versucht hätten, durch die Dornenhecke zu dringen, aber sie wären darin hängengeblieben und eines traurigen Todes gestorben. Da sprach der Jüngling: »Ich fürchte mich nicht, ich will hinaus und das schöne Dornröschen sehen.« Der gute Alte mochte ihm abraten, wie er wollte, er hörte nicht auf seine Worte.

Nun waren aber gerade die hundert Jahre verflossen, und der Tag war gekommen, wo Dornröschen wieder erwachen sollte. Als der Königssohn sich der Dornenhecke näherte, waren es lauter große schöne Blumen, die taten sich von selbst auseinander und ließen ihn unbeschädigt hindurch, und hinter ihm taten sie sich wieder als eine Hecke zusammen. Im Schloßhof sah er die Pferde und scheckigen Jagdhunde liegen und schlafen, auf dem Dache saßen die Tauben und hatten das Köpfchen unter den Flügel gesteckt. Und als er ins Haus kam, schliefen die Fliegen an der Wand, der Koch in der Küche hielt noch die Hand, als wollte er den Jungen anpacken, und die Magd saß vor dem schwarzen Huhn, das sollte gerupft werden. Da ging er weiter und sah im Saale den ganzen Hofstaat liegen und schlafen, und oben bei dem Throne lag der König und die Königin. Da ging er noch weiter, und alles war so still, daß einer seinen Atem hören konnte, und endlich kam er zu dem Turm und öffnete die Tür zu der kleinen Stube, in welcher Dornröschen schlief.

Da lag es und war so schön, daß er die Augen nicht abwenden konnte, und er bückte sich und gab ihm einen Kuß. Wie er es mit dem Kuß berührt hatte, schlug Dornröschen die Augen auf, erwachte und blickte ihn ganz freundlich an. Da gingen sie zusammen herab, und der König erwachte und die Königin und der ganze Hofstaat und sahen einander mit großen Augen an. Und die Pferde im Hof standen auf und rüttelten sich; die Jagdhunde sprangen und wedelten; die Tauben auf dem Dache zogen das Köpfchen unterm Flügel hervor, sahen umher und flogen ins Feld; die Fliegen an den Wänden krochen weiter, das Feuer in der Küche erhob sich, flackerte und kochte das Essen; der Braten fing wieder an zu brutzeln; und der Koch gab dem Jungen eine Ohrfeige, daß er schrie; und die Magd rupfte das Huhn fertig. Und da wurde die Hochzeit des Königssohns mit dem Dornröschen in aller Pracht gefeiert, und sie lebten vergnügt bis an ihr Ende.

Dornröschen
oder
Die Überwindung einer Deflorationsphobie

Dornröschen muß man lesen wie einen Traum. Die Schlüssel zur Traumdeutung, die einst Sigmund Freud, einer der phantasiebegabtesten Mediziner der Neuzeit, geschliffen hat, schließen auch hier. Das Clair-obscur des faszinierend mehrdeutigen Märchens weicht dem klaren Licht der Wissenschaft. Die Volksseele (oder was immer in ihr geschlummert hat) gibt ihr Geheimnis kund. Freilich wird es auch in diesem Falle nötig sein, die Verschärfung der Traum- (bzw. Märchen-) Zensur durch die puritanischen Märchensammler aufzuheben und fehlende oder unterdrückte Passagen hinzuzukonstruieren. Doch fangen wir an.

Ein Königspaar wünschte sich sehnlichst ein Kind. Nach langem vergeblichem Warten begegnet der Königin im Bad ein Frosch (hier ist die Verbindung mit dem Märchen »Froschkönig« angedeutet) und verkündet ihr, »ehe ein Jahr vergeht, wirst du eine Tochter zur Welt bringen«. Es soll dabei offenbleiben, ob dieser Frosch selbst der biologische (freilich nicht der rechtliche) Vater der Königstochter war oder ob es sich lediglich um einen jungen Mann handelte, der die seelische Verkrampfung der Königin im Liebesspiel zu lösen wußte, so daß sie anschließend auch von ihrem legalen Mann ein Kind empfangen konnte. Ganz deutlich ist jedenfalls der Hinweis auf die Überwindung der Sterilität durch die Begegnung der Königin mit einem »Frosch« – das heißt mit einem »Mann aus dem Volke«. Diese einleitend nur en passant erwähnte Geschichte ist deshalb für den Fortgang des Märchens wichtig, weil sie ganz offenbar bei der Königin (und durch seelische Ansteckung vermutlich auch beim König) einen Schuldkomplex hinterlassen hat, der sich dann in einer extrem repressiven Sexualerziehung ihrer heranwachsenden Tochter niedergeschlagen haben dürfte.

Die Geschichte mit der Tauffeierlichkeit, bei der eine wegen Platz- bzw. Geschirrmangels nicht eingeladene böse Fee dem Täufling den frühen Tod und eine gute statt dessen hundertjährigen Schlaf »angewünscht« haben soll, muß als erträumte Rationalisierung von sexualrepressiven Haltungen der königlichen Eltern verstanden werden. Um diesen Zusammenhang zu verstehen, muß freilich die Grimmsche Märchenfassung auf einen hindurchschimmernden Urtext zurückgeführt werden. In diesem Text muß der Wunsch der »bösen« Fee nicht auf den Tod mit 15 Jahren, sondern umgekehrt auf eine frühe Konzeption gegangen sein. Das heißt, die Fee hat der Königstochter eine frühzeitige uneheliche Schwangerschaft und damit einen »bürgerlichen Tod« gewünscht.

Man wird leicht begreifen, daß eine derartige Furcht in der lange Zeit psychisch sterilen Königin lebendig geworden war, nachdem sie selbst erst auf dem Umweg über einen »Fehltritt« zu dem lange vergeblich ersehnten Kinde gekommen war. Der Wunsch der bösen Fee ist also nichts anderes als ein Ausdruck der mütterlichen Furcht vor der als baldigen Wiederholung ihres eigenen Schicksals am Kinde. Der hundertjährige Schlaf aber, den die gute Fee zur Verhinderung des Unheils herbeiwünscht, ist eine emphatische Umschreibung des Wunsches der Mutter, die Tochter möge so lange wie irgend erforderlich und schicklich ihre Unberührtheit bewahren.

Das Märchen bietet noch sehr viel mehr Schlüssel, die seine freudianische Deutung stützen. Als »Todesart« der Königstochter hatte nämlich die »böse Fee« den Stich durch eine Spindel benannt. Nun ist aber bekannt, daß während des ganzen Mittelalters und noch bis ins 18. Jahrhundert hinein an den langen Winterabenden die öffentlichen Spinnstuben oft und gern als Orte erotischer Spielereien benutzt wurden, die durchaus auch zu Schwangerschaften führen konnten. Während die Mägde und Töchter des Hauses spannen, pflegten die Burschen zu singen und sich den jungen Mädchen durch Liebkosungen angenehm zu machen. Die schwache Beleuchtung durch Kienspan oder Kerze und die Tatsache, daß die ältere Generation meist schon zu Bett gegangen war, trugen dazu bei, daß die ohnehin damals weit schwächere Sexualrepression vollends gelockert wurde. Wenn daher die »böse Fee« von einer Spindel spricht, die Anlaß zum Tode (oder richtiger in unserer Dechiffrierung zur Schwangerschaft) werden soll, so deutet sie offenbar auf den Volksbrauch der Spinnstuben hin. Zugleich aber kann die Spindel auch als Symbol des Phallus und der Stich als Defloration verstanden werden[1].

Erst auf Grund dieser Erklärung wird verständlich, warum der König einen Befehl ausgehen läßt, »daß alle Spindeln im ganzen Königreich verbrannt werden sollten«. Damit fiele nämlich ganz von allein der Brauch der Spinnstuben und deren bedenkliche sexuelle Nebenfunktion dahin. Man mag sich freilich fragen, ob eine so einschneidende wirtschaftspolitische Maßnahme hätte getroffen werden können, wenn nicht zugleich der ökonomische Nutzen des Spinnens damals bereits problematisch geworden wäre oder – was ich für noch wahrscheinlicher halte – der König durch englische Subsidien zu dieser für den Export der frühen britischen Textilmanufaktur höchst nützlichen Maßnahme motiviert worden wäre. Man sieht: auch hier greifen psychoanalytische Erklärungsmuster und geschichtsmaterialistische eng ineinander. Auf diese Weise ließe sich – nebenbei gesagt – auch die Entstehungszeit des Märchens sehr genau fixieren: Es müßte in dem Zeitabschnitt zwischen 1762 (Erfindung von John Wyatts Spinnmaschine) oder 1767 (Hargreaves Spinnmaschine Jenny) und der Kontinentalsperre Napoleons (1806) entstanden sein. An einigen Stellen des Grimmschen Textes schimmert

[1] Diese Deutung der »Spindel« wird nicht nur durch ihre Form nahegelegt, sondern auch durch die Worte, mit denen die Prinzessin nach ihr fragt: »Was ist das für ein Ding, das so lustig herumspringt?« Bekanntlich wird das männliche Geschlechtsorgan im Volksmund oft als »das Ding« oder »mein Ding« bezeichnet, worin sich zweifellos ein entfremdetes Verhältnis zur eigenen Geschlechtseigenschaft ausdrückt (zur Verdinglichung vgl. G. Lukács' Abhandlung über »die Verdinglichung und das Bewußtsein des Proletariats« in »Geschichte und Klassenbewußtsein«, 1923).

der ursprüngliche Text so deutlich hindurch, daß man sich wundern muß, daß sein wahrer Sinn erst heute erkannt wird. Es heißt nämlich z. B.: »In dem Augenblick aber, wo sie den Stich empfand, fiel sie auf das Bett nieder, das da stand, und lag in einem tiefen Schlaf.« Es muß doch jeden nüchternen Leser oder Hörer einigermaßen befremden, daß in der abgelegenen Turmkammer, wo eine alte Frau einsam an einem Spinnrad sitzt, ein Bett bereitsteht. Sehr viel plausibler erscheint es, wenn man dagegen annimmt, dieses Bett habe den heimlichen Liebesspielen der fünfzehnjährigen Königstochter dienen sollen, die sich – als die Eltern beide ausgegangen waren – dort mit ihrem Geliebten treffen wollte. Auch die plötzlich freigesetzte Neugier des Königskindes, das – während der Anwesenheit seiner Eltern natürlich nicht im ganzen Haus nach Herzenslust herumsuchen durfte – ist verständlich als erste Form des Aufstandes gegen die sexualrepressive Erziehung (die bekanntlich stets auch Neugier reprimiert und damit Intelligenz unterdrückt).

Der hundertjährige Schlaf ist eine (beinahe möchte man meinen ironische) Übertreibung des Elternwunsches, die Tochter möge jungfräulich bleiben und doch zugleich immer so jung erscheinen wie an ihrem 15. Geburtstag. Damit sind die beiden unvereinbaren sozialen Normen der Oberklasse deutlich ausgesprochen: jugendlich-schönes Aussehen und formale Jungfräulichkeit bis zur Ehe. Eine hundertundfünfzehnjährige Braut ist sicher nichts, wonach sich normalerweise ein Prinz besonders sehnt. Wenn diese Braut aber aussieht wie 15, liegen die Dinge natürlich anders.

Der letzte Akt des Märchens ist die Befreiungstat des jungen Prinzen, der durch einen einzigen Kuß Dornröschen und mit ihm das ganze Schloß samt allen seinen lebendigen Bewohnern und sogar die Elemente (Feuer) zu neuem Leben erweckt. Freilich koinzidiert in der sinnreichen Konstruktion des Märchens diese erfolgreiche Befreiungs- und Erweckungstat auf den Tag genau mit dem Ablauf der hundertjährigen Schlafzeit, so daß das Wunder im Grunde – modern ausgedrückt – auf das »richtige Timing« sich reduziert, auf das es ja in Fragen heterosexueller Kooperation in der Tat entscheidend ankommt. Der Befreiungskuß symbolisiert aber – und das ist der reale Gehalt dieser Episode – die Überwindung der Deflorationsphobie, unter der die Prinzessin angesichts der panischen Angst ihrer Eltern vor einer vorzeitigen Schwangerschaft zweifellos gelitten haben dürfte. Die um hundert Jahre hinausgeschobene Jungfrauenschaft mußte noch die reaktionärsten Eltern befriedigen und konnte zur sofortigen Aufhebung der striktesten Sexualtabus führen.

Erst jetzt konnte sich das Leben in dem verwunschenen Schloß wieder regen. Alles Leben stammt ja nach Hesiod, Empedokles oder Dante aus dem Eros. Biologisches Leben gibt es nicht ohne Eros, und auch das anorganische (wie die Verbrennung) steht in unserer Erzählung ganz offenbar als Symbol für den Eros selbst. Selbst die Freisetzung von männlicher Aggressivität (hier durch den Ohrfeigen austeilenden Koch symbolisiert) hängt mit der erotischen Befreiungstat des Prinzen zusammen. Natürlich kann solche Assoziation von männlicher Sexualität und Aggression kritisiert werden, sie entspricht aber ganz der bürgerlichen Tradition jener Zeit. Nichts erfährt man allerdings von den wirtschaftspolitischen Folgen des Schlafes und des verzögerten Wiedererwachens. Es wäre immerhin denkbar, daß aus bevölkerungspolitischen Gründen dem König inzwischen auch die Wiedererrichtung von Spinnstuben erwünscht erscheint und daß z. B. die Kontinentalsperre für englische Importe, die Napoleon verhängte, zu erneuter Ankurbelung heimischer Textilerzeugung zwang. Zugleich könnte es sein, daß mit der glücklichen standesgemäßen Verheiratung der Tochter der psychische Komplex der Königin eine Metamorphose durchmacht, der sie in einer religiösen Neurose enden läßt (es ist die Zeit der katholisierenden Romantik). Der Märchenerzähler hat es aber vorgezogen, die Geschichte umgekehrt wie im alltäglichen Leben mit einer symbolischen Defloration beginnen und mit einem prinzlichen Kuß enden zu lassen, womit unterstrichen wird, daß die Märchenzeit nicht unsere eindimensionale und lineare Allerweltszeit ist.

Vierter Teil

Die Reportagen des Edlen von Goldeck von den drei Märchendeuter-Kongressen

Streit um »Tischlein-deck-dich«

Edler von Goldeck* berichtet vom ersten Internationalen Märchendeuterkongreß in Uzern am Uzersee (1973)

Unlängst fand in dem idyllischen Städtchen Uzern am Uzersee in der Innerschweiz der erste Internationale Märchendeuterkongreß statt. Trotz der überaus großzügigen Gastfreundschaft der Schweiz und der Atmosphäre allgemeiner internationaler Entspannung, die überall zu spüren war, kam es auf diesem Kongreß zu einer Anzahl aufregender und heftiger Kontroversen, die sich vor allem auf die unterschiedlichen Deutungen des bekannten Grimmschen Märchens »Tischlein-deck-dich, Goldesel und Knüppel aus dem Sack« bezogen. Was aber vielleicht noch bemerkenswerter war, ist die Tatsache, daß der Streit sich im wesentlichen zwischen progressiven Volkskundlern unterschiedlicher Richtung abspielte und von den älteren, konservativen, volkstümelnden Gelehrten, die noch vor wenigen Jahren die Katheder zumindest der deutschsprachigen Zunft besetzt hielten, so gut wie nichts mehr zu hören war. Ein paar zaghafte Ansätze in dieser Richtung wurden lediglich von zwei Altstalinisten aus Albanien gemacht, die unter Berufung auf Stalins »Linguistikbriefe« den Versuch machten, den Klassenstandpunkt aus der Analyse der Märchen wieder zu eliminieren, da diese – wie die Sprache – nicht Erzeugnis einer Klasse, sondern des ganzen Volkes gewesen seien.

Ich habe am Kongreß teilgenommen und die wichtigsten Reden und Debatten für Sie protokolliert. Es wird am besten sein, wenn ich die

* Der bekannte Wirtschaftsjournalist Edler von Goldeck hat sich in den siebziger Jahren unter anderem auch um die Berichterstattung über die immer aktueller werdende Märchenforschung und ihre internationalen Kongresse verdient gemacht. Drei seiner – mit Originalprotokollen von Diskussionsbeiträgen angereicherten – Berichte liegen hier erstmals im Druck vor. An ihnen kann eindrucksvoll der Einfluß der unterschiedlichen soziokulturellen und politischen »Herkunft« der Redner abgelesen werden. Nach 1975 hat sich Edler von Goldeck offenbar von der Märchenforschung wieder abgewandt, um sich vermehrt politischen und wirtschaftlichen Fragestellungen zu widmen.

Originalreden im Auszug dokumentiere und – soweit nötig – jeweils ein paar erklärende Sätze hinzufüge. Zunächst also die wichtigsten Absätze aus der Begrüßungsansprache von Nationalrat Dr. *Bürlikon*:

NATIONALRAT DR. BÜRLIKON (*schweizerischer Ehrenpräsident der* Internationalen *Märchendeutergesellschaft*)

Meine sehr verehrten Damen und Herren, Mesdames, Mesdemoiselles et Messieurs, Ladies and Gentlemen, Gospoda, es ist für die neutrale Schweiz als Gastland eine ganz besondere Ehre, Sie heute und hier in unserem schönen Uzern zum ersten Internationalen Märchendeuterkongreß begrüßen zu können. In mancher Hinsicht mag ihnen allen die Schweiz als Realität gewordenes Märchen erscheinen: ein Land des Kapitalismus – aber ohne Armut, eine Demokratie – aber wehrhaft und sittsam, ein industriell entwickeltes Land – aber ohne oder mit nur geringer Umweltverschmutzung, ein Staat mit vier Nationalitäten – aber ohne Nationalitätenstreit, ein kleines Land – mit den größten Banken. Ich könnte noch lange so fortfahren.

Was uns alle, die wir als Eidgenossen unter ihnen weilen, aber besonders angesprochen hat, ist die Tatsache, daß Sie ganz offensichtlich ein Thema gewählt haben, das eng mit unserer schweizerischen Heimat verbunden ist. Ich meine die Konzentration der Tagungsarbeit auf die Interpretation des Märchens ›*Tischlein, deck dich, Goldesel und* Knüppel *aus dem* Sack‹. In der Tat, wer vermöchte dieses alte Märchen zu lesen, ohne unwillkürlich an die drei Hauptvorzüge unseres Schweizerlands zu denken? Ist das *Tischlein-deck-dich* nicht ein liebenswürdig übertriebener Hinweis auf das weltweit anerkannte Niveau unseres heimischen Hoteliergewerbes? Kann man nicht den Goldesel als ein goldrichtiges Symbol für die Macht und Leistungsfähigkeit des von den Züricher Gnomen (auch echten und lebendigen Märchengestalten) bewachten schweizerischen Banksystems auffassen? Und vermag wohl ein unvoreingenommener Leser den *Knüppel-aus-dem-Sack* zu deuten, ohne sofort an den Schweizer Wehrmann und sein im heimischen Spind verwahrtes Schnellfeuergewehr zu denken?

Die Zeiten haben sich verändert, aber am Anfang stand zweifellos der handfeste Wehrknüppel. So ist es mir denn ein ganz besonderes Herzensbedürfnis, schon an dieser Stelle für die taktvolle, diskrete Huldigung zu danken, die Sie mit der Wahl Ihres Hauptthemas dem Gastland entgegengebracht haben. Hiermit erkläre ich den ersten Internationalen Märchendeuterkongreß für eröffnet. Wir treffen uns anschließend zum kalten Buffet im Kurhotel Alpenglühn.

Erst am nächsten Tag wurde von der Arbeitsgruppe eins das Hauptthema wieder aufgegriffen. Um volle Neutralität zu wahren, hatten die Schweizer Veranstalter die Reihenfolge der Referate durch das Los bestimmen lassen. Im Anschluß an jedes Hauptreferat fand eine kurze Diskussion statt. Es sprachen nacheinander der volkschinesische Delegationssprecher Prof. Ping Peng-pong, der sowjetische Akademiker Krasnogradski und Prof. Friedmund Seud aus den USA.

PROF. PING PENG-PONG (VR *China*)*
Als Marxist-Leninist, inspiriert von den großen Mao-Tse-tung-Ideen, kann ich auch an die Interpretation von Märchen nur im Geiste strengster Parteilichkeit herangehen. Erst in der großen proletarischen Kulturrevolution wurde mir der fortschrittliche Charakter vieler Volksmärchen und die durch und durch reaktionäre Absicht bürgerlich-imperialistischer Märchendeuter vollkommen klar. Ich betrachte seither meine Tätigkeit als internationalistischer Volks- und Märchenkundler als wichtigen Teil des Kampfes an der Kulturfront. »Der Osten ist rot, aus dem Osten kommt das Licht. Es leben die großen Mao-Tse-tung-Ideen! « *

Das Märchen vom *Tischlein-deck-dich* zerfällt in einen Rahmen und die symbolische Kernerzählung. In der Rahmenerzählung wird von einem Schneider berichtet, der offenbar zugleich eine kleine Landwirtschaft betrieb. Er lebte also zu einer Zeit, als die Arbeitsteilung noch nicht die Trennung von agrarischer und industrieller Arbeit bewirkt hatte, und nahm damit zugleich jene Vereinigung von landwirtschaftlicher und industrieller Produktion vorweg, wie wir sie in den Volkskommunen in größtem Maßstab verwirklicht haben. Die Ziege, die hier als wichtigstes agrarisches Produktionsmittel des Schneider-Bauern vorgeführt wird, trägt durch ihre Lügen Zwietracht in die Familie und entfremdet vorübergehend den Vater von seinen Söhnen, bis er am Ende die Entdeckung macht, daß nicht die Söhne pflichtvergessen waren, sondern die Ziege gelogen hatte. Man kann in diesem Bericht einen Hinweis auf die Zwietracht erzeugenden Einflüsterungen der Feinde des Volkes erblicken und zugleich die noch heute in imperialistischen Ländern übliche Interpretation politischer und klassenmäßiger Konflikte als Generationskämpfe. Die Verlogenheit der Ziege ließe sich aber auch als eine Allegorie auf die Verlogenheit des Warenangebots eines Großgrundbesitzers deuten, von dem der Schneider-Bauer, der ja keine eigene Zucht hatte, die Ziege gekauft haben dürfte. Was Eigenschaft der Ware ist, wird hier – naiv und volkstümlich – als Charakterzug der Ziege selbst präsentiert.

Doch kommen wir zum Kern.

Diese Kernerzählung stellt – um es gleich vorweg zu erklären – eine populäre Allegorie der drei historischen Entwicklungsstufen aller menschlichen Gesellschaften – der europäischen wie der chinesischen – dar. Das *Tischlein-deckdich* ist eine Allegorie auf die Feudalgesellschaft mit ihren gleichsam unsichtbaren, lautlosen, blitzschnellen Dienern. Der Goldesel ist eine Allegorie des vom Kapitalismus ausgebeuteten werktätigen Volkes, ist doch der Esel von allen Arbeitstieren das genügsamste und elendste. Die von ihm ausgespuckten und als Exkrement produzierten Golddukaten stellen den Profit dar, den die Schicht der Grundherren und

* Prof. Ping Peng-pong ist, wie nicht anders zu erwarten war, im Zuge der Abrechnung mit den eifrigsten Exponenten der Kulturrevolution seines Lehrstuhls enthoben worden und lehrt jetzt wieder »die Anfangsgründe der deutschen Umgangssprache für Außenhandelskaufleute« an einer Dolmetscherschule in Schanghai. Sein Nachfolger auf dem germanistischen Lehrstuhl der Pekinger Universität, Prof. Peng Dscheng-dsching, vertritt Positionen, die sich – der Tendenz nach – denjenigen von Prof. Krasnogradski nähern, ohne indessen die »nützlichen Anregungen von Wissenschaftlern der führenden kapitalistischen Industriestaaten zu vernachlässigen«, so seine eigenen Erklärungen in einem Interview mit Associated Press (Februar 1982).

Kapitalisten aus dem Volk herauspreßt. Der *Knüppel-aus-dem-Sack* aber ist nichts anderes als ein früher Hinweis auf die vom Vorsitzenden Mao am 6. November 1938 ausgesprochene Erkenntnis: »Die politische Macht kommt aus den Gewehrläufen« (Worte des Vorsitzenden Mao, S. 74). Entsprechend der in Europa erst viel später als in China erfolgten Entdeckung des Schießpulvers konnte der deutschsprachige Märchenerzähler seinerseits noch nicht von Gewehrläufen sprechen, sondern mußte sich mit einem einfachen Prügel begnügen.

Indem nur der dritte Schneidersohn mit Hilfe des wirksam eingesetzten *Knüppels-aus-dem-Sack* seinem Vater das Tischlein und den Goldesel nach Hause bringt, befreite er ihn, seine Brüder und sich endgültig von Fronarbeit, in die Vater und Söhne sich zuvor immer wieder zurückbegeben mußten: »Der Vater holte seine Lappen wieder herbei und schneiderte fort, der Sohn aber ging bei einem Meister in die Arbeit«, heißt es nach dem Verlust des *Tischlein-deck-dich* durch den betrügerischen Wirt und »Es blieb nichts übrig, der Alte mußte wieder nach der Nadel greifen und der Junge sich bei einem Meister verdingen«.

Nur mit Hilfe des Knüppels, das heißt des bewaffneten Volksaufstandes, für den die Volkswaffe das Symbol ist, gelingt es der Handwerker- und Bauernfamilie, sich in den Besitz der entscheidenden Produktionsmittel zu setzen und sowohl die Feudalgesellschaft als auch die kapitalistische zu überwinden. Daß an diesem Erfolg nicht nur der Vater und seine drei Söhne, sondern alle Verwandten beteiligt werden, soll den allgemein befreienden Charakter dieser revolutionären Veränderung andeuten. Der Wirt (und zuvor die Ziege) symbolisieren in dieser Erzählung die Feinde des Volkes, die schlechten Grundbesitzer und Wucherer, die Kapitalisten und Bürokraten (von denen der Vorsitzende Mao in seinen Reden und Schriften so oft berichtet).

Hier schloß sich noch eine ganze Reihe von Zitaten aus den Werken Mao Tse-tungs an, womit sowohl der revolutionär-progressive Charak-

ter des Volksmärchens als auch die tiefe Volksverbundenheit des Vorsitzenden Mao bewiesen werden sollten. In der Diskussion sprach unter anderen Prof. Krasnogradski (UdSSR), der den marxistischen Charakter der volkschinesischen Mao-Tse-tung-Ideen im allgemeinen und die Deutung des Märchens durch Prof. Ping Peng-pong im besonderen aufs energischste zurückwies. Prof. Friedmund Seud (USA) machte ein paar kritische Anmerkungen zur völligen Ausklammerung der offen zutage liegenden sexuellen Dimension in den – wie er sagte – »höchstpuritanischen Interpretationen« Ping Peng-pongs wie des Präsidenten Bürlikon.

PROF. KRASNOGRADSKI (UdSSR)

Meine Damen und Herren! Erlauben Sie mir, ehe ich zu meinem eigenen Referat komme, noch ein paar Bemerkungen zu dem Referat von Prof. Ping Peng-pong. Leider hat sich an seinem Konferenzbeitrag deutlich gezeigt, wie weit der Verfall der wissenschaftlichen Theorie des Marxismus-Leninismus in Volkschina bereits fortgeschritten ist. Die gleichen Mängel und Fehler, die sich in den Arbeiten von Mao Tse-tung immer wieder finden, treten in geradezu bestürzender Häufung im Referat des Kollegen Ping Peng-pong auf. Ich begnüge mich mit ein paar klärenden Hinweisen. In seiner Deutung der Rahmenerzählung ist die These, der Schneider antizipiere durch seine gleichzeitige Ziegenhaltung bereits die Vereinigung von agrarischer und industrieller Tätigkeit in den übrigens keineswegs so erfolgreichen Volkskommunen, in jeder Hinsicht unhaltbar. Im Gegenteil! Man kann diesen Schneider-Kleinbauern als Repräsentanten einer ausgesprochen rückständigen, vorkapitalistischen Produktionsweise ansehen, die nicht nach vorwärts weist, sondern – mit Recht – wegen ihrer geringen Arbeitsproduktivität dem Untergang geweiht ist. Wie groß mag der Verlust an wertvoller gesellschaftlich nützlicher Arbeitszeit gewesen sein, der dadurch entstand, daß drei zu qualifizierter Produktionsarbeit fähige junge Burschen als Ziegenhirten beschäftigt wurden? Wieviel teurer war – volkswirtschaftlich kalkuliert – die Ziegenmilch, die der Schneider selber produzierte, als die, welche er auf dem Markt hätte einkaufen können? Wieviel größer könnte das Familieneinkommen sein, wenn die drei Söhne, statt die Ziegen zu hüten, eine Lohnarbeit angenommen hätten, wie sie es später – vorübergehend – tun? Kurz, es zeugt von einer vollständig ahistorischen – und damit unmarxistischen – Betrachtungsweise, wenn Kollege Ping Peng-pong hier progressive Antizipationen entdecken zu können glaubt. Dagegen kann man übrigens in dem Hinweis auf die Falschheit der Ziege als Symbol für den täuschenden Charakter von Waren einen durchaus sinnvollen Ansatzpunkt einer wirklich marxistischen Märchendeutung erblicken. Es müßte dann allerdings auch berücksichtigt werden, daß der Schneider-Bauer gerade aufgrund seiner Unerfahrenheit mit der eben erst entstehenden Warenproduktion (an der er selbst als Auftragsarbeit Leistender noch gar nicht aktiv beteiligt ist) auf den täuschenden Schein der Ware, ihren »faulen Zauber«, besonders leicht hereinfällt. Man sieht deutlich, daß auch hier historische Genauigkeit zu größerer wissenschaftlicher Tiefe führt.

Die entscheidenden Fehler der volkschinesischen Methode treten aber erst bei der Deutung des von Ping Peng-pong als Kernerzählung bezeichneten Hauptteils unseres Märchens zutage. Hier müssen vor allem die Interpretationen des »Tischleins« und des »Knüppels« radikal zurückgewiesen werden, während die des Goldesels exakter auf der Grundlage des Marxschen Hauptwerks gedeutet werden kann. Lassen Sie mich statt einer ermüdenden Polemik gleich meine eigene, wirklich marxistisch-leninistische Exegese vortragen: Das Tischleindeckdich ist – technologisch betrachtet – eine vollautomatische Selbstbedienungseinrichtung, die persönliche Dienstleistungen wie Kochen, Tischdecken, Abservieren, Geschirrwaschen usw. überflüssig macht. Es handelt sich offenbar um eine technologische Utopie, wie sie zum erstenmal in der Nova Atlantis von Francis Bacon (1627) formuliert wird. Derartige technologische Zukunftsträume sind aber charakteristisch für das seit der Renaissance in Europa aufsteigende städtische Bürgertum. Von einem Zusammenhang mit der Feudalgesellschaft und ihren persönlichen Herrschafts- und Knechtschaftsverhältnissen kann also überhaupt keine Rede sein. Im Gegenteil: Die Hoffnung jener frühen, progressiven bürgerlichen Utopisten gründete sich gerade darauf, durch eine perfekte Technologie jede Herrschaft von Menschen über Menschen, jede persönliche Dienstleistung der einen für die anderen überflüssig machen und allgemeine Gleichheit verwirklichen zu können. Man sieht, wie weit die volkschinesische Deutung davon entfernt ist, die reale Bedeutung unseres europäischen Volksmärchens zu erfassen. Ich möchte behaupten, daß diese Fehlinterpretation mit der traditionellen Geringschätzung der chinesischen philologisch-literarischen Kultur für die Technik und die Fortschritte der Naturbeherrschung zusammenhängt, vielleicht gibt es hier wirklich einen Zusammenhang. Bekanntlich haben ja die alten Chinesen zahlreiche höchst nützliche Entdeckungen, die die Produktivität der menschlichen Arbeit hätten steigern können, lediglich als Mittel für das Amusement müßiggehender Mandarine genutzt.

Der Goldesel hat in der Tat – wie Prof. Ping Peng-pong richtig festgestellt hat – etwas mit dem Kapitalismus zu tun. Es erscheint mir aber verfehlt, ihn als Allegorie des ausgebeuteten Volkes hinzustellen. So tierisch auch die Arbeitsbedingungen im Frühkapitalismus waren, die bürgerliche Gesellschaft und ihre Produktionsweise unterscheidet sich doch unter anderem auch dadurch von der antiken Sklavenhaltergesellschaft, daß für sie der Arbeiter nicht Sklave oder »instrumentum vocale«, sprachfähiges Arbeitswerkzeug, sondern formal gleichberechtigter Mensch ist. Der Esel ist in der Tat ein Symbol – keine bewußt gestaltete Allegorie, sondern Symbol für ein unverstandenes, aber sehr wohl beobachtetes Phänomen. Bekanntlich hat sich der Kapitalismus zunächst als Handels- und Wucherkapitalismus ausgebildet, und das waren – nebenbei bemerkt – auch die einzigen Formen, in denen er in China ein weitverbreitetes, das gesamte Staatsgebiet kennzeichnendes Phänomen war, während Industriekapital nur in wenigen großen Hafenstädten angetroffen wurde. Handels- und Wucherkapital aber wurden, wie Marx gezeigt hat, erst verständlich und interpretierbar, nachdem es Industriekapital gab. Der goldheckende Esel, der offenbar mehr Gold ausscheidet, als in seinem Leib enthalten ist, und der damit eine mythisch-magische Fähigkeit beweist, die über das biologisch-chemisch Mögliche hinausgeht, ist ein Symbol für den »Mehrwert-heckenden Wert«, das mehr Geld erzeugende Geld des Handels- und Wucherkapitalismus. Es handelt sich also bei dieser Märchenfigur um ein sehr frühes, vielleicht sogar um das erste, vom tiefen Instinkt des Volkes geprägte Symbol für den Kapitalismus. Lassen Sie mich zur näheren Veranschaulichung einen Abschnitt aus Band 1 des Kapitals zitieren: »Der Wert wird also prozessierender Wert, prozessierendes Geld und als solches Kapital. Er kommt aus der Zirkulation her, geht wieder in sie ein, erhält und vervielfältigt sich in ihr, kehrt vergrößert aus ihr zurück und beginnt denselben Kreislauf stets wieder von neuem.« »G-G', geldheckendes Geld – money which begets money« – lautet die Beschreibung des Kapitals im Munde seiner ersten Dolmetscher, der Merkantilisten.

Etwa zur gleichen Zeit hat der Volksmund im Märchen sich ein Bild vom geldheckenden Geld, vom Wucher- oder Handelskapital, gemacht. Der Esel kostet seinen Besitzer Geld für seine Nahrung, indem er aber Golddukaten produziert, sooft man zu ihm »Bricklebrit« sagt, erzeugt er selbst einen weit höheren Wert, als seine Nahrung und eventuell noch sein einfacher Stall kosten. Das Geld zirkuliert, und während seiner Zirkulation vermehrt es sich in geradezu phantastischem Ausmaß. Man erinnert sich vielleicht daran, daß in der frühkapitalistischen Zeit (die in China noch bis ins zwanzigste Jahrhundert hineinreichte) die Zinssätze für Hypotheken oder Darlehen oft bis zu 100 und mehr Prozent betrugen. Der Vergleich des Kapitals mit einem Golddukaten ausscheidenden Esel liegt daher einigermaßen nahe. Das Märchen übertreibt – wie eine Karikatur – aber es hebt damit das Wesentliche, Typische, Charakteristische heraus. Erst später konnte Marx auf der Grundlage der klassischen bürgerlichen Ökonomie von Smith und Ricardo und ihrer Arbeitswertlehre die Entdeckung machen, daß der so geheimnisvolle Mehrwert daraus entspringt, daß der Gebrauchswert der auf dem Arbeitsmarkt gekauften Ware menschliche Arbeitskraft stets höher zu sein pflegt als ihr Wert, weil kein kausaler Zusammenhang zwischen dem Wert der Ware Arbeitskraft (gemessen in notwendiger Arbeitszeit für die Erzeugung eines Warenkorbs der Arbeiterfamilie) und der Länge des Arbeitstages besteht. Nur auf der Grundlage der Mehrwertlehre konnte das Rätsel des Kapitalverwertungs- und Akkumulationsprozesses gelöst werden. Es ist daher auch kein Wunder, daß unser Märchen nur eine mythische und keine rationale Erklärung für das sich in mehr Geld verwandelnde Geldkapital anbieten kann. Vielleicht darf man das einen zutiefst kritischen ökonomischen Instinkt des Volkes nennen.

Was nun aber endlich den *Knüppel-aus-dem-Sack* anbelangt, so hat er ebensowenig mit der proletarischen oder antiimperialistischen Revolution des zwanzigsten Jahrhunderts zu tun wie das *Tischlein-deck-dich* mit der feudalen Epoche. Es handelt sich hier vielmehr um das Symbol für die plebejische Komponente, ohne die bekanntlich keine der großen bürgerlichen Revolutionen siegreich gewesen wäre. Die Soldaten von Cromwells Bauernheer – die sogenannten Rundköpfe – waren für den Sieg der Bourgeoisie in England so unentbehrlich wie die Handwerker und Halbproletarier des Faubourg Saint Antoine für den Sieg des französischen Bürgertums in der Großen Französischen Revolution. Daß der *Knüppel-aus-dem-Sack* genau diese Bedeutung hat, geht unter anderem auch daraus hervor, daß er dazu dient, den betrügerischen Wirt zur Herausgabe des *Tischlein-deck-dich* und des »Goldesels« zu zwingen. Man darf unterstellen, daß der Wirt als Repräsentant des Dienstleistungsgewerbes in einer historischen Übergangsepoche auf seiten des Ancien régime, also des untergehenden Feudaladels, stand, wofür er ganz handgreifliche persönliche Motive gehabt haben dürfte. Der alte Adel war großzügig im Trinkgeldgeben, paßte nicht zu genau auf, wenn man ihm eine Rechnung vorlegte, und war so in jeder

Hinsicht der angenehmere Kunde im Vergleich mit dem damals noch nüchternen, puritanisch-sparsamen und genau rechnenden, aufsteigenden Bürger. Nimmt man »pars pro toto« und deutet den Wirt als – wenn auch inferioren – Teil der alten Gesellschaft, dann heißt das: Ohne Gewalt – ohne Mithilfe des Knüppels und der Knüppeldrohung – ist das Ancien régime nicht bereit, abzutreten und dem Bürgertum die Verfügung über die von ihm selbst entwickelte moderne Technologie (Tischleindeckdich) und das sich selbst vermehrende Kapital (Goldesel) zu überlassen.

Fassen wir zusammen: Das Märchen *Tischlein-deck-dich, Goldesel* und *Knüppel-aus-dem-Sack* enthält in populär verkürzter und symbolischer Sprache eine Beschreibung der drei Aspekte einer bürgerlich-kapitalistischen Revolution. Das Selbstbedienungstischchen stellt den utopisch-technologischen Aspekt, der Goldesel den ökonomischen und der Knüppel den plebejisch-politischen (terroristischen) Aspekt dieser Revolution dar. Daß jede andere – zum Beispiel die maoistische Deutung – vollkommen in die Irre führt, läßt sich schon daraus ableiten, daß die Aufzeichnung der Märchen durch die Brüder Grimm in den Jahren von 1812 bis 1822, also in einer Zeit erfolgte, da selbst die fortgeschrittenen Denker – wie zum Beispiel Saint-Simon in Frankreich – noch keinen Unterschied zwischen Fabrikanten und Industriearbeitern kannten und beide unter der Kategorie »industriels« zusammenfaßten. Die proletarische Revolution war noch nicht in Sicht.

Ich hoffe, meine zusammenfassenden Bemerkungen über das Ergebnis einer wirklich marxistischen Interpretation des großen Volksmärchens *Tischlein-deck-dich* hat deutlich gemacht, wie vollständig verfehlt und abwegig der von Herrn Kollegen Ping Peng-pong vorgelegte Deutungsversuch ist.

Während Prof. Friedmund Seud in der anschließenden Diskussion sich mit der Bemerkung begnügte, offenbar sei auch in der Sowjetunion die puritanische Sexualerziehung noch immer so dominant, daß der offen zutage liegende sexualtheoretische Sinn des Märchens selbst einem so bedeutenden Gelehrten wie Prof. Krasnogradski vollkommen entgangen sei, setzte Prof. Ping Peng-pong zu einer scharfen Erwiderung an, die schließlich von Präsident Dr. Bürlikon unterbrochen werden mußte.

PROF. PING PENG-PONG

»Genosse« Krasnogradski hat sich entlarvt. Der Versuch, die einzig fortschrittliche Märchendeutung durch einen Vertreter der Mao-Tse-tung-Ideen in den Schmutz zu ziehen, fällt auf seinen Urheber zurück. Ich möchte daher im Namen der chinesischen und albanischen Delegation folgende Protesterklärung abgeben:

Prof. Krasnogradski hat die Gastfreundschaft der neutralen Schweiz dazu mißbraucht, um an diesem Ort Mißtrauen in die wissenschaftliche Methode und den fortschrittlichen Charakter des Marxismus-Leninismus und der Mao Tse-tung-Ideen zu säen. Er hat die Idee der Volkskommune und das Ideal der Vereinigung von landwirtschaftlichen und Industriearbeitern, die von allen sowjetischen Marxisten bis hin zu Stalin hochgehalten wurde, verleugnet. Er hat den Versuch unternommen, die fortschrittlichen Bestrebungen der Volksmassen auf das Niveau der bürgerlichen Revolution zu reduzieren, und sogar den bewaffneten Volksaufstand zu einem bloßen Hilfsmittel bürgerlicher Revolutionen und Regime erniedrigt. Damit hat sich abermals die sowjetische Bürokratenclique als Handlanger der bourgeoisen und kapitalistischen Konterrevolution bloßgestellt. Unter dem Deckmantel unparteiischer, reiner Wissenschaftlichkeit wurden hier die zutiefst parteiischen und engagierten Theorien von Marx, Engels, Lenin, Stalin und Mao Tse-tung in ihr Gegenteil verkehrt... (lebhafte Unruhe im Saal... Glocke des Präsidenten, Zwischenrufe: »Unerhört, eine Provokation« ...Man hört Präsident Dr. Bürlikon).

NATIONALRAT DR. BÜRLIKON

Verehrter Herr Ping Peng-pong, ich möchte Sie bitten, angesichts der fortgeschrittenen Zeit zum Ende zu kommen ...

PROF. PING PENG-PONG

Ich lege im Namen meiner Delegation aufs schärfste Verwahrung gegen die Beschränkung meiner Redezeit ein. Unser Botschafter in Bern wird entsprechende Schritte bei Ihrer Regierung unternehmen. Ich habe nicht als erster die Diskussion auf dieses Feld verschoben, dafür müssen Sie Herrn Krasnogradski zur Rechenschaft ziehen, der nicht zufällig aus einem Teil der Sowjetunion kommt, den noch der große Lenin als hinzuerobertes Kolonialgebiet des alten Rußland bezeichnet hat. (Erneute Zwischenrufe von Prof. Krasnogradski: »Die Grenzen der Sowjetunion wurden durch den sowjetisch-chinesischen Freundschaftsvertrag implicite bestätigt, unerhörte Provokation. Wo bleiben Ihre Argumente?«)

Ich sehe mich in einer Atmosphäre der wachsenden Feindseligkeit außerstande, weiterzusprechen. Die chinesische Delegation wird sofort abreisen.

Nach einem vergeblichen Versuch des Präsidenten, zwischen der sowjetischen und der chinesischen Delegation zu vermitteln, wurde die Sitzung abgebrochen. An diesem Tage nahmen die internationalen Agenturen zum erstenmal von dem Uzerner Kongreß Notiz. Leider wurde das Referat von Prof. Friedmund Seud – das im Schatten der großen sowjetisch-chinesischen Kontroverse stand – kaum noch zur Kenntnis genommen, obgleich es die ganze Debatte auf eine andere Ebene verschob und vielleicht zur Bildung einer neuen Front hätte führen können, in der Schweizer, Sowjets und Chinesen sich gegen Friedmund Seud vereinigt hätten.

PROF. FRIEDMUND SEUD

Meine Damen und Herren, lassen Sie mich zunächst den Eindruck schildern, den ich von den drei Deutungsansätzen der Kollegen Bürlikon, Ping Peng-pong und Krasnogradski gewonnen habe. Ich kann meine eigene Reaktion nicht anders charakterisieren als ein immer noch wachsendes Verwundern. Verwundern darüber, wie vollständig die doch für jeden Kenner der Freudschen Psychoanalyse offen auf der

Hand liegende Deutung der Kernerzählung von allen dreien verdrängt worden ist. Ich kann nicht umhin, in der völligen Ausblendung der sexualtheoretischen Signifikanz dieses großartig-offenherzigen Volksmärchens das Resultat einer unglaublich repressiven Sexualerziehung in allen drei Ländern – in der Deutsch-Schweiz, in Volkschina und in der Sowjetunion – zu erblicken.

Eine Repression, der sich offenbar selbst bedeutende Wissenschaftler nicht zu entziehen vermögen. Ich glaube, bei uns in Massachusetts würde jeder Highschool-Absolvent keinen Augenblick zögern, die drei Symbolgeschenke: den sich mit *Speisen und Getränken selbst deckenden Tisch*, den *Golddukaten ausscheidenden Esel* und den *Knüppel-aus-dem-Sack*, mit der Freudschen Lehre von den drei Phasen der Libidoentwicklung des Menschen in Verbindung zu bringen: den Tisch mit der oralen, den Goldesel mit der anal-sadistischen und den *Knüppel-aus-dem-Sack* mit der phallischen Phase. Wie ich von den Kindern befreundeter Kollegen weiß, kommen bei uns selbst Kinder im Märchenalter spontan auf diese Deutung, ohne zuvor auch nur ein Wort von Sigmund Freud gehört zu haben.

Angesichts der für mich wirklich unerwartet vollständigen Verdrängung dieses sexualtheoretischen Aspekts muß ich etwas weiter ausholen und den Begriff der Phasen menschlicher Triebentwicklung an Hand der Freudschen Schriften erläutern. In der »Neuen Folge der Vorlesungen zur Einführung in die Psychoanalyse«, die Freud 1932 publiziert hat, erklärt er u. a.: »Die erste dieser prägenitalen Phasen heißen wir die orale, weil entsprechend der Art, wie der Säugling ernährt wird, die erogene Mundzone auch beherrscht, was man die sexuelle Tätigkeit dieser Lebensperiode heißen darf« (Werke, Bd. XV, S. 105).

Das Küssen als erster Schritt auf dem Weg zu einer erotischen Annäherung geht auf diese ursprünglich dominierende oralerotische Phase zurück, aber auch das Essen als Ersatzbefriedigung bei Liebeskummer und die ins Sadistische hinüberspielende Phantasievorstellung vom »Auffressen vor

Liebe«, von der auch viele Märchen zu berichten wissen. Wir dürfen annehmen, daß die mit Grauen vermischte Faszination, die Kinder bei Berichten von menschenfressenden Tieren oder Ungeheuern empfinden, auf den ambivalenten Charakter solcher Phantasievorstellungen zurückgehen. Fressen und Gefressenwerden wird als libidinöser Akt zugleich herbeigewünscht und gefürchtet. Nehmen wir an, daß der Tischlergeselle in unserem Märchen der jüngste Sohn war, dann könnte man sich vorstellen, daß das Märchen ihn auch auf der frühsten Stufe der individuellen Triebentwicklung – eben der oralen – stehenbleiben läßt. Sein Meister, der als Agentur der die Triebbedürfnisse der Individuen anerkennenden Natur angesehen werden könnte, hätte ihm aus diesem Grunde mit dem *Tischlein-deck-dich* ein Instrument optimaler und permanenter Lustbefriedigung geschenkt. Der Lohn seiner jahrelangen Arbeit wäre damit die Gewährung dauerhafter Lust in der für ihn erfahrbaren Gestalt. Das Märchen hätte artikuliert, was als Lusterwartung und Lusthoffnung in allen Menschen vorhanden ist oder doch – während ihrer Kindheit einmal – war.

Der Übergang von der oralen zur analen Phase erfolgt gleitend. Es gibt oral-sadistische Momente (auffressen) und anal-sadistische. Auch in unserem Märchen besteht insofern ein Zusammenhang, als der zweite Schneidersohn zu einem Müller in die Lehre geht; also mit der Erzeugung von Lebensmitteln (Mehl) zu tun hat, die auf die orale Lust bezogen sind. Sein Abschiedsgeschenk aber – der Golddukaten ausscheidende Esel – ist volkstümlich auf Grund seiner genitalen Leistungsfähigkeit bekannt. Er dürfte damals das Tier gewesen sein, dessen Fortpflanzungstätigkeit am öffentlichsten stattzufinden pflegte. Damit ist auch eine Verbindung zur dritten, der genitalen Phase hergestellt.

Unter Analerotik verstehen wir Lustgewinn, der durch Reizung der Afterzone erzielt wird. In einer auf die orale Phase folgenden Epoche der kindlichen Sexualentwicklung spielt daher der Stuhlgang eine zentrale Rolle. Lou Andreas Salomé, die als Freundin Nietzsches auch Germanisten und

Märchenforschern bekannt sein sollte, hat schon 1916 in einem Essay mit dem Titel »Anal und Sexual« (Imago, Bd. IV) nachgewiesen, welch überaus große Bedeutung aus diesem Grunde der Erziehung der heranwachsenden Kinder zur Reinlichkeit zukommt. Das Verbot, die Analtätigkeit nicht nach dem eigenen Lustbedarf, sondern nach dem Befehl der Mutter oder der erziehenden Person zu richten, ist nach der Entwöhnung von der Mutterbrust der zweite traumatische Eingriff in das kindliche Triebschicksal.

Auffallend ist nun der auch in unserem Märchen zutage tretende Zusammenhang von Analerotik und Geld. Er ist Psychoanalytikern seit jeher bekannt. Freud schrieb 1908 in »Charakter und Analerotik« u.a.: »Am ausgiebigsten erscheinen die Beziehungen, welche sich zwischen den anscheinend so disparaten Komplexen des Geldinteresses und der Defäkation ergaben. Jedem Arzte, der die Psychoanalyse geübt hat, ist es wohl bekannt geworden, daß sich auf diesem Wege die hartnäckigsten Stuhlverstopfungen Nervöser beseitigen lassen... Man könnte meinen, daß die Neurose hierbei nur einem Winke des Sprachgebrauchs folgt, der eine Person, die das Geld allzu ängstlich zurückhält, ›schmutzig‹ (englisch filthy = schmutzig) nennt. Allein dieses wäre eine allzu oberflächliche Würdigung.

In Wahrheit ist überall, wo die archaische Denkweise herrschend war oder geblieben ist, in den alten Kulturen, im Mythos, im Märchen [sic!]..., im Traume, in der Neurose, das Geld in innigster Beziehung zum Drecke gebracht. Es ist bekannt, daß das Gold, welches der Teufel seinen Buhlen schenkt, sich nach seinem Weggehen in Dreck verwandelt, und der Teufel ist doch gewiß nichts anders als eine Personifikation des verdrängten unbewußten Trieblebens; ...und jedermann vertraut ist die Figur des ›Dukatenscheißers‹. Ja, schon in der altbabylonischen Lehre ist Gold der Kot der Hölle...« (Werke, Bd. VII, S. 207 f.).

Sie sehen, Freud hat den Zusammenhang, den unser Märchen zwischen der Defäkation (eines Esels) und Gold herstellt, gekannt und mit der zweiten prägenitalen Phase der menschlichen Libidoentwicklung in Zusammenhang gebracht. Wiederum könnte man das Geschenk des Müllermeisters als eine Erfüllung des geheimsten Triebwunsches des zweiten Sohnes deuten, der damit nicht nur in der Triebentwicklung, sondern auch in der Anpassung an die soziale Realität der Außenwelt weiter fortgeschritten war als sein Bruder.

Der dritte Sohn erhält als Abschiedsgeschenk von seinem Meister einen Knüppel, der, »sooft man will«, aus dem Sack springt und jeden potentiellen Gegner verprügelt. Auch hier kann man deutlich einen Hinweis auf die dritte Stufe der Sexualentwicklung – die phallische Phase – erkennen. Es sieht so aus, als habe der Drechslermeister unserem jungen Mann die Erfüllung seines Wunsches nach ständiger, durch keinen Konkurrenten zu überbietender sexueller Potenz gewähren wollen. Damit ist übrigens die libidinöse Entwicklung des erwachsenen Menschen insofern noch nicht abgeschlossen, als die Anerkennung der komplementären und gleichwertigen weiblichen Genitalität auf dieser Stufe noch fehlt. Es herrscht deutlich und einseitig die aggressiv-männliche Komponente vor. Aus diesem Grunde ist auch die oberflächliche Deutung des Knüppels als Prügel keineswegs vollständig zu verwerfen.

In seiner Schrift »Jenseits des Lustprinzips« (1920) hat Freud nachgewiesen, daß auch auf der Stufe des Genitalprimats der Aggressionstrieb noch eine Rolle spielt, er hat dann »die Funktion, das Sexualobjekt so weit zu bewältigen, als es die Ausführung des Geschlechtsaktes erfordert« (Werke, Bd. XIII, S. 58). Ich brauche wohl nicht zu betonen, daß damit eine im ganzen noch unreife, nicht voll entfaltete Beziehung der Geschlechter angesprochen wird. Offensichtlich vermag unser Märchen nicht weiterzuführen. Es muß zu einer Zeit entstanden sein, als die Unterdrückung der Frau und der Weiblichkeit bereits abgeschlossen war, die Zweifel an der Legitimität dieser Repression aber noch nicht begonnen hatten.

Soviel als erster, vorläufiger Hinweis auf die Gesichtspunkte, unter denen ein zeitgenössischer amerikanischer Märchenforscher das von Ihnen gewählte Thema behandeln würde.

NATIONALRAT DR. BÜRLIKON

Das Wort hat Prof. Krasnogradski. Ich bitte die Diskussionsredner, sich auf maximal fünf Minuten Redezeit zu beschränken.

PROF. KRASNOGRADSKI

Ich glaube, wir sollten alle Herrn Kollegen Friedmund Seud dankbar dafür sein, daß er uns – freilich ungewollt – ein so erschütterndes Bild von der Zerrüttung der Moral und dem Verfall des wissenschaftlichen Niveaus der amerikanischen Märchenforschung vorgeführt hat. Zu seiner Kritik an meiner marxistischen Interpretation brauche ich nichts zu sagen, sie geht schlechterdings am Gegenstand vorbei. Während er sich darum zu bemühen behauptet, Gründe für die »Verdrängung« bei mir und meinen beiden Vorrednern zu finden, muß ich mich allen Ernstes fragen, ob die Intellektuellen in den USA bereits in einer posthistorischen technokratischen Gesellschaft leben, die sie unfähig gemacht hat, historische Perspektiven auch nur wahrzunehmen. Herr Kollege Seud hat die Probleme des Märchens *Tischlein-deck-dich* aus politisch-sozialen in rein private und individuelle verwandelt; er hat aus den Kämpfen der großen bürgerlichen Revolutionen und ihren symbolverkürzten Veranschaulichungen Hinweise auf das Schicksal von Menschen gemacht, die auf das Niveau bloßer Triebwesen heruntergesunken sind. Damit spricht er das Menschenbild des amerikanischen imperialistischen Kapitalismus aus – ich nehme an, ohne auch nur im entferntesten zu ahnen, was er tut. Er erliegt einer Ideologie, die sich ihm – weil er den Marxismus und seine theoretischen Werkzeuge nicht kennt – als solche gar nicht zu erkennen gibt. Wären die Menschen wirklich nichts anderes als Triebwesen, die bestenfalls von Essen und Saufen über die Lust an ihren eigenen Exkrementen und am Anhäufen von Geld schließlich zur Fähigkeit genußvoll vollzogenen Beischlafes gelangen, dann wäre es in der Tat leicht, die Weltherrschaft des amerikanischen Kapitals zu errichten und die Völker der dritten Welt mit Hilfe von Hollywoodfilmen und Playboyheften in passive Konsumenten des American way of life zu verwandeln. Im Namen des sozialistischen Humanismus und seiner demokratischen und progressiven Ideale lege ich aufs schärfste Protest gegen dieses Menschenbild ein.

(Während der letzten Worte von Prof. Krasnogradski wachsende Unruhe im Saal und vereinzelte Zwischenrufe.)

PROF. FRIEDMUND SEUD

Mein lieber Kollege Krasnogradski, Sie haben soeben einen geradezu klassischen Wahrheitsbeweis für die von mir vorgetragene These erbracht, daß Sie wie Ihre beiden Vorredner aufgrund einer repressiven Sexualerziehung zur Wahrnehmung der offenbaren sexualtheoretischen Bedeutung dieses Märchens außerstande sind. Natürlich müssen Sie dann die – von Ihnen selbst unbewußt sehr stark als evident und wahr empfundene Deutung durch mich – als Ausdruck extremer Dekadenz und spätkapitalistischer Perversion hinstellen, um sie sich vom Halse zu halten. Einen besseren Beweis für die Richtigkeit einer psychoanalytischen Deutung als die emphatische Weigerung, sie auch nur ernsthaft zu diskutieren, kennen wir nicht. Wären Sie auch nur etwas mit den Lehren Freuds vertraut, hätten Sie zumindest die Form Ihrer Intervention gemildert.

Aber nun zu Ihren Vorwürfen: Ich glaube keinesfalls, daß die von mir skizzierte analytische Deutung des Märchens jede historisch-politische ausschließen muß. Ich habe sie nur deshalb hier einseitig hervorgehoben, weil ich guten Grund hatte, anzunehmen, daß sie allen anderen Rednern vollkommen unbekannt war. So kann man sich zum Beispiel sehr wohl eine Kombination der Deutung des Esels als Symbol für den Frühkapitalismus und seinen unbegrenzten Akkumulationstrieb und des von Freud entdeckten Analcharakters vorstellen. Dieser ist – wie er 1908 in Charakter und Analerotik schrieb – durch »Ordentlichkeit, Sparsamkeit und Eigensinn«

ausgezeichnet, Eigenschaften, die Freud »Ergebnisse der Sublimierung der Analerotik« nennt. Ich habe selbst auf den von Freud konstatierten Zusammenhang von Geld und Dreck hingewiesen. Der Analcharakter könnte also – historisch – als der Prototyp des frühkapitalistischen, puritanischen Unternehmens angesehen werden. Mit Wilhelm Reich aber könnte man reife Genitalität und Sozialismus zusammen denken.

PROF. KRASNOGRADSKI
Ich halte Ihre Anschuldigung für schlechthin indiskutabel, fühle mich aber – angesichts der Weltlage – verpflichtet, das Gespräch fortzusetzen. Gerade an der Stelle nämlich, wo Sie den Zusammenhang von Dreck und Geld erwähnen, den übrigens die frühen utopischen Sozialisten schon in polemischer Absicht gekannt haben, deuten Sie – mit Sigmund Freud – den Teufel als »Personifikation des verdrängten unbewußten Trieblebens«. Hier kann die marxistische Geschichtstheorie sehr viel plausiblere Interpretationen anbieten. Wie selbst Georg Lukács in seiner Arbeit über Goethes Faust zugegeben hat, stellt der Teufel ein Symbol für den objektiv-diabolischen – d. h. verwirrenden, alle humanen Verhältnisse auf den Kopf stellenden – Charakter des Kapitalismus dar. Indem Sie diese allgemein bekannte marxistische Deutung durch eine höchst fragwürdige psychoanalytische Hypothese ersetzen, weichen Sie abermals der Entscheidungsfrage aus, die gerade Ihrem Land und dem gesamten Spätkapitalismus heute gestellt ist. Im übrigen scheinen Sie auch durch die unwissenschaftlichen Thesen des bekannten Renegaten Wilhelm Reich beeinflußt zu sein, dessen Werke heute mit Hilfe amerikanischer Pressemonopole unter der rebellischen Jugend propagiert werden, weil sie den Marxismus durch Freudianismus verfälschen. Die sowjetische Wissenschaft hat mit solchen Versuchen nichts zu schaffen und verweist sie in den Abfalleimer der Geschichte.

Damit war der Höhepunkt der Diskussion erreicht und überschritten. Was folgte, waren zum größten Teil Wiederholungen und die schon anfangs erwähnte konservative Intervention einiger Altstalinisten aus Albanien, die Märchen als Produkt des ganzen Volkes verstanden wissen wollten und sich erstaunlich eng an die Brüder Grimm anlehnten. Um ein Auseinanderbrechen der Märchendeutervereinigung gleich auf ihrem ersten Internationalen Kongreß zu vermeiden, einigte man sich nach langen Debatten schließlich darauf, daß im Kongreßbericht nur die Rede von Präsident Bürlikon im vollständigen Wortlaut abgedruckt werden sollte. Der abgereisten chinesischen Delegation wurde ein freundliches Telegramm nachgeschickt. Der nächste Kongreß soll in Schili-Bili oder Starosibirsk in der Sowjetunion stattfinden. Man hofft, daß die chinesischen Wissenschaftler trotz allem wieder teilnehmen werden.

Streit um »Rotkäppchen«
Edler von Goldeck berichtet vom zweiten Internationalen Märchendeuterkongreß in Starosibirsk (1974)

Vielleicht erinnert sich mancher von Ihnen noch daran, daß im Sommer 1973 im idyllischen Städtchen Uzern am Uzersee in der Innerschweiz der erste Internationale Märchendeuterkongreß stattfand. Kaum war ein Jahr seit dem ersten Internationalen Märchendeuterkongreß vergangen, da trafen sich abermals Forscher aus fast allen großen Kulturnationen, um gemeinsam über das Problem einer zugleich adäquaten und zeitgemäßen Märchendeutung zu debattieren. Kongreßort im Sommer 1974 war die sowjetische Stadt Starosibirsk, zu deutsch: altsibirische Stadt.

Wie Sie sich vielleicht erinnern werden, war es auf dem ersten Kongreß zu sehr heftigen Wortgefechten vor allem zwischen dem chinesischen Chefdelegierten Prof. Ping Peng-pong und dem sowjetischen Akademiemitglied Prof. Krasnogradski gekommen. Beide Gelehrte haben auch am zweiten Kongreß teilgenommen, ebenso natürlich der schweizerische Ehrenpräsident, Nationalrat Dr. Bürlikon. Aus den USA war diesmal Professor Peter Sicherlich an Stelle des erkrankten Friedmund Seud gekommen. Offenbar gehört er aber der gleichen Interpretationsschule an wie sein berühmter Kollege. Vor gut einem Jahr konnte ich melden, daß die ältere volkstümelnde Richtung der Märchendeutung lediglich durch Altstalinisten aus Albanien noch repräsentiert war, die sich auf Stalins »Linguistikbriefe« beriefen. Diesmal waren auch sie ausgeblieben, vermutlich, weil sie kein Einreisevisum in die Sowjetunion erhalten hatten.

Um Ihnen ein möglichst geschlossenes und authentisches Bild von der Tagung in Starosibirsk zu vermitteln, dokumentiere ich im folgenden die wichtigsten Reden und auch die Begrüßungsworte des Präsidenten. Zunächst die Ansprache des Präsidenten der Internationalen Märchendeutergesellschaft, Nationalrat Dr. Bürlikon (Schweiz), die er *zur Eröffnung des zweiten Internationalen Märchendeuterkongresses in Starosibirsk hielt:*

NATIONALRAT DR. BÜRLIKON

Meine sehr verehrten Damen und Herren, liebe Fachkollegen, zum zweitenmal trifft sich die Internationale Märchendeutergesellschaft, um Forschungsergebnisse und Pläne miteinander zu beraten und auszutauschen. Ich hoffe sehr, daß es in diesem Jahr gelingen wird, die sicher noch immer vorhandenen Gegensätze der Auffassungen in einer Atmosphäre der Verständigungsbereitschaft und des Friedens zu diskutieren. Was ich hierzu beitragen kann, will ich jedenfalls tun. Ich habe mir deshalb auch erlaubt, eine Anzahl von Vorträgen mit allzu provokativen Themen von vornherein zurückzuweisen, wobei ich die übereinstimmenden Voten der fünf Vizepräsidenten unserer Gesellschaft berücksichtigt habe.

Ich nenne nur als ein Beispiel für zurückgewiesene Themen und Redner den Vortrag von Daxel Napoleon Läufer (aus der Bundesrepublik Deutschland), der über »Hänsel und Gretel und die Schüsse an der Berliner Mauer« referieren wollte. Wie immer wir zu diesem Phänomen stehen mögen, es wird wohl niemand behaupten wollen, daß hier ein legitimes Anliegen der Märchendeutung behandelt werden sollte. Lassen Sie mich schon gleich zu Beginn unseres Kongresses den sowjetischen Gastgebern von den offiziellen Institutionen, der Stadtverwaltung und der Universität für ihre überaus großzügige und herzliche Gastfreundschaft unser aller Dank sagen. Wir wissen, wie sehr seit jeher in Rußland die »Skasski Bratew Grimm«, die Märchen der Brüder Grimm, geschätzt und gelesen wurden. Es ist daher wohl auch kein Wunder, daß uns eine erfreulich große Anzahl von Zuhörern aus der Bevölkerung während unserer Beratungen die Ehre gibt. Ich darf auch dafür zugleich im Namen meiner ausländischen Kollegen herzlich danken. Und nun bitte ich die Teilnehmer am Symposion, mit ihren Debatten zu beginnen. Das Thema lautet: »Rotkäppchen, Analysen und Perspektiven.«

Soweit Nationalrat Dr. Bürlikon, Schweiz, der Präsident der Internationalen Märchendeutergesellschaft. An der Debatte beteiligten sich vor allem die folgenden Wissenschaftler: Prof. Ping Peng-pong (VR China), Prof. Krasnogradski (UdSSR), Prof. Peter Sicherlich (USA) sowie Prof. Ben Bill Baum (DDR). Nach der Eröffnungsansprache ergriff als erster der Delegationsleiter der Volksrepublik China, Prof. Ping Peng-pong, das Wort.

PROF. PING PENG-PONG

Seit unserem letzten Kongreß in Uzern ist es der chinesischen Volks- und Märchenforschung gelungen, weitere Beweise für den revolutionär-progressiven Charakter auch der nichtchinesischen Volksbewegungen vergangener Jahrhunderte zu entdecken. Immer schwieriger wird es für die Lakaien des blutrünstigen Monopolkapitalismus, die jahrhundertelange Verleumdung des Volkes aufrecht zu erhalten und die Überlieferung seines heldenhaften Kampfes zu verfälschen. In unserem Kampf an der Front der weltweiten Kulturrevolution hat sich die Märchendeutung als ein wichtiger Teilabschnitt herausgestellt, an dem entscheidende Einbrüche in die feindliche Stellungen gelungen sind. Ich bin dem verehrten Ehrenpräsidenten, Nationalrat Dr. Bürlikon, dankbar dafür, daß er es durchgesetzt hat, mir auch auf diesem Kongreß und in diesem Lande die Gelegenheit zu geben, die Stimme des Fortschritts zu erheben und so dem Volke, ja den Völkern der Welt zu dienen.

Das Märchen vom *Rotkäppchen* übt seit rund anderthalb Jahrhunderten seine Faszination namentlich auf die Kinder des Volkes aus, die noch nicht durch den moralischen Verfall der kapitalistischen Rechenhaftigkeit und Geldgier beeinflußt worden sind. Ohne sich dessen exakt bewußt zu sein, spüren diese Heranwachsenden: Ja, so sollte es sein, so muß der Kampf des Volkes sich eines Tages entscheiden! Ja, so hätte er schon längst entschieden werden sollen! Was diese Kinder des Volkes unbewußt anzieht, muß aber bewußt gemacht werden, damit sie als Erwachsene wirklich jenen Kampf aufnehmen und siegreich beenden können, von dem das Märchen ihnen in allegorischer Sprache spricht.

Wie im Falle des Märchens von den *Bremer Stadtmusikanten* ist auch in diesem Fall die Entzifferung der allegorischen Märchenhandlung ganz leicht, sobald man sich auf den Standpunkt des Volksbefreiungskrieges und seiner Traditionen stellt. Das Rotkäppchen ist eine junge Kämpferin für die Befreiung des Volkes, die sich mit der roten Farbe der Revolution geschmückt hat. Sie ist noch unerfahren und schwach, hat noch nicht die Notwendigkeit der Volksbewaffnung erkannt und glaubt – idealistisch – an die Möglichkeit, die Feinde des Volkes (den Wolf) durch Freundlichkeiten wie gute Worte und Argumente besiegen oder gewinnen zu können. Der Wolf symbolisiert auf höchst eindrucksvolle Weise die Feinde des Volkes, die ihm hinterlistig auflauern und nach dem Leben trachten. Bei einer so arglosen jungen Kämpferin wie Rotkäppchen gelingen ihm natürlich schon die plumpesten Täuschungsmanöver: freundlich-verstellte Sprache, scheinbares Interesse für das Wohlergehen des Volkes (hundert Blumen für die Großmutter), Benutzung der Ästhetik zum Zwecke der Ablenkung von politisch-ökonomischen Zielen der Feinde des Volkes: dem Fressen und Ausbeuten von Großmutter und Enkelin.

Warum aber stürzte sich der Wolf nicht gleich auf das schutzlose Rotkäppchen? Warum beginnt der Feind des Volkes seinen Vernichtungsfeldzug mit dem »Fressen« der Großmutter? Die Entschlüsselung dieses Rätsels erfordert interpretatorischen Scharfsinn. Als Ergebnis einer Sondersitzung der chinesischen Akademie für Märchendeutung haben sich zwei Deutungsmöglichkeiten herausgestellt:

1. Der Wolf (Feind des Volkes) unterstützt die Anhänglichkeit der Jugend an die ältere Generation (den Ahnenkult usw.), weil auf diese Weise der Kampfgeist der Jugend geschwächt und sie zur Hinnahme der bestehenden Verhältnisse (aus Rücksicht auf das Ruhebedürfnis der älteren Generation) verleitet wird. Damit ist aber im Grunde nur die motivverstärkende, affirmative Haltung des Wolfes gegenüber der

Absicht des Rotkäppchens erklärt, es wolle seine Großmutter besuchen. Fehlte dieses Motiv, so könnte man sich ja auch denken, daß der Wolf das Rotkäppchen durch die Erzählung von anderen Wundern des Waldes ganz von diesem Vorhaben abgebracht hätte, um die Großmutter desto ungestörter zu verzehren. Aufgrund seiner besseren Kenntnis des Waldes hätte er das Rotkäppchen anschließend aufspüren und überfallen können.

2. Die zweite Deutungsmöglichkeit geht nicht von der motivverstärkenden Rede (Ideologie) des Volksfeindes aus, sondern von seinem praktischen Verhalten. Das der Verspeisung der Enkelin vorausgehende Verzehren der Großmutter kann zwar oberflächlich durch die Tarnungsabsicht des Wolfes begründet werden, aber angesichts der physischen Schwäche und Arglosigkeit des Kindes ist nicht recht verständlich, warum es einer solchen Tarnung zur Sicherung des Überfalls überhaupt bedarf. Der allegorische Sinn scheint daher zum Zwecke der Erklärung unbedingt notwendig, und er kann offenbar nur darin liegen, daß der Wolf als Feind des Volkes dessen Verbindung mit der eigenen Vergangenheit zerstören, seine Wurzeln abschneiden will. Zwar stellt nämlich die Unterordnung der jungen Generation unter die ältere ein antirevolutionäres Mittel zur Schwächung ihres Kampfgeistes dar, aber die Verbindung der Jugend mit der Überlieferung der Vergangenheit ist doch zugleich auch ein Mittel der politischen Bewußtwerdung. Die Großmutter (im Unterschied zu den Angehörigen der Elterngeneration) kann den Enkelkindern von den vergangenen Kämpfen des Volkes, von Verrat und Treulosigkeit der Fürsten und Feinde des Volkes erzählen, und diese Erzählungen haben eine wichtige agitatorisch-aufklärende Funktion.

Aus diesem Grunde mußte der Wolf mit allen ihm erreichbaren Mitteln eine vorbeugende Aufklärung der jungen roten Kämpferin durch die geschichtserfahrene Großmutter verhindern. Was dem Kinde ja vor allem noch fehlt, um eine wirklich erfolgreiche Kämpferin für die Volksbefreiung zu werden, ist allein die Erfahrung. Bei seiner nächsten Begegnung mit dem

Wolf nach Belehrung durch die erfahrene Großmutter hätte es zweifellos den Feind des Volkes sofort erkannt und entlarvt. Es wäre dann nicht sein Opfer geworden, sondern hätte sich mit anderen jungen Kämpfern vereint, um ihn in einem langdauernden Krieg schließlich zu besiegen.

Eine Kombination der beiden Deutungsansätze hat ein junger Kollege von mir (Tschin Tscheng-tschong) mit Hilfe der Psychologie der Feinde des Volkes versucht. Er sagte nämlich – dem Sinne nach –, aufgrund seiner Klassenposition sei der Feind des Volkes außerstande, den dialektisch-ambivalenten Charakter seiner eigenen Einstellung zur Tradition zu durchschauen, und schwanke daher zwischen Affirmation (wegen der erwünschten Unterordnung der revolutionären Jugend unter das konservative Alte) und Negation (wegen der befürchteten aufklärenden Information durch die Erfahrenen). Ich muß gestehen, daß wir in der chinesischen Akademie noch keine endgültige Position bezogen haben. Die Frage bleibt einstweilen offen.

Weit weniger Schwierigkeiten macht die Deutung des Jägers. Es handelt sich natürlich um einen Roten Partisanen. Dieser Partisan hält sich – einstweilen nur instinktiv – an die Regeln des Volkskrieges, wie sie Mao Tse-tung später detailliert entwickelt hat. Er ist zur Stelle, sobald der Feind des Volkes schwach ist (hier infolge seiner Verfressenheit), und fügt ihm mit seinen überlegenen Kräften schwere Verluste zu. Zugleich verbindet sich der bewaffnete Befreiungskämpfer mit dem unbewaffneten Volk und dient ihm. Unser Partisan tut das in beispielhafter und – märchenhaft – erfolgreicher Weise: Er rettet das Leben von Großmutter und Enkelin! Damit stellt er sowohl die Möglichkeit der Vermittlung der historischen Erfahrung (des Berichtes von den vergangenen Kämpfen des Volkes) als auch des nunmehr bewußten Kampfes der jungen, noch unbewaffneten Sympathisantin (Rotkäppchen) wieder her, die sich auch sogleich aktiv – indem sie Steine in den Wolfsbauch füllt – am Kampf beteiligt. Zugleich hat er – wovon das Märchen nicht mehr spricht, was aber als Folge angenommen werden muß – die bis dahin gegenüber den revolutionären Kräften skeptische Großmutter für die Sache der Volksbefreiung gewonnen. Erst in der Perspektive der erfolgreich wiederaufgenommenen Kämpfe der Bauernpartisanen vergangener Jahrhunderte gewinnt die Erfahrung (die Tradition) ihren befreienden Sinn und Wert. Die junge, heranwachsende Generation macht sich die Erfahrung der älteren Generationen zunutze, zieht aus ihr eigene Konsequenzen (den Zusammenschluß der zerstreuten Kräfte des Volkes unter einheitlicher Führung) und überwindet so endgültig die Feinde des Volkes. Während in der klassischen, traditionellen Kultur die Jugend dem Alter dienstbar gemacht wurde, dient in der neuen, revolutionären Kultur das Alter durch seine Erfahrung der Jugend.

Bleibt noch das Symbol des »Steine-in-den-Wolfsbauch-Füllens«. Hier scheint eine – anachronistisch klingende – Deutung sich anzubieten. Nennen wir den Wolf ein Symbol für den geldgierigen, blutrünstigen Imperialismus, dann sind die Steine die von den Völkern gelieferten Produkte, an denen sich der Imperialismus in seinem Heißhunger zu Tode frißt. Ein Freudentanz der befreiten Völker wird seinem Ende mit Gewißheit folgen. Das Märchen dient der Steigerung des Kampfgeistes der Volksbefreiungsbewegung, indem es diesen Sieg antizipiert.

Anschließend meldete sich Prof. Ben Bill Baum *von der Karl-Marx-Universität in Leipzig zu einem kurzen Diskussionsbeitrag zu Wort.*

PROF. BEN BILL BAUM (DDR)

Ich will unter keinen Umständen den Argumenten von Genossen Prof. Krasnogradski vorgreifen, aber ich möchte doch schon an dieser Stelle und jetzt gegen die unsachgemäße, unmarxistische und linksradikal-deviationistische Interpretation von Prof. Ping Peng-pong auf das entschiedenste protestieren. Was er uns hier im Namen eines sinisierten Marxismus-Leninismus vorlegte, hat mit einer wissenschaftlichen Einschätzung des *Märchens vom Rotkäppchen* und seiner

»Einbeziehung in das fortschrittliche Erbe der deutschen Märchenüberlieferung« nichts, aber auch gar nichts zu tun. Um nur ein besonders gravierendes Beispiel der Unwissenschaftlichkeit seiner pseudoradikalen Methoden herauszugreifen, möchte ich auf die unhaltbare Deutung der roten Farbe von Rotkäppchens Kopfbedeckung hinweisen. Das Märchen wurde bekanntlich 1815 von den Brüdern Grimm erstmals aufgezeichnet und stammt in der von ihnen registrierten Form spätestens aus der ersten Hälfte des achtzehnten Jahrhunderts. Damals war aber weder die rote Farbe als Farbe der Revolution schon bekannt, noch gehörte übrigens dieses farbige Bekleidungsstück notwendig zu den älteren Fassungen des Märchens, worauf verdienstvollerweise progressive französische Märchenforscher in der Kritik an spätkapitalistisch-psychoanalytischen Deutungen des »Rotkäppchens« schon hingewiesen haben. Noch weniger akzeptabel ist die – von Kollegen Ping Peng-pong ja selbst als anachronistisch bezeichnete – Deutung des gefräßigen Wolfes als Symbol des Imperialismus. Nach übereinstimmender Auffassung der marxistischen Imperialismustheoretiker Hilferding, Rosa Luxemburg, Lenin usw. beginnt die im exakten Wortsinne imperialistische Phase des Kapitalismus um die Wende vom neunzehnten zum zwanzigsten Jahrhundert. Man kann vielleicht von einem Frühimperialismus der großen Kolonialmächte sprechen, aber an diesem »Imperialismus« waren gerade die deutschen herrschenden Klassen noch nicht beteiligt.

Die von unserer Partei immer aufs schärfste verurteilte barbarische Mißhandlung und Unterdrückung der slawischen Völker Mittel- und Osteuropas durch deutsche Feudalherren und ihre Ritterheere darf keinesfalls mit dem kapitalistischen Imperialismus auf einen Fuß gestellt werden. Wollte man aber Ping Peng-pongs Deutung auf ein historisches Fakt beziehen, so könnte man allenfalls diesen räuberischen Ostlandritt in Betracht ziehen, was aus dem angeführten Grunde nicht angeht. Wie in so vielen anderen Fällen scheint auch hier der Hauptfehler der chinesischen Genossen darin zu bestehen, daß sie die Hauptentwicklungsphasen der Gesellschaft, die feudale, die bürgerliche (kapitalistische) und die sozialistische, nicht deutlich und klar genug voneinander unterscheiden. Das Gespenst einer trotzkistischen Verwirrung taucht am Horizont auf. Die ominöse »permanente Revolution« wird dabei sogar in die kapitalistische Geschichte zurückprojiziert.

Nationalrat Dr. Bürlikon erteilte anschließend Prof. Krasnogradski das Wort und bedankte sich noch einmal persönlich für all die Mühe, die er sich um die Ausrichtung des diesjährigen Kongresses als Gastgeber gemacht hatte. Das Thema seines Beitrags lautete: »Das Märchen vom Rotkäppchen als ein Paradigma frühkapitalistisch-repressiver Erziehungsmaximen und der Verharmlosung der antagonistischen Klassengesellschaft.«

PROF. KRASNOGRADSKI

Meine Damen und Herren, Genossinnen und Genossen, ich bin dem Kollegen Ben Bill Baum aus Leipzig zu Dank dafür verbunden, daß er es übernommen hat, im Namen der wissenschaftlichen Weltanschauung des dialektischen Materialismus die pseudomarxistische Märchendeutung von Prof. Ping Peng-pong zurückzuweisen. Ich kann mir aus diesem Grunde ein näheres Eingehen auf diesen Versuch einer Aushöhlung unserer wissenschaftlichen Denkweise ersparen. Ich denke, daß Kollege Baum anläßlich seines eigenen Referates noch einmal auf diesen Fall zurückkommen wird.

Wer auch nur einigermaßen mit der Funktion von Warn- und Sozialisationsmärchen wie Rotkäppchen vertraut ist, wird leicht zu dem allein fruchtbaren Gesichtspunkt ihrer kritischen und progressiven Deutung geführt. Das Märchen will zugleich warnen und beschwichtigen. Es zeigt, wie bürgerliche Eltern die Ausbildung ihres Kindes dadurch zu vollenden suchen, daß sie dieses in die gefährliche kapitalistische Welt hinausschicken, die hier durch den dichten Wald und seine wilden Tiere (insbesondere den Wolf) symbolisiert wird. Das Kind wird offensichtlich auf einen Kampf in keiner

Weise vorbereitet, weil die herrschende bürgerliche Ideologie den Wolfscharakter der kapitalistischen Konkurrenzgesellschaft, den Hobbes vor dreihundert Jahren so eindrucksvoll herausgestellt hat, prinzipiell in Abrede stellt. Gerade die Erziehung der heranwachsenden Mädchen pflegte und pflegt zum Teil noch heute ganz von dem Kampf- und Klassencharakter der Gesellschaft, in die sie hinausgeschickt werden, zu abstrahieren. Diese Erziehungspraxis hatte – zur Zeit der Romantik – zur Folge, daß die Verhaltensweise und Gefühlskultur bürgerlicher Frauen sich angenehm von derjenigen der Männer ihrer Klasse unterschied. Der Kult, den sensible Poeten jener Epoche den Frauen widmeten, hat hier seinen Ursprung. Was sie in der Symbolgestalt der Frau suchten und verehrten, war im Grunde eine andere, heilere Art von Menschlichkeit, als sie den vom Prozeß der Arbeitsteilung und Entfremdung geprägten Männern noch möglich war. Die Kehrseite dieser bewahrten und behüteten Menschlichkeit war dann freilich Lebensfremdheit, Naivität und Hilflosigkeit, wann immer solche Geschöpfe in soziale und individuelle Konfliktsituationen gerieten. Aber auch jene Hilflosigkeit war natürlich den maskulinen Vertretern der herrschenden Gesellschaft nur zu sehr erwünscht, hatte sie doch die restlose Abhängigkeit der Frauen von ihrem starken Arm und ihrem intellektuellen Weitblick zur Folge.

Rotkäppchen nun kann als typisches Produkt solcher weiblicher Erziehungspraxis des Bürgertums angesehen werden. Naiv, unschuldig, freundlich begegnet es dem Inbegriff des feindlichen »Tieres«, dem Wolf. Statt um Hilfe zu rufen, zu fliehen oder wenigstens nach dem ersten überstandenen Gespräch nach Hause zurückzukehren, verläßt sich Rotkäppchen auf den täuschend freundlichen Schein der wölfischen Verhaltensweise. In seiner Arglosigkeit glaubt es an die Allgemeingültigkeit der ihm vermittelten bürgerlichen Sittenregeln und ahnt nicht, wie wenig diese im wirklichen Leben einer kapitalistischen Konkurrenzgesellschaft praktiziert werden. Die Folgen dieser produzierten oder künstlich aufrechterhaltenen Naivität sind bekanntlich verheerend. Aber, so wird man mit Recht einwenden, die Mutter hat Rotkäppchen doch vor dem Wolf ausdrücklich gewarnt. Gewiß, aber diese einmalige Warnung stand in striktem Gegensatz zur gesamten übrigen Erziehungspraxis des kleinen Mädchens und konnte unmöglich mit einem Male deren langjährige Wirkung aufheben. Das Märchen hat daher die Funktion, die mütterliche Warnung durch die lebendige Vergegenwärtigung des Schicksals, das dem naiven Kinde droht, zu verstärken.

Wenn aber das Märchen auch »warnt«, so leitet es doch keineswegs zum Kampfe an. Im Gegenteil. Es suggeriert eindeutig genug, daß ein ausreichender »Schutz« der Individuen in der wölfischen Gesellschaft nicht von ihnen selbst, ihrer eigenen Kraft, List und Schlagkraft zu erwarten ist, sondern einzig und allein von der »uniformierten bewaffneten Macht«, von der zum Schutze der bürgerlichen Individuen voreinander und vor den Unterklassen eingesetzten Obrigkeit, die hier durch den Jäger symbolisiert wird. Es gehört übrigens zu den besonders gravierenden Mißgriffen der volkschinesischen Deutung dieses Märchens, daß der uniformierte, staatliche Jäger für einen Roten Partisanen gehalten wird. Mir scheint, solche Farbenblindheit (Rot-Grün-Schwäche) sollte einem revolutionären Marxisten oder richtiger einem Wissenschaftler, der sich auf den Marxismus berufen zu können glaubt, nicht mehr unterlaufen.

Die »Botschaft« des bürgerlichen Warn- und Beschwichtigungsmärchens Rotkäppchen lautet also – im Klartext formuliert:

1. Kinder, seid vorsichtig; entgegen der euch gelehrten Moralvorschrift müßt ihr damit rechnen, daß bestimmte Individuen sich euch gegenüber wie reißende Wölfe benehmen.

2. Beunruhigt euch aber über diesen Zustand nicht allzusehr und verlaßt euch darauf, daß die staatliche Obrigkeit, wenn nötig, zum Schutze friedlicher Bürger mit bewaffneter Hand eingreift, da sie doch »das Monopol der physischen Gewalt« (Max Weber) erfolgreich für sich in Anspruch genommen hat.

Daß der Wolf nicht den blutrünstigen Imperialismus symbolisieren kann, hat schon Kollege Baum verdienstvollerweise herausgestellt, mir scheint obendrein ganz eindeutig festzustehen, daß es sich sogar um einen Repräsentanten der ärmsten, hungerleidenden Gesellschaftsklassen handelt, der durch seine sozial bedingte Not auf diesen verzweifelten Ausweg geleitet wurde. Wie aber der hungrige Wolf (das heißt der hungerleidende Arme) zu seiner Nahrung kommen kann, darüber schweigt sich das Märchen charakteristischerweise aus. Das Märchen lehrt nicht, den sozialen Zustand zu verändern, in dem es Arme (Hungerleidende) gibt und in dem durch soziale und individuelle Antagonismen Aggressivität bis zur Tötungsabsicht erzeugt wird, sondern leitet dazu an, diesen Zustand als »natürlich« (im Wald vorkommend) hinzunehmen und sich angesichts der punktuellen Intervention durch den bürgerlichen Staat zu beruhigen, die das Leben der »braven Bürger« durch nachträgliche Unterdrückung der sozial determinierten Verbrechen (mehr oder minder zuverlässig) schützt.

An dieser Stelle räumte Nationalrat Dr. Bürlikon Prof. Ping Peng-pong drei Minuten Redezeit zur Erwiderung auf Prof. Baum ein.

PROF. PING PENG-PONG

Ich danke im Namen der chinesischen Delegation für die faire Diskussionsleitung durch Nationalrat Prof. Bürlikon. Sowohl die Anschuldigungen durch Herrn Bill Ben Baum als auch die Seitenhiebe, die im Referat von Prof. Krasnogradski gegen mein Referat gerichtet waren, erfordern dringend eine Richtigstellung. Nun könnte ich es mir leichtmachen und meinerseits den Nachweis führen, daß die erstaunliche Einfühlungsgabe von Prof. Krasnogradski in die Mentalität des frühen Bürgertums, die seiner Märchendeutung zugrunde liegt, nichts anderes ist als der adäquate Ausdruck der bereits weit fortgeschrittenen Verbürgerlichung der Sowjetgesellschaft, aber ich will dieses allzu einfache Argument einmal beiseite lassen. Lassen Sie mich auf die polemischen

Einwände dieser beiden Kollegen nur mit folgenden Fragen und Hinweisen antworten:

1. Hat Herr Prof. Baum von den großen deutschen Bauernkriegen gehört? Weiß er, daß das deutsche Märchengut durchaus bis auf diese Frühzeit (und zum Teil noch weiter) zurückverfolgt werden kann?

2. Gibt er nicht indirekt selbst die Möglichkeit zu, daß die rote Farbe des Käppchens spätere Zutat ist – also auch nach der Großen Französischen Revolution in Frankreich nach Deutschland gekommen sein könnte, die ja erstmals die rote revolutionäre Farbe bekannt machte?

3. Wie soll man es verstehen, wenn Prof. Krasnogradski sogar eine Art Sympathie und Mitleid mit dem hungrigen Wolf suggeriert? Heißt das nicht konsequenterweise dann auch Sympathie mit dem imperialistischen Papiertiger propagieren, der bekanntlich ebensolchen Heißhunger auf eingeborene Arbeitskräfte und überseeische Rohstoffe empfindet wie der Märchenwolf und der bei Nichtbefriedigung solchen Hungers gleichfalls auf den Tod erkranken kann? Sollte das der geheime Hintersinn solcher systematischen Märchenverharmlosung sein?

Ich weiß, wie die revolutionären Volksbefreiungsbewegungen diese Fragen beantworten werden, frage mich aber, ob die Repräsentanten des verbürgerlichten Sowjetstaates darauf überhaupt noch eine Antwort haben.

PROF. KRASNOGRADSKI/PROF. BAUM (*unisono*)

Wir protestieren aufs energischste gegen die versuchte Verleumdung des großen Sowjetvolkes, seiner Regierung und seiner führenden Partei. Wir verweisen auf die abschließende kritische Widerlegung der pseudomarxistischen Thesen des Herrn Ping Peng-pong durch das Schlußreferat.

NATIONALRAT DR. BÜRLIKON

Meine Damen und Herren, die Diskussion hat zu meiner tiefen Bestürzung abermals polemische Töne anklingen lassen, von denen ich im Interesse der internationalen

Märchendeutung und der friedlichen Fortsetzung dieses Kongresses hoffen möchte, daß sie für den Rest der Tagung vermieden werden können. Ich darf den anwesenden Delegationen meine volle Unterstützung bei der Zurückweisung politischer Polemiken zusagen.

Das Wort hat Prof. Sicherlich von der Harvard University.

PROF. PETER SICHERLICH (USA)

Ich habe mir gestern abend, nach dem prächtigen Empfang im Kulturhaus von Starosibirsk, die Protokolle des ersten Märchendeuterkongresses in Uzern am Uzersee vorgenommen. Zu meiner nicht geringen Überraschung sehe ich mich jetzt in einer Lage, die der damaligen meines Kollegen Friedmund Seud beinahe aufs Haar gleicht. Wie er kann ich nicht umhin, meiner tiefen Verwunderung nicht nur darüber Ausdruck zu geben, daß die psychoanalytischen Deutungsmethoden hier bisher überhaupt nicht zur Sprache gekommen sind, sondern auch, daß der sich aufdrängende sexualaufklärerische oder richtiger sexual-aggressive Charakter des Märchens von keinem der Referenten auch nur erahnt worden ist.

Natürlich muß ich mich als Analytiker fragen, ob das nicht vielmehr eine Folge der Sexualverdrängung ist, der meine verehrten Kollegen aufgrund ihrer eigenen sexualrepressiven Erziehung erlegen sind. Jedenfalls überrascht mich das Ausmaß der Übereinstimmung – wenn auch nur im Negativen – das die Deutungen der Kollegen Ping Peng-pong und Krasnogradski charakterisiert. Keiner von ihnen hat den Wolf als das dechiffriert, was er doch ganz eindeutig ist: ein eindrucksvolles Symbol aggressiv-maskuliner Sexualität. Wenn ich das betone, so kann ich übrigens keineswegs Originalität für mich in Anspruch nehmen. Mein bedeutender Kollege Erich Fromm hat schon 1951 in seinem Buch »The Forgotten Language, an Introduction to the Understanding of Dreams, Fairy Tales and Myths« eine bündige Deutung des Rotkäppchens geliefert, der ich nur wenig hinzuzufügen haben werde. Ich werde also zunächst die Interpretationsvorschläge von

Erich Fromm zusammenfassen und dann eigene Korrekturen anmerken:

1. Die kleine Kappe aus rotem Samt ist natürlich ein Symbol der eben erstmals erfolgten Menstruation. Das Mädchen ist soeben geschlechtsreif geworden, es ist wohl ursprünglich ein Menarchmythos.

2. Aus diesem Grunde warnt die Mutter auch vor dem Wolf – das heißt vor der männlichen sexuellen Begehrlichkeit, die hier – im Einklang mit der sexualrepressiven bürgerlichen Erziehungspraxis (insoweit stimme ich übrigens mit meinem sowjetischen Kollegen überein) – nur als bedrohlich und böse hingestellt wird, während sie doch Quelle von Glück und Freude auch für Rotkäppchen werden könnte.

3. Die Sexuallust des Wolfes (das heißt des Mannes) wird durch den Anblick Rotkäppchens erregt, und er versucht, es durch schöne Worte und Hinweise auf die ästhetischen Reize der Natur zu verführen. Diese Verführung gelingt auch bis zu einem gewissen Grade insofern, als Rotkäppchen in der Tat länger auf der Waldwiese verweilt und sich an den schönen Blumen erfreut. An dieser Stelle hätte Erich Fromm vielleicht auf den Ansatz zu ästhetischer Sublimierung hinweisen können, der sich immerhin bei Rotkäppchen zeigt, während offenbar der Mann, das ist der Wolf, sogleich weiter zur grob-sinnlichen Befriedigung eilt. Das Verweilen unter den Waldblumen deutet Fromm allerdings als »Abweichung vom engen Pfad der Tugend« (dem Waldweg), die in der Folge streng genug bestraft werden soll. Diese Deutungshypothese stimmt aber nicht so recht mit dem doch eindeutig vorliegenden Sublimierungsversuch des Mädchens (Flucht in die bloß optische Befriedigung der Sinne) zusammen.

Beachtlich ist aber die Deutung, die Fromm dem zweiten Teil des Märchens gibt. Er entdeckt in ihm nämlich eine Art matriarchalischer Rache an dem als grundböse unterstellten Mann. Der Wolf, so unterstellt er, möchte durch das Verschlingen lebendiger Menschen (Großmutter und Rotkäppchen) den beneideten Vorzug der Frau gegenüber dem Mann zunichte machen, indem er dann selbst lebendige Wesen in seinem Inneren trägt. Das Verschlingen von Großmutter und Enkelin ist also ein Akt, durch den eine Art Pseudoschwangerschaft erzeugt werden soll. Diese Interpretation bedient sich der psychoanalytischen Ambivalenzhypothese. Das Verschlingen ist – wie von zahlreichen Neurosen und Traumdeutungen belegt wird – eins der Schlüsselworte für den Sexualakt. Da aus dem Sexualakt unter Umständen eine Schwangerschaft resultieren kann, ist auch der Kausalkonnex zwischen Verschlingen und Gravidität plausibel. Nur ist es eben in aller Regel – oder genauer gesagt – aufgrund der biologischen Eigenart der Geschlechter so eingerichtet, daß dabei nur die Frau schwanger wird. Der Wolf versucht also, in unserem Märchen die biologische Realität auf den Kopf zu stellen. Diese Usurpation der weiblichen Privilegien wird aber aufs grausamste an ihm gerächt. Rotkäppchen füllt nämlich, nachdem es vom Jäger aus dem Leib des Wolfes befreit worden ist, den Bauch des Wolfes mit Steinen, so daß er jämmerlich sterben muß. Die Steine sind – wegen ihrer Schwere, lateinisch gravitas, wovon graviditas, Schwangerschaft, abgeleitet ist – ein ironischer Hinweis auf die imitierte Schwangerschaft. Will ein Mann das Privileg der Frau, lebendige Kinder zu tragen und zu gebären, sich anmaßen, so kann man also die Fabel entziffern, dann wird er mit dem Tode bestraft. Das Jus talionis, das »Auge um Auge, Zahn um Zahn« der alttestamentarischen Rechtsordnung, wird wortwörtlich auf diesen Fall angewandt. Woran er gesündigt hat, daran wird der Wolf auch bestraft. Soweit die Deutung von Erich Fromm, der ich in großen Umrissen zustimme.

An einem Punkt kann ich mich freilich ganz und gar nicht mit Fromms Interpretation identifizieren, dort nämlich, wo er meint, der »Jäger sei die konventionelle Vaterfigur ohne reales Gewicht« (a.a.O., S. 241). Mir scheint, man kann unterstellen, daß der Jäger eine Traumgestalt von Rotkäppchens Vater ist, in der er sich den Ödipuswunsch befriedigt. Das »Bauchaufschneiden« könnte dann zwanglos als ein grob verstärktes Symbol für die Defloration verstanden werden und die Füllung mit Steinen (auch wenn sie im Text durch

Rotkäppchen vorgenommen wird) als Symbol für den Schwängerungswunsch. Daß es widersinnig ist, wenn ein Sohn sich eine jungfräuliche Mutter wünscht (es handelte sich offenbar um die Großmutter väterlicherseits, was man auch aus der zugleich bemühten Freundlichkeit der Mutter und ihrem »Nichtselberhingehen« schließen kann), wird als Einwand kaum zu akzeptieren sein, da ja biologische Notwendigkeiten von Traum und Märchenwelt nicht respektiert zu werden pflegen. Mir scheint daher die Frommsche Deutung, die in dem Märchen allein eine Art Rache der matriarchalen, vom Haß gegen die männliche Sexualaggression geprägten Vergeltungsfabel erblickt, unvollständig zu sein. Offenbar gibt es in dem Märchen mehrere Schichten, und einer vermutlich älteren dürfte die Ödipushandlung entstammen, die ich soeben angedeutet habe.

In den Streit um das »Rotkäppchen« griff an dieser Stelle dann auch Präsident Dr. Bürlikon mit einem eigenen Beitrag ein.

NATIONALRAT DR. BÜRLIKON

Ich bitte um Entschuldigung, wenn ich mich selbst auf die Rednerliste gesetzt habe, um ein paar kurze Randbemerkungen zum Referat des Kollegen Sicherlich zu machen. Ich habe nämlich das von ihm zitierte Werk Erich Fromms ebenfalls gelesen, weiß aber auch, daß die von ihm gegebene Deutung des Rotkäppchens von mehreren französischen Spezialisten inzwischen zurückgewiesen worden ist. So schreibt zum Beispiel Delarue: »Zufällig hat Erich Fromm zum Zweck der Deutung des Rotkäppchens mit seltenem Glück gerade diejenigen Märchenbestandteile ausgewählt, die dem ursprünglichen Märchen fremd (das Vorbeigehen des Jägers, das Aufschneiden des Bauches, das Hineinfüllen der Steine an Stelle der Opfer) oder die lediglich Nebensachen sind (das rote Käppchen, der Buttertopf – in der deutschen Fassung die Weinflasche, deren mögliches Zerbrechen als Symbol für den Verlust der Jungfräulichkeit gedeutet wird). Dafür hat er alle Teile unberücksichtigt gelassen, die wirklich volkstümlich und alt sind...« Und Marc Soriano bemerkt in seinem großen Werk über die Märchen Perraults (Paris 1968), daß die Irrtümer Fromms nicht einfach aus der – in Grenzen durchaus legitimen – Verwendung der Psychoanalyse resultieren, sondern aus dem »esprit de système«, »der sich autorisiert glaubt, die Fakten zu überfliegen und Begriffe unmittelbar auf die Erfahrung anzuwenden, die schließlich nur Arbeitshypothesen sind« (a.a.O. S. 48).

Endlich darf ich vielleicht noch darauf hinweisen, daß die Untersuchungen von Marianne Rumpff über »Ursprung und Entstehung von Warn- und Schreckmärchen« (Helsinki Academia Scientiarum Pennica, 1955) gezeigt haben, daß die meisten Überlieferungen des *Rotkäppchens*, in denen der Wolf vorkommt, aus Gegenden stammen, in denen im sechzehnten Jahrhundert Werwolfprozesse stattgefunden hatten.

Die Warnfunktion verweist also auf die Welt der Hexen und Zauberer, die für große Teile der Landbevölkerung noch bis ins neunzehnte, ja sogar ins zwanzigste Jahrhundert hinein durchaus real blieb. Mir scheint, daß die bisher hier vorgetragenen Interpretationen diese Tatsache allzu kühn vernachlässigt haben.

Der letzte Redner des zweiten Internationalen Märchendeuterkongresses in Starosibirsk war der Leipziger Prof. Ben Bill Baum.

PROF. BEN BILL BAUM

Meine Damen und Herren, Genossinnen und Genossen! Ich darf die günstige Gelegenheit nutzen, um noch einmal im Zusammenhang auf die Märchendeutung von Prof. Ping Peng-pong zurückzukommen, und möchte dann, falls die Zeit es erlaubt, auch ein paar kritische Fußnoten zur psychoanalytischen Interpretation von Rotkäppchen hinzufügen, wobei ich in der angenehmen Lage bin, weithin mit Präsident Bürlikon übereinzustimmen.

Ich erlaube mir, auf die Gegenfragen von Professor Ping Peng-pong Punkt für Punkt einzugehen, da sie zugleich Einblick in seine Methode der pseudomarxistischen Geschichtsklitterung geben und mir erlauben werden, die wahren Prinzipien einer geschichtsmaterialistischen Hermeneutik zu demonstrieren.

1. fragt Ping Peng-pong, ob ich vom großen deutschen Bauernkrieg gehört habe. Die Frage stellt natürlich eine Provokation dar. Es genügt, auf die große Reihe von Publikationen der DDR-Historiker über diesen wichtigen Abschnitt der deutschen Geschichte hinzuweisen, um die Insinuation, irgendein Angehöriger der DDR-Akademie der Wissenschaften könnte hier noch ignorant sein, als bösartig zu entlarven. Natürlich ist mir bekannt, daß einzelne Märchen und Märchenmotive bis auf noch weit frühere Zeiten der Volksgeschichte zurückgehen.

Aber verzeihen Sie, Herr Ping Peng-pong, englisch würde man sagen, Sie »missen den point«. Es geht nicht um das allgemeine Prinzip, sondern um ein besonderes Märchen, und dessen Charakter hat Akademik Krasnogradski in meisterhafter Weise entlarvt. Das bürgerlich-kleinbürgerliche Warn- und Beschwichtigungsmärchen *Rotkäppchen* verweist auf die Diskrepanz zwischen der anerzogenen bürgerlichen Moral und dem tatsächlichen Verhalten von Mitmenschen (Wölfen) und sucht zugleich, durch die Figur des bewaffneten und uniformierten Jägers als Repräsentanten des bürgerlichen Staates wieder zu beruhigen. Der progressive bürgerliche französische Märchenexperte Ernest Tonnelat hat schon 1912 darauf hingewiesen, daß der uns vorliegende Text aus der zweiten Auflage der Grimmschen Märchen in ungewöhnlich hohem Maße moralisiert. Die der Mutter in den Mund gelegte Mahnung: »Geh' hübsch sittsam und lauf nicht vom Weg ab, sonst fällst du und zerbrichst das Glas... Und wenn du in die Stube kommst, so vergiß nicht, guten Morgen zu sagen, und guck nicht erst in allen Ecken herum...«, ist – nach Tonnelat – erst durch Wilhelm Grimm in den Text hineingebracht worden. Man kann aber wohl annehmen, daß die beiden Märchensammler den moralisierend edukativen Grundton nicht erfunden, sondern lediglich aufgegriffen und später verstärkt haben.

2. fragt Ping Peng-pong, ob nicht die Tatsache, daß das Märchen erst etwa 1815 aufgezeichnet wurde, doch die Möglichkeit offenlasse, daß das rote Käppchen durch die Französische Revolution in das Märchen hineingekommen sei. Er denkt offenbar an die Phrygische Mütze, wie sie auf dem bekannten Bild Delacroixs von der eine Trikolore in der Hand haltenden Freiheitsheldin getragen wird. Vielleicht sollte man Ping Peng-pong hier die mangelnde Vertrautheit mit der fremden Kultur zugute halten, wenn er solche Hypothesen aufstellt. Man braucht sich nur die bekannten älteren Illustrationen zu den Grimmschen Märchen anzusehen – etwa die von Ludwig Richter –, um sogleich zu erkennen, wie wenig das kleine, schüchterne Kind von zehn bis zwölf Jahren mit der mächtigen, geradezu athletischen Frauengestalt zu tun hat, die Delacroix gemalt hat. Aber auch abgesehen von diesem optisch so widersprüchlichen Eindruck, spricht der ganze soeben erwähnte und von Akademik Krasnogradski entwickelte Kontext des Märchens gegen diese Deutung der roten Farbe.

An dieser Stelle darf ich vielleicht eine Fußnote zu Prof. Peter Sicherlichs bzw. Erich Fromms Hypothese anfügen. Sie scheint mir – falls das überhaupt möglich ist – noch unglaubhafter als die von Ping Peng-pong. Einmal zeigen die bekannten älteren Illustrationen keineswegs ein geschlechtsreifes Mädchen, sondern ein Kleinkind in der Latenzperiode (um mich einmal der im übrigen von mir abgelehnten psychoanalytischen Terminologie zu bedienen). Zum anderen kann selbst ein träumender Analytiker kaum rechtfertigen, daß Menstruationsblut ausgerechnet auf der Kopfbedeckung erscheint. Bekanntlich wurde vor der Erfindung der Anilinfarbstoffe das Blut der Purpurschnecke zum Rotfärben benützt, und nichts spricht dagegen, daß das auch im Falle des roten Käppchens in unserem Märchen so gehandhabt wurde. Ich darf in diesem Zusammenhang darauf hinweisen, daß wir in der DDR keineswegs jene prüden Sexualfeinde sind, als die wir gern von kalten Kriegern in westlichen Zeitungen hingestellt werden, wir sind allerdings – aufgrund der wissenschaftlichen Einsichten marxistischer Forscher – davon überzeugt, daß die Psychoanalyse mit ihrem Pansexualismus nur der modische Ausdruck des verfaulenden Spätkapitalismus ist, und die einigermaßen schockierende Deutung, die wir hier aus dem Munde von Prof. Sicherlich gehört haben, bestärkt mich nur noch in dieser Überzeugung.

3. Der dritte Einwand von Ping Peng-pong richtete sich gegen die Deutung des Wolfes als eines hungerleidenden Mitmenschen, dem daher eher Mitgefühl als der den Feinden des Volkes bestimmte Haß entgegengebracht werden müsse. Er fragt daher rhetorisch, ob wir – im sozialistischen Lager, das unter der Führung der großen Sowjetunion steht – etwa die Absicht hätten, auch den imperialistischen Papiertiger zu bemitleiden, wenn dieser nicht mehr genügend »Nahrung« fände.

Abermals – wie schon beim ersten Punkt – verwirrt Kollege Ping Peng-pong bewußt oder unbewußt die Abstraktionsebenen. Das bürgerlich-kleinbürgerliche Warnmärchen will natürlich alles andere als Mitleid mit dem hungrigen Mitmenschen vermitteln, sondern sucht im Gegenteil, Mißtrauen und Vorsicht als angemessene Haltung gegenüber hungernden Zeitgenossen in Rotkäppchen zu züchten. Außerdem soll es derartige Personen möglichst unverzüglich der Polizei (dem Jäger) übergeben und sich an ihrer Bestrafung (unter Polizeianleitung natürlich) sogar selbst beteiligen. Wenn daher Akademik Krasnogradski Mitleid gegenüber dem Hungerleider anklingen ließ, so hat er das Märchen progressiv gegen seinen reaktionären Strich gelesen, während Ping Peng-pong offenbar der bürgerlichen Darstellung aufgesessen ist.

Was endlich den Imperialismus angeht, so sind wir allerdings der Meinung, daß zwar die Exponenten der imperialistischen Politik – die Manager und Inhaber der Monopole und ihre politischen Handlanger – in der Tat mit Haß verfolgt werden sollten, nicht aber die Masse des Volkes, das im Gegenteil unter Führung der kommunistischen Parteien zu einer antimonopolistischen Einheitsfront vereinigt werden muß. Mit diesem Volk – auch in den aktiv imperialistischen Ländern – Mitleid zu haben, solange es sich nicht selber zu helfen gelernt hat, ist eins der legitimen Motive für unseren politischen Kampf.

Abschließend hat Ping Peng-pong die sattsam bekannten Behauptungen vom »verbürgerlichten Charakter« der Sowjetgesellschaft und ihrer führenden Partei wiederholt. Vielleicht genügt es, wenn ich Herrn Ping Peng-pong darauf hinweise, in wessen Gemeinschaft er sich damit begibt. Er wiederholt Thesen, die von westeuropäischen Revisionisten und Reformisten und von sogenannten Kremlastrologen immer wieder aufgestellt wurden und die dem eindeutigen Wunsche entspringen, das Vaterland der Oktoberrevolution bei den werktätigen Massen der westlichen Industriestaaten, die sehnsuchtsvoll zu ihm hinblicken, zu diskreditieren. Ich frage daher Herrn Ping Peng-pong allen Ernstes: Cui bono? Wem nützt es, wenn er die Sowjetgesellschaft als neue Klassengesellschaft, die sowjetische Staats- und Parteiführung als neue Bourgeoisie beschimpft? Will er sich mit den Renegaten Djilas oder Ernst Fischer auf eine Stufe stellen?

NATIONALRAT DR. BÜRLIKON

Ihre Redezeit ist beendet, Herr Baum, ich bedauere zutiefst, daß auch Sie nicht davon Abstand genommen haben, politische Themen aufzugreifen und polemische Töne anklingen zu lassen. Herrn Kollegen Ping Peng-pong danke ich für die disziplinierte Zurückhaltung, mit der er diese Duplik auf seine Replik zur Kenntnis genommen hat.

Streit um »Hänsel und Gretel«
Edler von Goldeck berichtet vom dritten Internationalen Märchendeuterkongreß in Oil Lake City, Texas (1975)

Nach den ersten beiden Kongressen der Internationalen Märchendeuter, die 1973 in Uzern am Uzersee in der Schweiz und 1974 in Starosibirsk in der Sowjetunion stattfanden, wird Sie gewiß der diesjährige Kongreß in Oil Lake City interessieren, bei dem wieder eins der populärsten Märchen der Brüder Grimm im Mittelpunkt heftiger Kontroversen stand: Diesmal war es das Märchen von HÄNSEL UND GRETEL.

Zum Abschluß des Kongresses in Starosibirsk war Prof. Peter Sicherlich, ein Angehöriger der psychoanalytischen Märchendeuterschule, zum Präsidenten für das folgende Jahr gewählt und der nächste Kongreß an die Harvard University in Cambridge, Massachusetts, eingeladen worden. Die weltweite wirtschaftliche Rezession und die Ölkrise haben leider eine Verschiebung des Kongresses und eine Verlegung des Tagungsortes notwendig gemacht. An die Stelle der angesehenen Harvard University trat die bisher fast völlig unbekannte Neugründung in Oil Lake City, die jedoch infolge von Spenden texanischer Ölmilliardäre ohne Mühe die Kosten übernehmen konnte und den Märchendeutern aus aller Welt großzügige Gastfreundschaft gewährte. Grund für die Wahl gerade dieser jungen und kaum bekannten Universität war unter anderem auch die Tatsache, daß an ihr die ersten beiden Speziallehrstühle für Märchendeutung in den USA existieren, Lehrstühle, die mit dem Ehrennamen Wilhelm-und-Jacob-Grimm-Lehrstühle ausgezeichnet wurden und im Sinne des Methodenpluralismus mit einem progressiven marxistischen Märchendeuter, Professor A. Schlickel, und einem konservativ-romantischen Professor, Dolf Gruber, besetzt wurden.

Als eine kleine anekdotische Randglosse möchte ich darauf verweisen, daß der Stifter dieser Lehrstühle ein Ölmilliardär namens Bechstein ist, der sowohl mit dem gleichnamigen Märchenerzähler als auch mit dem

Münchner Klavierproduzenten und Förderer politischer Talente der äußersten Rechten verwandt sein soll. Kurz, der deutsche Berichterstatter fühlte sich in Texas wie »zu Hause«. Nach dem Vorbild meiner früheren Reportagen will ich mich auch diesmal mit der Dokumentation der wichtigsten Kongreßreden und Diskussionsbeiträge in deutscher Sprache begnügen und nur dort, wo es dringend erforderlich sein sollte, kommentieren. Zunächst die Begrüßungsworte des neuen Präsidenten, Prof. Peter Sicherlich:

PROF. PETER SICHERLICH
(*Harvard University, Cambridge, Mass.*)

Meine sehr verehrten Damen und Herren, liebe Fachkolleginnen und -kollegen, ich freue mich, daß durch das Einspringen unserer – im wahrsten Sinne des Wortes – märchenhaft reichen texanischen Ölmilliardäre in letzter Minute doch noch die Veranstaltung des dritten Internationalen Märchendeuterkongresses in den USA ermöglicht worden ist. Ich brauche wohl an dieser Stelle nicht auf den engen Zusammenhang von Öl, arabischer Welt und Märchenwelt eigens hinzuweisen. Jener Teil der Welt, aus dem die phantasievollsten Märchen kommen, hat uns in den vergangenen Jahren auch die phantasievollsten Preise beschert und – als Nichtökonom sei mir die nüchterne Bemerkung erlaubt – auf dem Umweg über diese Phantasiepreise unserer phantasievollen Wissenschaft wiederum eine bleibende Heimstatt beschert. Ich meine die beiden Brüder-Grimm-Lehrstühle, die im vergangenen Jahr an der University of Oil Lake City errichtet wurden und deren erste Inhaber ich hier besonders herzlich begrüßen möchte.

Entschuldigen Sie bitte, verehrter Herr Gouverneur Moneymaker und verehrter Senator Logroller, daß ich Sie nicht als erste genannt habe. Auch Ihnen gilt unser aller dankbarer Gruß. Doch ich möchte den Gang der Diskussionen nicht länger aufhalten. Wir haben über die Reihenfolge der Referate gelost, weil sich ein Konsensus über die Rednerliste nicht finden ließ. Nach jedem Referat wird Zeit zu einer kurzen Diskussion sein. Ich darf Herrn Kollegen Dolf Gruber bitten, mit seinem Referat »Hänsel und Gretel und der deutsche Wald« zu beginnen.

PROF. DOLF GRUBER (*Wilhelm-und-Jacob-Grimm-Lehrstuhl für Märchendeutung der University of Oil Lake City*)

Meine sehr verehrten Damen und Herren. Um das Märchen Hänsel und Gretel schwebt der tiefe Geist des deutschen Volkes mit seiner innigen Naturverbundenheit. Nur in einer Haltung stiller, verehrender Andacht und unter Ausschaltung zivilisatorischer Reflexion erschließt diese Volksmythe ihren wahren Gehalt, ihre erdverbundene Naturfrömmigkeit, ihre einsame Größe. Wovon ist die Rede? »Vor einem großen Walde wohnte ein armer Holzhacker mit seiner Frau und seinen zwei Kindern.« Einfach und schlicht stellt der märchenerzählende Volksmund die Fakten vor uns hin. Nur in Deutschland gibt es so große Wälder, daß der in ihrer Nähe Lebende etwas vom Hauch der Weite der göttlichen Natur spürt, von ihrer den Menschen umfassenden und tragenden Größe, Gewalt, Tiefe, Stille und Schönheit. Der Holzhacker ist ein heute ausgestorbener Beruf. Er lebte im unmittelbaren Kontakt mit der Natur allein von seiner Hände Werk. Tag für Tag hat er es mit den Bäumen des Waldes zu tun, kennt sie und liebt sie, ist mit ihnen auf eine Weise verbunden, wie sie die durch die kulturfeindliche Zivilisation hindurchgegangenen Städter heute kaum noch nachzuempfinden vermögen.

Der Holzhacker ist arm. Armut ist hier nicht allein in dem oberflächlichen ökonomischen Sinn gemeint, wie er von marxistischen Deutern allein gesehen wird. Nein, Armut meint hier jenen »großen Glanz von innen«, von dem Rainer Maria Rilke in unserem Jahrhundert sprach. Es sind auch Arme im Geiste, von denen wir hier berichtet bekommen. Aber die Armut im Geiste hindert sie nicht, auf germanische Weise fromm zu sein. Das heißt, der Natur, dem Walde und seiner bergenden Macht zu vertrauen. Der Entschluß, die Kinder im Walde zurückzulassen, um so wenigstens selbst noch überleben zu können, mag auf den ersten Blick grausam erscheinen. Aber diese Grausamkeit rührt nur von unserem verständnislosen Blick. Der Wald ist das Größte und Schönste für jeden echten naturfrommen Deutschen. Wie sollte er nicht – unter heroischer Unterdrückung der eigenen Anhänglichkeit an die Kinder – das Liebste, was er hat, diesem Größten und Schönsten anheimgeben wollen?

Gewiß, die Kinder streben zunächst aus dem Wald wieder heraus. Die Schulbildung, die in ihr Dasein erste Anfänge störender zivilisatorischer Reflexion gebracht und das Urvertrauen in den deutschen Wald erschüttert hat, läßt sie so handeln. Aber die Größe des Märchens besteht darin, daß es offenbar macht, wie die »List« der Mutter Natur größer ist als die der kleinen Menschlein. Die Brosamen, mit denen Hänsel in Ermangelung weißer Steine beim zweitenmal den Heimweg markiert, werden von Waldvögeln verzehrt. Wo der reflektierende Mensch nur einen Weg, nur ein Mittel sieht, da hat die allumfassende, allwissende, allgütige Natur deren tausend.

Die Natur weiß, daß unsere jungen germanischen Kinder den Wald brauchen, um in ihm frei sich zu entfalten, um zu echten nordischen Menschen heranzuwachsen, gestählt durch die Entbehrungen langer Fußmärsche, geschult durch den Zwang, von Beeren und Waldtieren (die in der uns überlieferten Fassung fehlen) sich zu ernähren. Die der Rückkehr dienende Ente unterstreicht zum Abschluß noch einmal, wie sehr jene Erziehung durch den deutschen Wald unsere beiden blonden Kinder verändert hat. Die Elemente helfen ihnen, da sie ihnen jetzt Vertrauen schenken und die berechnende Verstandestätigkeit der Schule aufgegeben haben. Nur wer an die Wunder des deutschen Waldes glaubt, erfährt sie auch.

Was aber ist nun mit der Hexe? Kein Zweifel, daß sie am Wald und seiner Unversehrtheit gefrevelt hat, indem sie ein Haus in ihn hineinbaute. Das Schicksal, das sie aus Gretels kundiger Hand erfährt (schon bei den alten Germanen waren die Frauen kühne Kämpferinnen, die den Männern in der Schlacht zur Seite standen), ist wohlverdient. Sie kam – vermutlich von fern her – und hat sich als Fremde auf befremdliche Weise hier angesiedelt. Daß sie die Kinder einfangen und sogar töten will, ist nicht weiter erstaunlich. Sie weiß wohl, daß bei Bekanntwerden ihrer unerlaubten Niederlassung ihrem Bleiben gar bald ein Ende gemacht werden würde. Die Gefahr droht den Kindern – wie wir sehen – nicht vom schützenden und nährenden deutschen Wald, sondern von der landfremden Hexe. Daß es sich um eine solche handelt, macht das Märchen höchst diskret durch die extreme Freundlichkeit deutlich, die so ganz und gar nicht dem graden und rauhen, aber herzlichen Wesen einer deutschen Frau und Mutter entspricht.

Auch die süßen Speisen und das weiße, weiche, allzu bequeme Bett verweisen auf die Herkunft aus einem zivilisatorisch verweichlichten – vermutlich welschen – Lande. Wenn das Heiligste des Germanen bedroht wird, sein Wald, dann ist er zu entscheidendem Abwehrkampf herausgefordert. Hänsel und Gretel erweisen sich als wackere Kämpen und machen der Überfremdung des urdeutschen Waldes ein schnelles und definitives Ende.

Die Schätze, die sie im Hexenhaus finden, verweisen auf eine aussaugerische Betätigung der Bewohnerin, die vermutlich eine Pfandleiherin war (mag sie nun aus der Lombardei gekommen sein, von wo der Ausdruck Lombard entlehnt ist, oder aus dem Orient, dessen in ganz Europa zerstreute Abkömmlinge fast ganz auf dieses Gewerbe sich geworfen haben). So gesehen, mag man sogar in Hänsel und Gretels Tat einen ersten Versuch der »Brechung der Zinsknechtschaft« erblicken, unter der das deutsche Volk schon damals zu schmachten begann.

Ich habe ein wenig in den Arbeiten meiner Kollegen geblättert und zu meiner Bestürzung festgestellt, daß sie fast alle den Wald und seine zentrale Bedeutung, die schon im ersten Satz des Märchens angesprochen wird, vergessen haben. Das Märchen *Hänsel und Gretel* hat nichts mit Verbrechen oder mit den Schweinereien der Freudianischen Sexualtheorie zu tun. Es ist ein sauberes, urgermanisches Märchen vom erfolgreichen Kampf der jungen Mannschaft mit dem

Fremden, das die heimische Erde bedroht. Es ist kein Wunder, daß die Eltern in diesem Märchen nur eine beschränkte Rolle am Rande spielen. Immer ist es ja in der germanischen Tradition die tapfere, mutige Jugend gewesen, die in die Schlacht hinauszog und die Gefahren einer feindlichen Welt bestand.

Am Ende aber ist auch Hänsel und Gretels Vater von der Sache der Jungmannschaft völlig überzeugt, während die Stiefmutter, deren undurchsichtige Rolle auf ihre (womöglich auch rassisch bedingte?) Beeinflußtheit durch eine entdeutschte Umwelt schließen läßt, inzwischen gestorben ist. Der Kern des germanischen Heerbanns und damit der politischen Organisation der alten Deutschen überhaupt wurde immer vom Männerbund der Waffenfähigen gebildet. Die keusche Jungfrau aber, die dem Jüngling zur Seite steht, mag hier – in uneigennützigem Dienen – ihren angemessenen Ort finden, solange kein geeigneter Partner sich findet. Die von der Hexe zurückgehaltenen Schätze endlich können auch symbolisch als der Volksbesitz gedeutet werden, den fremde Mächte den Deutschen böswillig so lange vorenthalten haben.

Während der letzten Worte von Prof. Dolf Gruber machte sich zunehmende Unruhe im Saal breit, Zwischenrufe kamen von Prof. Krasnogradski, Prof. Schlickel, Prof. Ping Peng-pong und anderen. Mit Mühe hielt Präsident Prof. Sicherlich die äußere Ordnung aufrecht. In der lebhaften Diskussion, die sich sofort anschloß, sprachen die Professoren Krasnogradski und Ping Peng-pong. Aus ihren Reden folgen nun die wichtigsten Abschnitte.

PROF. KRASNOGRADSKI (Moskau)

Verehrter Herr Präsident, meine verehrten Damen und Herren. Wer hätte geglaubt, daß uns – in der Mitte der siebziger Jahre dieses Jahrhunderts – fast dreißig Jahre nach Beendigung des gemeinsamen Krieges der Demokraten und Kommunisten gegen den deutschen Faschismus hier – im Heimatland von Thomas Jefferson – noch einmal jene

Märchendeutung präsentiert werden würde, die für die Exponenten des deutschen Faschismus so überaus typisch war?

Ich gehe davon aus, daß Herr Dolf Gruber sich der Tatsache der Verwandtschaft seiner Deutung mit den von mir erwähnten Exponenten der Nazigermanistik nicht bewußt ist, und versichere ihm, daß es mir lediglich auf die Erarbeitung einer qualifizierten und haltbaren Hänsel-und-Gretel-Deutung ankommt. Zur Sache möchte ich mich – ohne meine eigene Interpretation in extenso ins Spiel zu bringen – auf drei wesentliche Hinweise beschränken:

1. Die materielle Not, über die der Kollege Gruber so leicht hinweggegangen ist, darf nicht ohne weiteres bagatellisiert werden. Sie weist darauf hin, daß wir uns wirtschaftsgeschichtlich im Stadium des Frühkapitalismus und einer seiner ersten Krisen befinden. Denn ganz offensichtlich handelt es sich ja nicht um eine Hungersnot, die durch Mißernten verursacht wurde, sondern um eine zyklische Krise, in der mit einem Male – infolge zurückgehender Investitionsneigung – der Bedarf (richtiger die zahlungsfähige Nachfrage) nach Holz fast ganz aufgehört hat, wodurch vor allem Kleinproduzenten wie die erwähnte Holzhackerfamilie ins Elend gestürzt werden.

2. Die Stiefmutter des Märchens plant ernstlich – übrigens gegen den energischen Widerstand des Mannes – die Aussetzung der beiden Kinder und ist offensichtlich bereit, deren Tod als Folge zu akzeptieren, anders wären die Einwände des Mannes gar nicht zu verstehen.

3. Hänsel und Gretel befinden sich zwar in einer echten Notlage, doch ihre Reaktion auf diese Lage weist deutlich die Merkmale präfaschistischen Verhaltens auf: Der soziale Druck wird von den »Mächtigeren« an die jeweils Schwächeren weitergegeben: Die Eltern geben den Druck an die Kinder weiter und diese ihrerseits an die Angehörige einer marginalen Existenz, die vom vorurteilsbelasteten Volksmund als »Hexe« diffamiert wird. Ihre Tat wird von ihnen selbst als schiere Notwehr geschildert, aber als Beweis für die Richtigkeit dieser Aussage haben wir nur das Zeugnis der beiden

Täter selbst. Sehen wir einmal von der offensichtlichen Voreingenommenheit des Märchenerzählers für die beiden Halbwüchsigen ab, so ergibt sich das Bild ungeahndeter Lynchjustiz mit anschließendem Raub. In Europa sprechen wir in solchen Fällen auch von einem (wenn auch kleinen) Pogrom. Für die reaktionäre Geschichtsphilosophie, die diesem Märchen zugrunde liegt, ist die Glorifizierung der Tötung Wehrloser (alter, isolierter, Minderheiten angehörender Menschen) charakteristisch. Im Lichte der später von den deutschen Faschisten begangenen Taten kann die dem Märchen zugrunde liegende Begebenheit nicht anders charakterisiert werden als eine »Episode aus der Geschichte des Präfaschismus«, wie sie ein bekannter bundesdeutscher Autor vor einigen Jahren genannt hat.

Als nächstem erteilte Präsident Sicherlich Prof. Ping Peng-pong das Wort und ermahnte die Teilnehmer, den Ablauf der Diskussion nicht durch störende Zwischenrufe zu behindern.

PROF. PING PENG-PONG

Wieder einmal, meine Damen und Herren, hat ein Gelehrter aus der Sowjetunion den schlagenden Beweis dafür erbracht, daß im Land des Großen Oktober eine neue Bourgeoisie entstanden ist, die den Errungenschaften des Marxismus-Leninismus den Rücken kehrt, um sich der bürgerlichen Pseudowissenschaft in die Arme zu werfen!

(Zwischenrufe von Krasnogradski auf russisch: »Kitaiski schowinist i prowokater!«, Glocke des Präsidenten.)

Auch ich kann nicht umhin, Tatsachen zu konstatieren Herr [!] Krasnogradski; Sie werden genötigt sein, der Wahrheit einer wirklich marxistisch-leninistischen Märchendeutung ins Auge zu sehen, die, von den Mao-Tse-tung-Ideen inspiriert, die Vergangenheit im Lichte der weltweiten Volksbefreiungsbewegung angemessen erkennt!

Worauf kommt es bei jeder Interpretation in erster Linie an? Auf die Erfassung des Klassencharakters! Auf dieses ABC des Marxismus sollte ich Herrn Krasnogradski nicht erst hinweisen müssen. »Wer – wen?« so lautete die entscheidende Frage Lenins. Wer, welche Klasse, welcher Klassenexponent schlägt welche Klasse, den Exponenten welcher anderen Klasse? Der entscheidende Klassenunterschied ist aber, wie Mao Tse-tung gelehrt hat, der zwischen dem Volk und den Feinden des Volkes.

Es kann nun aber gar kein Zweifel daran bestehen, daß Hänsel und Gretel sowie deren Vater zum Volk gehören, während die Hexe (und womöglich auch die Stiefmutter) zu den Feinden des Volkes gehört. Unser Märchen ist also mit Sicherheit nicht eine Episode aus der Geschichte des Präfaschismus, weil es zeigt, wie das Volk siegreich mit seinen Feinden fertig wird, während im Faschismus die Feinde des Volkes sich zu dessen terroristischen Herren machen!

Damit ist unsere Interpretation aber natürlich noch nicht beendet. Lassen Sie mich nur rasch noch einige wenige Grundzüge erwähnen: Unser Märchen kündet von den frühen Kämpfen des Volkes gegen seine Ausbeuter und Unterdrücker. Die Symbole des Märchens müssen als Chiffren für die Unterdrückungswerkzeuge und den Lebensstil der Feinde des Volkes gelesen werden:

1. Das Hexenhaus symbolisiert den verbrecherischen Luxus der bösen Landlords, die das Volk ausbeuten und aussaugen.

2. Der Stall, in den Hänsel gesperrt wird, symbolisiert den staatlichen Unterdrückungsapparat, der voll und ganz im Dienste der herrschenden Klasse steht.

3. Die Hexe deutet den geheimnisvollen, noch nicht durchschauten Charakter der jungen kapitalistischen Produktionsweise an, in der – trotz Gültigkeit des Gesetzes vom Äquivalententausch – dennoch die eine Seite (die der Lohnabhängigen) immer verliert und die andere (die der Kapitaleigner) immer gewinnt. Dem schlichten und ehrlichen Gemüt des Volkes mußte dieses System notwendig so lange als »Hexeneinmaleins« erscheinen, bis Marx das Geheimnis der Mehrwertproduktion gelöst hatte (1859).

4. Der Ofen kann leicht als Inbegriff der in Privateigentum befindlichen Produktionsmittel verstanden werden, in deren

Dienst die Lebenskraft des Volkes (der Lohnarbeiter) buchstäblich verbraucht, verzehrt, zerstört wird.

Wenn Hänsel in diesen Ofen gesteckt werden soll, so meint das Märchen also nichts anderes, als daß er sich als Lohnarbeiter verdingen, seine Arbeitskraft an das Kapital der Hexe verkaufen soll. In seiner drastischen, aber auf poetische Weise wahren Ausdrucksweise spricht das Märchen vom »Verzehr Hänsels durch die Hexe«. Wir entschlüsseln den Satz in: »Produktiver Konsum der Ware ›Hänselsche Arbeitskraft‹ durch die Kapitalbesitzerin – Hexe.«

5. Die Befreiungstat der solidarisch verbundenen Geschwister ist eine – freilich wegen ihrer lokalen Isoliertheit nur partiell erfolgreiche – Vorform des Volksbefreiungskrieges. Es ist wohl nicht notwendig, daß ich darauf hinweise, welche bedeutsame Rolle hier – wie im Partisanenkampf – der Wald spielt und wie geschickt sich Hänsel und Gretel dem Terrain anpassen, in dem sie kämpfen. Auch die Hilfe, die ihnen durch die Ente zuteil wird, kann als Kürzel für die bekannte Regel gelten, der »Partisan müsse in der ihn umgebenden Bevölkerung schwimmen wie der Fisch im Wasser«. Statt Fisch kann natürlich auch Ente gesagt werden.

Der Mangel, der dennoch dieser frühen Befreiungstat anhaftet, rührt daher, daß Hänsel und Gretel erstens der Anleitung durch eine mächtige, die zahlreichen Einzelkämpfe des Volkes koordinierende Partei noch entbehrten und daß sie zweitens die im Namen des Volkes beschlagnahmten Schätze der Hexe nicht zum Aufbau eines volkseigenen Betriebes benützten, sondern sie, jedenfalls muß man das aufgrund der Worte des Märchens – »Da hatten alle Sorgen ein Ende, und sie lebten in lauter Freude zusammen« – annehmen, privat konsumierten.

Soviel zu einer unabdingbaren Richtigstellung der schwerwiegenden Fehler, die Herr Krasnogradski in seiner Deutung – ich lasse es dahingestellt, ob absichtlich oder unabsichtlich – begangen hat. Sein Beispiel zeigt einmal mehr, wohin man gerät, sobald man die Basis der materialistischen, marxistisch-leninistischen Geschichtsinterpretation verlassen hat!

PROF. A. SCHLICKEL (*Wilhelm-und-Jacob-Grimm-Lehrstuhl für Märchendeutung der University of Oil Lake City*)

Ich kann mich kurz fassen, möchte ich doch lediglich Herrn Kollegen Ping Peng-pong meinen herzlichen Dank dafür aussprechen, daß er sowohl der teutschtümelnden Deutung von Prof. Gruber als auch der pseudomarxistischen, kompromißlerischen Interpretation von Prof. Krasnogradski die einzig wissenschaftliche und progressive Erhellung des Märchens im Lichte der glorreichen Mao-Tse-tung-Ideen entgegengesetzt hat. Ich darf ihm versichern, daß wir hier in Oil Lake City, jedenfalls in meiner Abteilung des Wilhelm-und-Jacob-Grimm-Instituts für Märchenforschung, durchaus im gleichen Geiste arbeiten.

Damit waren die Debatten des ersten Kongreßtages abgeschlossen, und bei einem kalten Buffet, *das der* Mäzen *der* Universität, Dr. *h. c.* Bechstein, *im Verwaltungsgebäude der* Oil Extraction Corporation *gab, wurden wieder versöhnlichere* Worte *ausgetauscht. Vor allem kam es zu einer vielbeachteten* Annäherung *zwischen den beiden* Kollegen *aus* Oil Lake City, *die sich seit einem Jahre nicht die* Hand *geschüttelt hatten.*

Politische Schlußfolgerungen, die ein Korrespondent aus dieser veränderten Haltung *ziehen wollte, erscheinen uns jedoch zumindest als verfrüht. Jedenfalls weisen wir die Kombination der beiden – zufällig deutschen –* Namen, *wie sie eine hiesige* Studentenzeitung *versucht hat, als geschmack- und taktlos zurück!* Der Morgen *des zweiten Kongreßtages stand dann ganz im Zeichen von* Sigmund Freud. *Da* Präsident *Peter Sicherlich das Grundsatzreferat hielt, übernahm Altpräsident* Nationalrat Dr. *Bürlikon den* Vorsitz.

NATIONALRAT DR. BÜRLIKON

Meine Damen und Herren, ich verrate Ihnen kein Geheimnis, wenn ich darauf hinweise, daß wir nach den stark ins Politische tendierenden Ausführungen des gestrigen Tages heute mit einer psychoanalytischen Interpretation konfrontiert werden. Sie werden, glaube ich, mich nicht mißverstehen, wenn ich schon jetzt darum bitte, die oft – auch meiner Überzeugung nach – weit hergeholten und anstößigen Thesen dieser Interpretationsmethode mit der gleichen Gelassenheit aufzunehmen wie die Ausführungen des ersten Kongreßtages. Herr Kollege Sicherlich, ich darf Sie bitten, das Wort zu ergreifen.

PRÄSIDENT PROF. SICHERLICH

Dear Chair-Person, meine Damen und Herren. Beinahe schäme ich mich (entschuldigen Sie die veraltete Ausdrucksweise), daß es offenbar noch immer notwendig ist, auf die so offen zutage liegende psychoanalytische Relevanz auch dieses Märchens ausdrücklich interpretatorisch hinzuweisen. Gestatten Sie mir ein paar einleitende Worte zur Kompetenz der Analyse zur Märchendeutung im allgemeinen.

Märchen sind – davon dürfen wir wohl ausgehen – spontane, unreflektierte Produkte der Volksphantasie, in denen sich unbewußte Ängste, Hoffnungen, Sehnsüchte auf verschlüsselte Weise artikuliert haben. Worin aber bestehen diese Ängste, Hoffnungen und Sehnsüchte? Sie, meine verehrten Vorredner, deuten diese Ängste und Hoffnungen ausschließlich von dem her, was in Ihrem aktuellen Bewußtsein präsent ist, wir Analytiker wissen, daß die stärksten Impulse aus einer Tiefenschicht des Seelenlebens stammen, die die meisten Erwachsenen heute erfolgreich verdrängt und in bestimmte sozial anerkannte Bahnen kanalisiert haben. Man kann Märchen nicht angemessen entschlüsseln, ohne das Phänomen der Verdrängung zu berücksichtigen und ohne selbst die eigenen Verdrängungen (am besten mit Hilfe einer Analyse) ins Bewußtsein gehoben und dadurch abgebaut zu haben. Kinder sprechen deshalb so viel besser auf Märchen an, weil sie dem Inhalt des von uns Verdrängten noch näher stehen, auch wenn sie ihn selbst nicht bewußt zu machen vermögen.

Der sogenannte »gesunde Menschenverstand« des zeitgenössischen Erwachsenen ist so sehr von Tabus und Verdrängungen geprägt, daß er nicht ohne Überwindung erheblichen Widerstandes die analytische Märchendeutung hinnehmen kann. Ich weise Sie daher schon jetzt darauf hin, daß ich auch dieses Mal wieder einige Selbstüberwindung von Ihnen verlangen muß: Sie müssen mit mir – sei es auch nur als heuristische Annahmen – die Freudschen Einsichten akzeptieren, daß die neugeborenen Kinder polymorph pervers sind, daß die erste Form erotischer Lust die orale Saugtätigkeit ist, die noch von erwachsenen leidenschaftlichen Rauchern empfunden wird, und daß bei regulärer Sexualentwicklung auf die erste orale eine Phase analer Befriedigung folgt, die erst im Laufe der Pubertät durch die Ausbildung der Genitalerotik abgelöst wird. Sie müssen weiter davon ausgehen, daß die Triebschicksale der Individuen und der Gattung Menschheit die tiefste und entscheidende Erfahrung bilden, auf deren Hintergrund sich auch erst alle späteren, historisch-kulturellen Erfahrungen eintragen lassen. Nachdem ich so viel vorausgesetzt habe, kann ich das Märchen *Hänsel und Gretel* relativ rasch und einfach entschlüsseln, wobei ich mich auf eine Studie des verstorbenen Kollegen Emil Lorenz stütze:

Auch dieses Märchen berichtet von einer Wunscherfüllung, wie sich an der begeistert-erleichterten Reaktion kindlicher Zuhörer leicht ablesen läßt. Es muß sich um einen tiefliegenden Wunsch handeln, der keineswegs mit Kategorien zeitgenössischer politischer Kämpfe erfaßt werden kann. Ebensowenig hat er allerdings mit den rassenideologischen und nationalistischen Erwartungen unserer teutschtümelnden Germanisten zu tun! Es handelt sich – um es vorweg zu sagen – um die zögernde und hinausgeschobene Ablösung von der oralen Phase kindlicher Lustgewinnung durch die anale. Während im Märchen vom *Tischlein-deck-dich* gleich alle drei Phasen der Libidoentwicklung vorgeführt wurden, bleibt dieses Märchen auf der zweiten Stufe stehen.

Es setzt ein mit der übersteigerten Projektion der Entwöhnung von der Mutterbrust in eine spätere Altersstufe der Kinder Hänsel und Gretel. Das Zurücklassen im Wald – weit entfernt vom bergenden elterlichen Haus – symbolisiert noch einmal die schmerzliche Urerfahrung der Trennung von der Mutter: 1. durch die Geburt (das Hinausgestoßenwerden aus dem bergenden Uterus) und 2. durch die Entwöhnung von der nährenden Mutterbrust. Der Hinweis auf die im Lande herrschende Hungersnot kann als erster Ansatz einer Rationalisierung verstanden werden, durch die die Mutter gleichsam entschuldigt werden soll. Auf der anderen Seite unterstreicht das Märchen nachdrücklich die höhere Verantwortung gerade der Mutter, die ja der eigentliche Motor der Aussetzung ist. Diese Verhaltensweise entspricht zwar der traumatischen Erfahrung von Geburt und Entwöhnung, widerspricht aber zugleich dem gängigen Klischee von der guten, mitleidigen, fürsorglichen Mutter im Unterschied zum harten, rauhen, eher kalten Vater. Als eine Konzession an dieses gängige Klischee ist die Einführung der Stiefmutterkennzeichnung anzusehen. Sie ist ganz gewiß erst eine spätere Zutat.

Der Versuch der Rückkehr ins Elternhaus geht nun aber bezeichnenderweise von Hänsel aus, dessen Mutterbindung (die natürlich unbewußt bleibt) noch eine zusätzliche, uneingestandene erotische Komponente aufweist, die Gretel natürlich fehlt. Im Dienste seiner kindlichen Libido entwickelt sich Hänsels Intellekt und läßt ihn listig die Wegmarkierung mit Kieselsteinen und die Ausreden wegen seines Rückwärtsblickens ersinnen (»Ich sehe nach meinem weißen Kätzchen, das sitzt oben auf dem Dach und will mir ade sagen.«).

Aber alle bewußte List kann doch auf die Dauer die Libidoentwicklung nicht aufhalten. Das Ausstreuen von Brotkrumen markiert den vollzogenen Übergang von der flüssigen Brustnahrung zur festen Nahrung und erinnert insofern an den endgültig vollzogenen Bruch mit der Nährmutter. Aber die Verhaltensweise der Kinder gegenüber dem Hexenhaus stellt noch einmal den Versuch einer »Rückkehr zur Mutter« beziehungsweise sogar »in die Mutter«, also eine Regression dar. Einmal wird das Haus dieser alten Frau (die natürlich nur eine durch kindlichen Zorn entstellte Mutterfigur darstellt) ohne weiteres als eßbar angesehen, also nach Art des nährenden Mutterleibes benutzt, und zum anderen gibt die Hexe selbst – jedenfalls gegenüber dem libidinös stärker engagierten Hänsel – ihre Absicht der Einverleibung bekannt.

Die Hänsel angedrohte Verspeisung ist aber im Grunde nichts anderes als die von ihm selbst – wenigstens ambivalent – noch einmal erwünschte Rückkehr in den mütterlichen Uterus.

Es ist plausibel, daß Gretel, die als vielleicht gleichaltrige Zwillingsschwester infolge ihres Geschlechts in der Sexualentwicklung bereits weiter fortgeschritten ist, die Regression von Hänsel durch ihr aktives Eingreifen verhindert. Sie erkennt gleichsam stellvertretend für die »Natur« die Gefahr der Regression: Sie erscheint ihr als ein »Aufgefressenwerden« von der Hexenmutter. Indem sie die Hexe in den Ofen schiebt, stößt sie diese sozusagen selbst in den Uterus zurück, aus dem die Kinder gekommen sind. Jetzt wird der Uterus nicht mehr als Ort völliger Geborgenheit ersehnt, sondern als Gefängnis verurteilt und die Zurückhaltung in ihm der Mutter als »Verbrechen« angelastet. Die Flucht der beiden Kinder führt daher auch nicht zufällig über einen Bach, von dem auf dem Hinweg keine Rede war, weil dieser offensichtlich an das Fruchtwasser erinnert, das vor der Geburt abgeht. Die Befreiung von der Hexe ist also eine zweite, jetzt mit aktivem Bewußtsein nachvollzogene Geburt und Entwöhnung (von dem eßbaren Haus ist keine Rede mehr). Der Übergang zur zweiten Phase der Libidoentwicklung kann vollzogen werden, die Gefahr der Regression ist gebannt.

Von dieser zweiten, analen Phase erfahren wir allerdings nicht eben viel. Es ist lediglich davon die Rede, daß die Kinder »Perlen und Edelsteine« im Hexenhaus finden und zu ihrem Vater nach Hause mitnehmen. Jeder analytisch Gebildete weiß aber, daß Gold, Edelsteine und Preziosen im Traum häufig in Gestalt von Kot erscheinen. Das Interesse an ihnen und ihrem Wert charakterisiert also den Übergang zur Anallust. Die Gier, mit der Hänsel und Gretel die Reichtümer an sich raffen, spricht dafür, daß sie – zumindest für den Augenblick – Analcharaktere angenommen haben.

Daß Hänsel noch nicht zur dritten, genitalen Phase herangereift ist, deutet das Märchen höchst diskret durch die Geschichte mit dem dünnen Knöchelchen an, das Hänsel aus seinem Käfig schiebt. Natürlich handelt es sich hier um den noch nicht ausgewachsenen, jugendlichen Penis. Nimmt man die Ambivalenz der Hexenfigur und des zugleich gefürchteten wie insgeheim begehrten Gefressenwerdens hinzu, so läßt sich hier leicht eine verdrängte Episode rekonstruieren, bei der es der Hexe keineswegs darum ging, Hänsel zu »fressen«, sondern mit Hänsel Geschlechtsverkehr aufzunehmen.

Bekanntlich waren ja zahlreiche Hexen, die im Mittelalter verbrannt wurden, keineswegs alt und gebrechlich, sondern vielmehr schöne, sexuell anziehende junge Frauen. Nehmen wir an, daß es sich um eine solche Hexe gehandelt hat und daß Gretel obendrein in ihren Bruder verliebt war, dann könnte auch noch eine ganz andere Geschichte in unserem Märchen verborgen gewesen sein. Die Tötung der Hexe durch Gretel wäre aus Eifersucht erfolgt. Zwar wäre die »Mästung« Hänsels durch die Hexe der Versuch gewesen, die sexuelle Reifung des Jungen künstlich zu beschleunigen, aber damit gehe ich in meiner Deutung über den tradierten Text hinaus. Lassen Sie mich mit einem Zitat von Emil Lorenz schließen, der die starke Wirkung dieses Märchens darauf zurückführt, »daß die zwei so wichtigen ersten Phasen der Libidoentwicklung sich darin mit nahezu historischer Treue widerspiegeln. Die Lust an diesem Märchen ist die lustvolle Belebung verlassener Libidopositionen, die ja niemals so völlig verlassen sind, daß ihre Wiederherstellung nicht wenigstens vorübergehend auf dem Wege der Phantasie erfolgen könnte« (Imago, Jg. XVII, S. 122).

Unruhe und Zwischenrufe während des Referates von Prof. Peter Sicherlich kamen von verschiedenen Seiten des Auditoriums, man konnte die Stimmen von Prof. Krasnogradski und – gemeinsam – die von Prof. A. Schlickel und Prof. Dolf Gruber identifizieren. Offenbar regen psychoanalytische Deutungen in manchen Kreisen von Geistes- und Sozialwissenschaftern noch immer erheblich auf. In der Debatte kamen abermals alle Positionen zu Wort. Ich begnüge mich aber mit der Wiedergabe charakteristischer Ausschnitte aus den Reden von Prof. Ping Peng-pong und Prof. Dolf Gruber.

PROF. PING PENG-PONG

Der Vorzug dieser Interpretation des Herrn Kollegen Sicherlich besteht darin, daß sie wenigstens nicht die einzig progressive vom Standpunkt der Mao-Tse-tung-Ideen aus erfolgende Deutung unmöglich macht. Wir sind uns, Herr Kollege, ja darin einig, daß das Märchen Hänsel und Gretel einen durchaus erfreulichen, in gewisser Weise fortschrittlichen Eindruck auf den Zuhörer macht, und – auch wenn Sie diesen Eindruck allein auf individualpsychologische Wurzeln zurückführen – ich kann Ihnen doch insoweit durchaus folgen. Im Gegensatz zu den reaktionären Ausführungen von Prof. Krasnogradski, die ich ganz entschieden zurückweisen mußte, kann ich also bei Ihnen immerhin positive Anknüpfungspunkte finden: Sie verweisen auf Hänsels Intelligenz, die beim Ausstreuen der hellen Kieselsteine als Wegmarkierungen und bei Erdenken von Ausreden für sein Zurückblicken zutage tritt. Diese listige Intelligenz ist aber für uns nicht Ausdruck der libidinösen Anziehung des Elternhauses, sondern ein Instrument im Dienste des Kampfes für die Befreiung des Volkes. Denken Sie nur an die bekannte chinesische Volksoper »Mit List und Ausdauer den Tigerberg erobern«, die durchaus als Beispiel ähnlicher listiger Intelligenz des Volkes gelten kann.

Die Ambivalenz, die Herr Kollege Sicherlich im Verhalten der Kinder aufdeckt, würde ich keineswegs in Abrede stellen. Im Gegenteil – noch während der historischen Phase, die auf den Sieg der Volksbefreiungsbewegung folgt, hält ja der »Kampf der beiden Linien« an, bleibt es unentschieden, welche Linie – die proletarisch-sozialistische oder die bourgeois-kapitalistische – sich innerhalb der Führung durchsetzt.

Um wieviel mehr muß also jeder Akt der Befreiungsbewegung in der Zeit vor diesem Siege von ambivalentem Charakter sein. Herr Sicherlich erblickt den Grund dieser Ambivalenz allein in dem Schwanken zwischen regressiver Rückkehr zur oralen Phase der individuellen Libidoentwicklung und Vorwärtsschreiten zur zweiten, analen Phase. Wir Marxisten-Leninisten in China halten diese Deutung für eine

Verschleierung der sozialen und politischen Realität. Es gibt nur zwei »Richtungen«: die nach vorwärts zum Sozialismus und Kommunismus und die zurück zum Kapitalismus und Feudalismus. Das ist auch die Entscheidung, vor der Hänsel und Gretel in Wirklichkeit stehen. Mit der Enteignung der Hexe und der Mitnahme ihres Besitzes ins Vaterhaus haben sie eindeutig den Weg nach vorwärts eingeschlagen, auch wenn bei dieser Beschlagnahme zunächst die Zahl der Eigentümer nur verdreifacht wird (aus dem Einzelbesitz der Hexe geht der Schatz in den gemeinsamen Besitz von Hänsel, Gretel und Vater über). Man kann diesen Akt aber – wie ich schon in meinem Votum gegenüber den Ausführungen von Prof. Krasnogradski andeutete – auch als stellvertretende Tat im Dienste des Volkes auffassen. Zu meiner tiefen Befriedigung stelle ich jedenfalls fest, daß auch für den Herrn Kollegen Sicherlich die Beraubung der Hexe ein Indiz für die gelungene Entscheidung zugunsten des Fortschritts darstellt, während ich nur mit Ekel an die Entstellungen von Prof. Krasnogradski zu denken vermag.

Trotz meiner prinzipiellen Bedenken gegen die ausschließlich individuelle und psychologisierende Märcheninterpretation von Prof. Sicherlich, die gewiß auf den Einfluß des kulturellen und sozioökonomischen Milieus zurückgeführt werden kann, in dem er leben und forschen muß, freue ich mich, daß wir den Ansatz für eine gemeinsame Perspektive gefunden haben, wovon gegenüber dem Repräsentanten des Sozialimperialismus in keiner Weise gesprochen werden kann.

Diese unerwartet positiven Töne in der Diskussionsrede von Prof. Ping Peng-pong wurden in Oil Lake City allgemein beachtet und von einer Reihe amerikanischer Blätter sensationell aufgemacht wiedergegeben. Vergegenwärtigt man sich aber den Gang der chinesischen Außen-(und Außen-Kultur-)Politik in den letzten Jahren, so kann die Haltung Ping Peng-pongs eigentlich nicht weiter verwundern. Als Novum kann lediglich die zurückhaltende Kritik an der Psychoanalyse registriert werden, der allerdings in China selbst kaum mit gleicher Toleranz begegnet werden dürfte.

PROF. DOLF GRUBER

Meine verehrten Damen und Herren, ich drücke wohl die Auffassung einer ganzen Reihe von Kollegen aus, wenn ich gegen die schamlose Fehldeutung unseres alten Märchengutes durch einen Außenseiter aus der medizinischen Fakultät energischsten Protest einlege. Mag Herr Kollege Ping Peng-pong immerhin Ansatzpunkte für seine progressiv-politische Umdeutung bei Herrn Kollegen Sicherlich finden, wir Germanisten der älteren Schule können ihm auf diesen Wegen nicht folgen. Hänsel und Gretel sind sicher noch lange nicht geschlechtsreif. Es kann daher auch nicht davon die Rede sein, daß in ihrem Verhalten sich erotische und libidinöse Triebe spiegeln. Es handelt sich um reine, unschuldige, naive Kinder, wie sie leider unter dem Eindruck der modernen Zivilisation, ihrer Massenmedien, ihrer Pornographie, ihrer Schamlosigkeit immer seltener werden.

Daß sie zu ihrem Elternhaus zurückkehren wollen, drückt nichts anderes als den jedem unverbildeten Menschen verständlichen Wunsch nach Heimat aus, wie denn überhaupt das »Recht auf Heimat« von diesem Märchen höchst eindringlich in Erinnerung gebracht wird, mag es nun unseren Ostpolitikern in der Bundesrepublik passen oder nicht. Jawohl, meine Damen und Herren aus Deutschland, ich als amerikanischer Hochschullehrer kann so etwas noch öffentlich aussprechen – bei Ihnen in der Bundesrepublik traut sich ja außerhalb Bayerns schon fast niemand mehr, an dieses elementare Recht zu erinnern.

Der beginnende Abbruch des Hexenhauses hat nichts mit den perversen Verrenkungen zu tun, die uns Herr Sicherlich glauben machen will. Es geht einfach darum, daß ein befremdlich-fremdes Gebäude, das das einheitliche Bild des deutschen Waldes empfindlich störte, möglichst rasch und vollständig beseitigt wird. Ebenso ist die Vernichtung der Hexe als nachdrückliche Betonung der Notwendigkeit der Reinerhaltung des deutschen Waldes und des deutschen Landes überhaupt anzusehen. Wie erfreulich, wenn bei dieser Gelegenheit auch noch die von der Landfremden gehorteten

Schätze eingezogen werden können. Während von der Regierung der Bundesrepublik nicht nur ohne Not Rechtsansprüche auf deutschen Wald im Osten aufgegeben werden, sondern sogar obendrein noch gutes Geld den Nutznießern (und Vergeudern) dieses Waldes hinterher geworfen wird, weist das Märchen Hänsel und Gretel den einzig richtigen Weg.

Bei diesem zweiten Hinweis auf die Bundesregierung verließ der Vertreter der Bundesrepublik Deutschland, Vizekonsul von Eichenholz, ostentativ den Saal. Wie man vermutet, auf vorsorglich erteilte Weisung seines Amtes. Der amtierende Tagungspräsident Nationalrat Dr. Bürlikon versuchte, sich im Namen der Kongreßleitung zu entschuldigen, aber es war bereits zu spät. Da ein Bankett des Universitätspräsidenten bevorstand, blieb ihm nur noch Zeit für ein kurzes Schlußwort.

ALTPRÄSIDENT NATIONALRAT DR. BÜRLIKON

Meine verehrten Damen und Herren, ich bedauere außerordentlich, daß es zum ersten Male während unserer Tagungen zu einem ernstlichen Eklat gekommen ist, und ich hoffe nur, daß es mir heute abend – mit Hilfe der schweizerischen Vertretung – gelingen wird, den Zwischenfall beizulegen. Ich nehme an, daß viele von uns über die aktuell-politischen Seitenhiebe des Herrn Kollegen Dolf Gruber ebenso bestürzt waren wie ich, und ich darf die Bitte aussprechen, daß Sie – meine Damen und Herren – soweit Sie über den Kongreß berichten sollten, diesem doch durchaus peripharen Ereignis keine zu große Bedeutung beimessen.

Herr Präsident, Peter Sicherlich hat mich beauftragt, Ihnen allen auch in seinem Namen für Ihre Teilnahme und Ihre Mitarbeit zu danken. Ein Tagungsort für den nächsten Kongreß ist noch nicht festgelegt. Unter den Orten der Bewerber ist Teheran und Kuwait für manche von uns am anziehendsten. Einladungen werden Ihnen rechtzeitig zugehen. Das Präsidium hat beschlossen, die aktuell-politischen Anspielungen in den Debattenreden nicht in den gedruckten Tagungsbericht aufzunehmen; ich hoffe, daß Sie alle mit dieser Regelung einverstanden sind.

Zum Autor

Iring Fetscher, geboren am 4.3.1922 in Marbach am Neckar, von 1963 bis 1988 o. Prof. für Politikwissenschaft und Sozialphilosophie an der J. W. Goethe Universität Frankfurt, Gastprofessuren an den Universitäten Göttingen, New School for Social Research, Harvard University, Institute for Advanced Study in Canberra und Wassenaar.

Publikationen: »Karl Marx und der Marxismus«, 1967 (ital., span., amerikan., japanische Übersetzungen). »Rousseaus politische Philosophie«, 1960, 1999, (ital.), »Hegels Lehre vom Menschen«, 1970, »Neugier und Furcht, Versuch, mein Leben zu verstehen« (Autobiographie), 1995, »Goebbels im Berliner Sportpalast: Wollt ihr den totalen Krieg?« – Text, Kommentar und Überblick über das Echo im In- und Ausland, 1998.

Nachwort

Man hat mich oft gefragt, warum haben Sie eigentlich das »Märchenverwirrbuch« geschrieben? Die meisten sind dann verwirrt, wenn ich antworte: »Aus Freude am Spiel, weil es mir einfach Spaß gemacht hat«.

Das Geständnis erscheint manchen verdächtig und sie vermuten noch Anderes, Geheimgehaltenes dahinter. Vielleicht haben sie ja recht und es steckt in meinem Spiel noch eine andere als die spielerische Absicht. Ich will versuchen, meine Auffassung von Märchen und von der Märchen-Verwirrung in ein paar Thesen zusammenzufassen:

1. Märchen sind vorliterarische Formen der Überlieferung und der sprachlichen Bewältigung von erfahrener Wirklichkeit.

2. Auch wenn sie Produkte unbekannter Volkserzählerinnen und Volkserzähler sind, braucht das keineswegs zu bedeuten, daß ihnen Vernunft, List und Kritik fehlen. Sie stammen gewiß nicht – oder doch nicht nur – aus dem Vor- und Unbewußten, wenn auch der Anteil, der aus diesem Bereich kommt in ihnen – wie in jeder echten Dichtung – beträchtlich ist.

3. Die Wirklichkeit, die sich im Märchen spiegelt, ist die vergangener Epochen. Zum Teil reicht die märchenhaft verbreitete Erinnerung bis in die Frühgeschichte zurück. Neben vorchristlichen und frühchristlichen Bildern tauchen aber auch antizipierende, die ideale Zukunft malende Bilder auf. Gerade weil so viel Unterschiedliches in den Märchen gemischt ist, bleiben sie noch lebendig und sind oft – auf unerwartete Weise – wieder aktuell. Sie enthalten sowohl gleichbleibende Züge der Menschen als auch viel Vergangenes, von dem wir oft nicht wissen, daß es noch in uns lebendig ist.

4. Zur Wirklichkeit, von der die Menschen sprechen, gehört auch und sogar ganz zentral die Hoffnung, die Sehnsucht, der Traum vom besseren Leben und einer besseren Welt. Je schmerzhafter die Erfahrung von Leid und Not ist, umso nachdrücklicher kommen Hoffnungsträume in Märchen zur Sprache.

5. Der Erfüllung dieser Hoffnungen stehen all jene »finsteren Mächte« im Wege, in denen die Märchenerzähler die Hindernisse symbolisieren, denen sie begegnen. Hexen, Zauberer, böse Feen suchen Hoffnungen zunichte zu machen. Mit Witz und List – und mit Hilfe wohlwollender Geister – können sie von kleinen und schwachen, aber mutigen Menschen besiegt werden. Durch die meisten Märchen weht ein zukunftsfreudiger, optimistischer Wind. Das Volk der Märchen ist keine dumpf dahinvegetierende Masse. Listig vermag es sogar den Teufel (zuweilen mit Hilfe von dessen Großmutter) zu überwinden.

6. In der Sage erscheinen – im Gegensatz zum Märchen – übermenschliche Dämonen als unüberwindliche Gestalten. Sagen haben etwas Einschüchterndes – worauf Ernst Bloch hingewiesen hat – während Märchen Mut machen. Dem düsteren Ernst von Sagen steht die heitere Gelassenheit der meisten Märchenhelden gegenüber, die wissen, daß am Ende sich alles zum Besten wenden wird.

Die Grenzen zwischen düsteren Sagen und hellen, heiteren Märchen sind allerdings nicht immer deutlich gezogen. Viele Märchen enthalten, schon, weil sie durch so viele Münder und Ohren hindurchgegangen sind: Widerspruchsvolles – Sagenhaftes geht mit Märchenhaftem durcheinander. Die Verwirrmethoden aber gehen auf Eindeutigkeit aus. Sie suchen Märchen auf nur je einen Sinn zu reduzieren.

7. Deutet man zum Beispiel die Geschichten der Königstöchter im Dornröschen und im Froschkönig mit Hilfe der Freud-

schen Psychoanalyse, dann trifft man ganz zuverlässig einen real vorhandenen Aspekt. Aber diese Abstraktion macht sich gleich wieder lächerlich, wenn sie meint, damit die ganze Fülle des Originals erfaßt zu haben. Das Märchen selbst kann sich jedenfalls gegenüber solch abstrakter Deutung sehr wohl in seiner komplexen Fülle behaupten. Seine Mehrdeutigkeit beweist es dadurch, daß die verschiedensten Verwirrmethoden sich an ihm interpretierend abmühen können, ohne es je ganz zu erfassen. So schlagen denn die unterschiedlichsten Entlarvungen durch ihren humorlosen Ernst auf die Entlarver zurück. Ihnen gegenüber strahlt die anmutige Leichtigkeit der Märchen nur in umso hellerem Licht.

Sicher haben es noch nicht alle Leser erkannt, mein Buch ist auch eine Huldigung an das Volksmärchen, jedenfalls kein Beitrag zu einer »Schändung deutscher Volksweisheit« – wie ein verständnisloser Rezensent meinte. Immerhin hat mir der bekannte Schweizer Märchenforscher Max Lüthi seinerzeit zu dem Buch erfreut gratuliert. Aber auch die Interpreten sollten nicht lächerlich gemacht werden, nur der verbissene Ernst wirkt komisch, mit dem manche zu Werk gehen und meinen, wenn sie nur erfolgreich »die Reduktion der Komplexität« (Niklas Luhmann) gemeistert hätten, den Stein der Weisen gefunden zu haben.

Schulkinder, die dem Märchenalter eben erst entwachsen sind, pflegen auf dieses »Kinderzeugs« hochnäsig herabzusehen. Das Spiel mit Umdichtungen und Deutungen bringt ihnen die Märchen wieder nahe und manche hatten Freude daran, die von mir erzählten Märchen – auf eigenwillige und kreative Weise – fortzusetzen. Daß sogar japanische Schülerinnen und Schüler Freude daran hatten und – nachdem es seit 1999 eine chinesische Übersetzung gibt – auch chinesische – hat mich gefreut.

Iring Fetscher